Herausgegeben von:

Hans-Jürgen Lendzian
und
Wolfgang Mattes

Autoren:

Lambert Austermann,
Ulrich Bröhenhorst,
Ulrike Denne,
Michael Frank,
Gerd Kranzmann,
Hans-Jürgen Lendzian,
Christoph Andreas Marx,
Wolfgang Mattes,
Jessica Pesch

Zeiten und Menschen

2

Schöningh

© 2005 Bildungshaus Schulbuchverlage
Westermann Schroedel Diesterweg Schöningh Winklers GmbH
Braunschweig, Paderborn, Darmstadt

www.schoeningh-schulbuch.de
Schöningh Verlag, Jühenplatz 1–3, 33098 Paderborn

Druck 5 4 3 / Jahr 2017 16 15
Die letzte Zahl bezeichnet das Jahr dieses Druckes.

Umschlaggestaltung: Yvonne Junge-Illies, Berlin
Druck und Bindung: westermann druck GmbH, Braunschweig

ISBN 978-3-14-034506-4

Inhaltsverzeichnis

Inhaltsverzeichnis

Inhaltsverzeichnis

Europäisches Mittelalter

Spurensuche ...

Als Epoche ist das Mittelalter längst vergangen und doch immer noch allgegenwärtig. Was damals vor tausend Jahren gedacht, geschaffen und gebaut wurde, prägt Europa bis heute. Nirgendwo ist das Mittelalter für den heutigen Betrachter lebendiger als in seinen Bauten.

Kommt mit auf eine fotografische Spurensuche und taucht ein in eine vergangene Zeit, die uns in ihren steinernen Zeugen vertraut und gleichzeitig in vieler Hinsicht doch recht fremd und unbekannt ist.

Burgen

Diese Art einer imposanten Befestigungsanlage finden wir in ganz Europa. Sie war Herrschaftssitz und erfüllte Schutzfunktionen für Stadt und Land.

Städte

Städte als Zentren für Handel und Handwerk, als Machtzentrum und Herrschersitz gab es schon mehr als 1000 Jahre vor dem Mittelalter. In Mitteleuropa endete diese Idee vom Zusammenleben vieler Menschen an einem zentralen Ort aber praktisch am römischen Limes. Erst im Mittelalter erwachten städtisches Leben und städtische Zivilisation – die Fachleute sprechen von urbanem Leben oder Urbanität – als Siedlungsform im nördlichen Mitteleuropa rechts des Rheins und nördlich der Alpen.

Projekt:
Vorschlag für ein Langzeit-Projekt

Wir holen uns das Mittelalter ins Klassenzimmer – Spuren suchen, auswerten, präsentieren!

Jede Burg, jede Stadt, jedes Kloster hat eine eigene Vergangenheit. Vielleicht wohnt ihr selbst in einer Stadt, die schon seit dem Mittelalter besteht, oder es gibt eine Burg oder ein Kloster mit mittelalterlichem Ursprung in der Nähe. Das könnt ihr tun:

1. Besucht diesen Ort/das Gebäude und beobachtet genau; macht Skizzen, Fotos oder filmt. Legt fest, unter welchem Gesichtspunkt ihr die Mitschüler informieren wollt.
2. Erkundigt euch; formuliert genaue Fragen und notiert Antworten (Informationsbroschüren, Interviews mit Experten, Stadtführern …).
3. Präsentiert die Ergebnisse in der Klasse (etwa in Form eines Plakates mit kommentierten Fotos und Texten, in Form eines Filmes, als Power Point-Präsentation usw.). Wichtig: Trainiert die mündliche Erläuterung.

Klöster

Im Mittelalter schossen sie wie Pilze aus dem Boden. Viele hunderttausend Menschen verbrachten den Großteil ihres Lebens als Mönche oder Nonnen.

Wann war eigentlich das Mittelalter?

Der Begriff „Mittelalter" ist im 16. und 17. Jahrhundert geprägt worden. Er wurde von Gelehrten benutzt, die meinten, die Höhepunkte der Geschichte seien das Altertum und die damalige Gegenwart, in der das Altertum wieder entdeckt worden war. Die Zeit dazwischen war nach ihrer Meinung nichts Besonderes, eben nur eine Zwischenzeit mit vielen Schattenseiten.

Und welchen Zeitraum deckt das Mittelalter ab? Der Zeitstrahl macht deutlich, dass wir es mit rund 1000 Jahren zu tun haben. Da es im Laufe dieser 1000 Jahre viele Veränderungen gegeben hat, gliedert man die Zeitspanne in drei Perioden: das Frühmittelalter (bis etwa 850), das Hochmittelalter (etwa zwischen 850 und 1250) und das Spätmittelalter (nach 1250). Die Fachleute sind sich nicht einig, wann bzw. mit welchem einschneidenden Ereignis das Mittelalter endet. Einige meinen 1453 (denn in diesem Jahr wurde Konstantinopel durch die Türken erobert); andere schlagen 1492 vor (Kolumbus entdeckte in diesem Jahr Amerika); wieder andere halten es für sinnvoll, das Mittelalter mit dem Beginn der Reformation durch Martin Luther enden zu lassen (1517).

Welt der Adeligen und Ritter

Das mittelalterliche Rathaus von Markgröningen

Klosterleben

1500

Spätmitte

Neuzeit

Bäuerliche Welt

Karl der Große
(748–814)

Antike

500

Frühmittelalter

Hochmittelalter

...er

Krone des Heiligen
Römischen Reiches
Deutscher Nation
(um 950)

▬ Vorschlag für ein Langzeit-Projekt: Der „Mittelalter-Baum"

Das Mittelalter ist wie ein großer Laubbaum mit Wurzeln, Ästen, Blättern, Früchten und „Bewohnern". Fertigt, z.B. aus Pappkarton, einen solchen „Mittelalter-Baum" an und hängt ihn im Klassenraum auf. In das Blätterwerk könnt ihr Abbildungen von typisch mittelalterlichen Motiven oder Themen kleben, sodass der Baum nach und nach immer voller und aussagekräftiger wird. Bildet kleine Expertenteams, die sich zu einem selbst gewählten Motiv/Thema sachkundig machen und die Klasse informieren können – immer dann, wenn der Stoff gerade behandelt wird. Auf den nächsten Seiten findet ihr viele Anregungen.

Was ist typisch für das Mittelalter?

Mönche singen – in Latein – christliche Lieder.

An der Tafel sitzen Adelige, die grobe fränkische Gewänder tragen.

Zu den Gästen gehören auch Bischöfe der christlichen Kirche.

Hochzeitsfeier am fränkischen Königshof (um 600 nach Christus)

Die Abbildung enthält viele Hinweise, die eine Antwort auf die Arbeitsfrage erlauben. Natürlich hat die Hochzeitsfeier nicht genau so stattgefunden. Die Zeichnung stammt aus einem Buch, das sich hauptsächlich an Kinder und Jugendliche wendet. Deshalb hat der Zeichner auch einige lustige Einfälle verarbeitet. Aber nach allem, was wir heute über die Zeit um 600 wissen, hat

sich der Zeichner der Wirklichkeit recht gut angenähert. Die Abbildung verrät eine ganze Menge über das Leben im Mittelalter und die Unterschiede gegenüber der antiken Welt. Vor allem ist es ihm gelungen, die drei Traditionslinien, die das Mittelalter prägen, an vielen Details darzustellen. Grob gesagt bildet nämlich die Kombination von drei Elementen die Grundlage für das eu-

ropäische Mittelalter: das Erbe des Römischen Reiches, die Sitten und Gebräuche der germanischen Völker und das Christentum. Diese drei Traditionslinien sind – bildlich gesprochen – die Wurzeln für das Mittelalter, das sich nach und nach ausgebildet und dabei vieles von dem übernommen hat, was vorher schon existierte. Die Vermischung dieser drei Faktoren hat es

übrigens nur in Europa gegeben; sie haben dafür gesorgt, dass ein verhältnismäßig einheitlicher Raum entstand, der die Grundlage für das heute zusammenwachsende Europa bildet.

Das Mittelalter hat drei Wurzeln

1. Übertrage die nebenstehende Zeichnung in dein Geschichtsheft.

2. Nutze die Informationen auf den Seiten 12–17, um wichtige Angaben stichwortartig in die jeweilige Wurzel zu übertragen. Jetzt kannst du zusammenfassend erläutern, was typisch für das Mittelalter ist.

Der „Mittelalter-Baum"

Info Die erste Wurzel des Mittelalters: das Römische Reich

In vielen Büchern kann man lesen, dass im Jahre 476 das Römische Reich im Westen untergegangen sei. Aber wenn etwas untergegangen ist, dann ist es verschwunden. Verschwunden ist aber nicht das Römische Reich als Ganzes, sondern zunächst nur der römische Kaiser. Sehr vieles von dem, was die Römer entwickelt hatten, blieb bestehen und wurde zum Bestandteil des Mittelalters.

Die Römer hatten in ihrem Reich ein riesiges Straßennetz gebaut. Einige dieser Straßen sind bis in die Neuzeit erhalten geblieben. Sie dienten auch im Mittelalter als Handelswege und als Heerstraßen. Die römischen Städte behielten ihre Funktion als Verwaltungszentren. Die großen Landgüter blieben die wichtigsten landwirtschaftlichen Produktionseinheiten. Das Verfahren der Steuererhebung wurde nicht geändert. In den Familien blieben römische Sitten und Gebräuche erhalten. Es gibt sogar eine Reihe von Beispielen, die zeigen, dass sich die germanischen Herrscher an ihre römischen oder römisch geprägten Untertanen anpassten. Sie nahmen sich römische Herrscher zum Vorbild. Sie ließen sich wie die römischen Kaiser auf Münzen abbilden und begannen, auch für ihre Völker Gesetzesbücher zu verfassen – in lateinischer Sprache. Das Lateinische, die Schrift und Sprache der Römer, blieb jahrhundertelang die Sprache des Mittelalters, vor allem in Kirche und Wissenschaft.

Rom	Germanen	Christentum
① …	① …	① …
② …	② …	② …
③ …	③ …	③ …

Ausgrabung römischer Thermen in Heidenheim

Die zweite Wurzel des Mittelalters: die Germanen

Als die Römer im 1. Jahrhundert v. Chr. Gallien eroberten, nahmen sie auch erste nähere Kontakte zu den Menschen auf, die jenseits des Rheines und nördlich der Alpen lebten. Den Römern war sofort klar, dass sich diese Menschen in ihrem Alltagsverhalten, in ihrer Sprache, Religion und Kultur deutlich von den Galliern unterschieden. Die Römer nannten sie mit einem Sammelbegriff Germanen.

Da die Germanen keine Schriftsprache entwickelten, ist die Quellenlage nicht sehr gut. Wir sind weitgehend auf archäologische Funde und auf Darstellungen römischer Schriftsteller angewiesen. Der römische Historiker Tacitus hat zwar ein ganzes Buch über die Germanen verfasst – aber seine Darstellung ist deutlich parteiisch; für ihn sind die Germanen aggressive Naturburschen, die zu keinen kulturellen Leistungen in der Lage waren (keine Städte, keine Steinhäuser, unansehnliche Kleidung usw.). Für heutige Historiker wird die Urteilsbildung auch deshalb schwierig, weil es deutliche Unterschiede gab zwischen den Germanen, die um 400 an Nord- und Ostsee lebten, und den Germanen, die Gebiete an Rhein und Bodensee besiedelten (Alemannen). Als gesichert gilt heute, dass nahezu alle Germanen Bauern waren. Jede Familie besaß ein eigenes Gehöft mit eigener Ackerfläche. Mit aller Vorsicht kann man daraus die Schlussfolgerung ziehen, dass die Germanen großen Wert auf persönliche Unabhängigkeit und Freiheit gelegt haben müssen. Weidefläche, Wald und Flussläufe wurden von mehreren Höfen gemeinsam genutzt; vermutlich haben sich die Männer der umliegenden Bauernhöfe getroffen und die entsprechende Nutzung in einer Art Dorfversammlung ver-

einbart. Mehrere verwandte Familien bildeten eine Sippe, die dem Einzelnen Schutz und Recht bot. Mehrere Sippen konnten sich zu Stämmen zusammenschließen; aber dies geschah wohl nur selten, z. B. im Kriegsfall. Dann wurde auch ein König gewählt, der als militärischer Führer das Heer der freien Krieger leitete.

Nachdem über viele Jahrhunderte der Kontakt zwischen Germanen und Römern zumeist friedlich verlaufen war, veränderte die Völkerwanderung der germanischen Stämme die Landkarte Europas. Germanische Völker errichteten auf dem Boden des untergegangenen Römischen Reiches neue Reiche. In West- und Mitteleuropa sind besonders die Franken, Sachsen und Alemannen von Bedeutung gewesen. Sie brachten ihre eigenen Lebensweisen und Vorstellungen von Herrschaft in die neuen Reiche mit ein und sorgten so für die zweite Wurzel des europäischen Mittelalters.

Germanisches Haus (Rekonstruktionszeichnung)

Die dritte Wurzel des Mittelalters: das Christentum

Das Christentum war seit 391 n. Chr. im Römischen Reich Staatsreligion – zu diesem Zeitpunkt hatten die meisten Menschen in West- oder Nordeuropa von der neuen Religion noch nie etwas gehört. Als das Römische Reich zerfiel, wuchs die Bedeutung jedoch immer mehr an. Auch in den abgelegenen Gebieten wie in Britannien oder Irland verbreitete sich das Christentum, später auch in den Gebieten, die nie oder nur kurz römisch gewesen waren (etwa Germanien).

Die herausragende Bedeutung des Christentums zeigte sich besonders auffällig in der Architektur: Ob Land, ob Stadt – die prächtigsten Bauten der Zeit waren ausnahmslos Kirchengebäude. Überall in Europa fand ein Reisender eine Kirche, in der ein Priester den Gläubigen das Evangelium predigte und aus der Bibel vorlas.

Sieht man von den Gebieten des oströmischen Reiches ab, für die Konstantinopel (heute Istanbul) das Zentrum bildete, wurde der Bischof von Rom, der Papst, zunehmend als bedeutendste Autorität für alle Christen anerkannt.

Vor allem aber spielte die christliche Religion im Alltag vieler Europäer eine so große Rolle, wie sie für uns kaum vorstellbar ist. Heute geht die Mehrzahl der Christen nur noch zu besonderen Anlässen in die Kirche: etwa am Heiligen Abend, zur Hochzeit oder zur Beerdigung. Schulgottesdienste sind ein seltener Ausnahmefall. Für die Männer, Frauen und Kinder im europäischen Mittelalter war das ganz anders. Jeden Sonntag haben sie stundenlang beim Gottesdienst gestanden. Mit Gebeten wurde der Tag begonnen und beendet, kaum eine Mahlzeit wurde ohne Dankgebet verzehrt. Der Einfluss der Religion war sicherlich viel stärker als

für unsere heutige Zeit. Die Menschen empfanden sich als Sünder und ihnen stand immer vor Augen, dass ihnen Höllenqualen drohten, wenn sie sich zu Lebzeiten nicht christlich verhielten. Vor einem Kurzschluss ist jedoch zu warnen: Trotz der Allgegenwart der christlichen Religion und der zweifellos vorhandenen Frömmigkeit haben sich die Menschen nicht immer christlich verhalten (z. B. Nächstenliebe geübt).

1. Beschreibe, was in der Abbildung M 1 dargestellt ist.

2. Warum ist diese Abbildung typisch für das Denken der Menschen im Mittelalter?

M 1 ICI EST ABFERS ELIANGELS KI ENFERME LES PORTES.

Englische Buchmalerei, um 1150. Der Text über dem Bild lautet: „Hier ist die Hölle und der Engel verschließt die Tore."

Das Christentum prägt das Mittelalter

Heute nutzt man moderne Medien, z.B. das Fernsehen, um eine große Zahl von Menschen zu erreichen. Im Mittelalter gab es diese Möglichkeit natürlich noch nicht. Da die meisten Menschen auch nicht lesen oder schreiben konnten, spielten bildliche oder symbolische Darstellungen eine große Rolle – vor allem in der christlichen Kirche. Ohne erläuternde Wörter mussten die Menschen die Botschaft der Bilder verstehen können.

Der Schriftsteller Umberto Eco hat diese Symbolsprache in seinem Roman „Der Name der Rose" dargestellt. In einer Szene schildert er, wie der etwa vierzehnjährige Adson eine große Kirche betritt und dabei das Bildwerk über dem Eingangstor betrachtet. Eco beschreibt eindringlich, welche Gedanken und Gefühle Adson in diesem Augenblick entwickelt.

M 2

Q Und kaum dass meine Augen sich an das Dunkel gewöhnt hatten, traf mich wie ein Schlag die stumme Rede des bebilderten Steins, die den Augen
5 und der Phantasie eines jeden verständlich ist. […] Ich sah einen Thron, der gesetzt war im Himmel, und auf dem Thron saß Einer, und der da saß war streng und erhaben anzusehen,
10 die weit geöffneten Augen blickten funkelnd auf eine ans Ende ihrer irdischen Tage gelangte Menschheit […]. Die Rechte hob er zu einer Geste, von der ich nicht sagen kann, ob sie seg-
15 nend war oder drohend.

(Umberto Eco, Der Name der Rose, München (Hanser) 1982, S. 57, übersetzt v. Burkhart Kroeber)

M 3

Christus beim Jüngsten Gericht. Darstellung über dem Eingangsportal der Abteikirche von Conques (Frankreich), Ende des 12. Jahrhunderts

Wir erschließen Text und Bild:

1. Welche Gefühle hast du, wenn du eine Kirche betrittst?

2. Welche Gefühle hat Adson (M 2)? Wie versteht er die „stumme Rede des bebilderten Steins"?

3. *Die Darstellung über dem Eingangsportal (M 3) bringt das „typische" Glaubensgefühl des Mittelalters sehr gut zum Ausdruck, denn …*
Verlängere den angefangenen Satz; begründe sinnvoll im Rückgriff auf den Text auf S. 14 und deine Lösung unter 2.

4. Versuche die Haltung Adsons zu beurteilen. Wähle dazu die Form eines Briefes. Mögliche Anfänge: *Lieber Adson, ich finde deine Einstellung übertrieben (oder: unverständlich, gut, vorbildlich, lächerlich, fremdartig), denn …*

Info   Wie wurden die Germanen Christen?

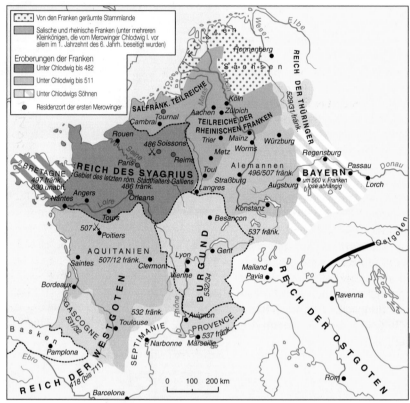

Von den Franken geräumte Stammlande

Salische und rheinische Franken (unter mehreren Kleinkönigen, die vom Merowinger Chlodwig I. vor allem im 1. Jahrzehnt des 6. Jahrh. beseitigt wurden)

Eroberungen der Franken
Unter Chlodwig bis 482
Unter Chlodwig bis 511
Unter Chlodwigs Söhnen
● Residenzort der ersten Merowinger

Das Reich zur Zeit Chlodwigs und seine Söhne

Unsere Vorfahren in Mitteleuropa waren keineswegs Christen von Anfang an. Sie verehrten Götter wie den mächtigen Wodan, den hammerschwingenden Donar (= Thor) oder die Göttin Frija. Sie glaubten auch an die magischen Kräfte von auffällig geformten Bäumen oder Felsen. Es dauerte mehrere Jahrhunderte, bis das Christentum angenommen wurde und christliche Symbole die alten Heiligtümer verdrängten oder überlagerten. Grob gesagt vollzog sich dieser Prozess in zwei Schritten und er dauerte ungefähr 300 Jahre (zwischen 500 und 800).

Der erste Schritt:
Die Taufe des Frankenkönigs Chlodwig

Die Geburtsstunde des Christentums in West- und Mitteleuropa ist eng mit dem Namen Chlodwig verknüpft. Chlodwig war ein fränkischer König, der gegen Ende des 5. Jahrhunderts seinen Machtbereich ausgedehnt hatte, bis er ein Gebiet beherrschte, das ungefähr dem heutigen Frankreich entspricht. Gesichert ist, dass sich dieser Chlodwig um das Jahr 500 zum Christentum bekehrte und auch die anderen Adeligen veranlasste, sich taufen zu lassen. Damit hatten die fränkischen Eroberer den römischen Glauben angenommen und die christliche Kirche ihrem Reich unterstellt.

Ungesichert ist der Anlass für dieses Bekenntnis zur christlichen Religion. Knapp 100 Jahre nach dem Ereignis hat der Geschichtsschreiber Gregor von Tours eine Erklärung aufgeschrieben, die im Laufe des Mittelalters sehr populär wurde. Folgt man dieser Darstellung, hat Chlodwigs Frau Chrode-

childe eine wichtige Rolle gespielt. Sie war nämlich Christin und hatte ihm erzählt, der Christengott sei sehr viel stärker und mächtiger als die alten Götter, die er bisher verehrte. Chlodwig hatte ihr jedoch nie geglaubt. Als er aber in einer Schlacht gegen die Alemannen an den Rand der Niederlage geriet, verfluchte er die germanischen Gottheiten und flehte laut den Christengott um Hilfe an. Schlagartig, so erzählt die Legende, gewannen seine Truppen die Oberhand. Chlodwig siegte im Zeichen des christlichen Kreuzes – und ließ sich taufen!

Damit beginnt das europäische Mittelalter. Das neue Element ist dabei nicht die Religion überhaupt – religiös waren die meisten Menschen auch in der Antike.

Wenn in der Antike jemand Christ wurde, so war das jedoch seine persönliche Entscheidung. Die Germanen dagegen waren so stark in ihre Gruppe eingebunden, dass zum Zusammenleben auch eine gemeinsame Religion gehörte. Folglich konnte nicht jedermann nach seiner Wahl die Religion wechseln, nicht einmal der König; es bedurfte der Zustimmung vieler. Aber der König, der oberste Heerführer, hatte einen großen Einfluss und wenn seine Entscheidung den Beifall der Versammlung fand, galt sie für alle. Daraus folgt, dass die Hinwendung des fränkischen Königs zum Christentum notwendigerweise politische Folgen hatte: Das Gemeinwesen wurde auf eine neue geistig-religiöse Grundlage gestellt.

Der zweite Schritt:
Das Volk wird missioniert

Chlodwig war getauft und seine Heerführer waren ihm gefolgt, aber das Christentum hatte noch nicht das Volk erfasst. Die neue christliche Religion zeigte sich zunächst nur in der Führungselite. In der Antike war es genau andersherum gewesen. Das Urchristentum hatte sich als Basiskirche der einfachen Leute verstanden und nicht als Kirche „von oben".

Chlodwig und seine Nachfolger gingen wie selbstverständlich davon aus, dass alle Untertanen ihrem Beispiel folgten und auch das Christentum annahmen. Zu diesem Zwecke musste das Volk mit dem christlichen Glauben bekannt gemacht werden. Die zentrale Rolle bei dieser Missionstätigkeit spielten Mönche. Teils wurden sie von fränkischen Königen ins Land geholt, teils von Bischöfen beauftragt. Sie gründeten Klöster und predigten den „Heiden"

Links: Bonifatius spendet die Taufe. Rechts: Bonifatius erleidet den Märtyrertod (Fuldaer Sakramentarium, um 875).

das christliche Wort. Das war ein langer und mühevoller Weg, mit Widerständen und offenem Aufruhr. Besonders erfolgreich war der englische Mönch Bonifatius, der später „Apostel der Deutschen" genannt wurde. Sein Erfolg gründete nicht zuletzt darauf, dass er die germanischen Götter durch

spektakuläre Aktionen entzauberte. So soll er eine uralte Eiche, die dem Gott Donar geweiht war, eigenhändig gefällt haben. Die herbeigeströmten Germanen glaubten, Donar würde sich augenblicklich rächen – aber nichts geschah. Damit hatte sich – in ihren Augen – der Christengott gegenüber Donar durchgesetzt. Kurz darauf ließen sie sich taufen. In hohem Alter unternahm Bonifatius noch einmal eine Missionsreise zu den Friesen, die ihn jedoch töteten. Dieser Märtyrertod erhöhte noch seinen Ruhm.

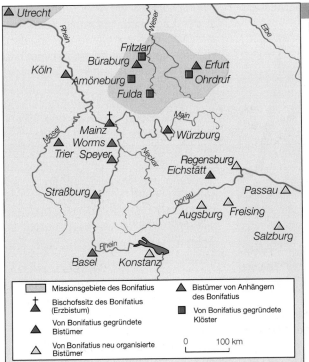

Das Wirkungsfeld des Bonifatius

▦	Missionsgebiete des Bonifatius
✝	Bischofssitz des Bonifatius (Erzbistum)
▲	Von Bonifatius gegründete Bistümer
△	Von Bonifatius neu organisierte Bistümer
▲	Bistümer von Anhängern des Bonifatius
■	Von Bonifatius gegründete Klöster

0   100 km

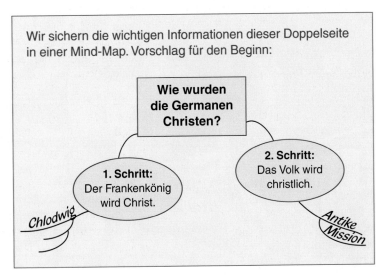

Wir sichern die wichtigen Informationen dieser Doppelseite in einer Mind-Map. Vorschlag für den Beginn:

Wie wurden die Germanen Christen?

1. Schritt: Der Frankenkönig wird Christ.

Chlodwig

2. Schritt: Das Volk wird christlich.

Antike Mission

17

Ohne Päpste kein Mittelalter

Das Foto zeigt Papst Johannes Paul II. (20. Jhdt.).

Die Vergangenheit befragen, um die Gegenwart zu verstehen:

Wenn ihr die darstellenden Texte und Materialien auf dieser und der folgenden Doppelseite fachgerecht bearbeitet, könnt ihr über die Ursprünge des Papsttums und seine Bedeutung erzählen.

Ihr könnt dabei folgende Fragen zugrunde legen:

1 ● Seit wann gibt es Päpste? *seit dem Mittelalter*
2 ● Woher kommt der Name?
3 ● Wo liegen die Ursprünge des Papsttums? Wie ist es entstanden?
4 ● Wie verstanden Bischöfe und Päpste ihre Rolle und ihr Amt?
5 ● Welche Merkmale und Besonderheiten kennzeichnen die Stellung der Päpste im frühen Mittelalter?
6 ● Früher und heute: ein kurzer Vergleich. Was ist gleich oder ähnlich? Was ist anders?

Wenn wir heute diese Bilder sehen, dann erkennen viele Menschen, dass auf dem Foto der Papst zu sehen ist. Sie wissen, dass der Papst das Oberhaupt aller katholischen Christen auf der Welt ist und in dem abgebildeten Gebäude auf dem Petersplatz in Rom wohnt. Vielleicht ist ihnen auch bekannt, dass der Petersplatz der Mittelpunkt eines vom Papst regierten eigenständigen Stadtteils ist, der die Bezeichnung Vatikanstadt trägt. Die meisten Menschen in Deutschland haben also schon einmal vom Papst gehört oder ihn auf Bildern, im Fernsehen oder vielleicht sogar persönlich gesehen. Aber nur ein Teil dieser Menschen, wahrscheinlich die Minderheit, dürfte in der Lage sein, genauso selbstverständlich und zutreffend zu erklären, wie sich das Papsttum ausgebildet hat. Wenn wir unsere eigene Gegenwart aber wirklich verstehen wollen, gehört es dazu, dass wir nach der Entstehung und Entwicklung gegenwärtiger Sachverhalte fragen. In solchen Fällen fragen wir aus der Gegenwart in die Vergangenheit hinein, um zum Beispiel Ursprung und Wurzeln kennen zu lernen. Das heißt in unserem Fall: Wir sollten nicht nur wissen, dass es das Papsttum gibt, sondern auch, wie es entstanden ist und wie es sich entwickelt hat.

Vatikanstadt mit Petersdom.
Die Vatikanstadt ist seit der Aufhebung des Kirchenstaates (vgl. die Karte auf S. 21) ein selbstständiger Staat mitten in der Stadt Rom und Amtssitz des Papstes.

„Im neuen Rom": ein oströmischer Kaiser

M

Um die Entstehung des Papsttums richtig verstehen und erklären zu können, darf man nicht nur nach Rom schauen, sondern muss auch einen Blick auf Konstantinopel, eine Stadt im Gebiet der heutigen Türkei, werfen. Nur so wird der Entstehungsprozess verständlich.

1. Ein erster Blick:
Was erzählt euch dieses Mosaik zum Thema oströmischer Kaiser? Notiert eure ersten Eindrücke:
– Was seht ihr?
– Was fällt euch besonders auf?

2. Informiert euch mithilfe des Textes über die oströmischen Kaiser (Hintergründe, Entwicklungen).

3. Noch einmal hingeschaut:
Schaut euch das Bild nochmals an und überprüft anhand der Informationen im Text eure ersten Eindrücke: Was hat sich bestätigt? Was muss korrigiert oder ergänzt werden?

Mosaik in der Kirche San Vitale in Ravenna (548 n. Chr.): Kaiser Justinian, umgeben von Geistlichen und weltlichen Größen sowie Soldaten. Rechts neben ihm steht der Bischof von Ravenna; Kleidung und Inschrift verraten es. Auf den Schildern der Soldaten findet sich das Christuszeichen.

Zwei römische Kaiserreiche

Der römische Kaiser Konstantin hatte im Jahre 330 n. Chr. die Hauptstadt des römischen Weltreichs von Rom nach Byzanz (das heutige Istanbul) verlegt. Die Stadt, die von nun an Konstantinopel hieß, sollte das „neue Rom" werden. Kaiser Theodosius (379–395) ging noch einen Schritt weiter. Bevor er starb, teilte er im Jahre 395 das Reich zwischen seinen beiden Söhnen auf. Aus dieser Teilung wurde eine endgültige Trennung des Römischen Reiches. Von nun an gab es ein weströmisches Reich mit der Hauptstadt Rom und ein oströmisches Reich mit der Hauptstadt Konstantinopel.

Das weströmische Reich brach während der Völkerwanderung zusammen. Das im Reichsinneren gut organisierte und an seinen Grenzen wirkungsvoll gesicherte oströmische Reich überlebte die stürmische Völkerwanderungszeit. Seit 476 n. Chr. gab es in dem westeuropäischen Teil des Römischen Reiches keinen Kaiser mehr. Ein germanischer Heerführer setzte den letzten weströmischen Kaiser einfach ab. Die römischen Herrschaftszeichen wurden nach Konstantinopel gesandt.

Die Erben Roms

Fortan nannten sich die oströmischen Kaiser „Kaiser der Römer". Versuche, die weströmischen Gebiete zurückzuerobern, scheiterten allerdings. Der Traum von der Wiederherstellung eines erneuerten römischen Weltreiches in der alten Form erfüllte sich nicht. Zwar gelang es im 6. Jahrhundert dem Kaiser Justinian (527–565), kurzzeitig große Teile des ehemaligen weströmischen Reiches zurückzuerobern, aber seine Herrschaft über den Westteil war nur von sehr kurzer Dauer. Der Herrschaftsanspruch der oströmischen Kaiser blieb gebietsmäßig in der Folgezeit auf das oströmische Teilreich begrenzt.

Die oströmischen Kaiser hatten zwar seit dem 6. Jahrhundert in Westeuropa keine Macht mehr, sahen sich jedoch weiterhin als die rechtmäßigen Nachfolger der römischen Kaiser und als die alleinigen rechtmäßigen Erben und Träger des römischen Kaisertitels an. Als Kaiser hatten sie in ihrem Reich eine alles überragende Stellung inne. Der oströmische Kaiser betrachtete sich als Stellvertreter Christi auf Erden. In seiner Hand war die weltliche und geistliche Herrschaft vereint. Als Herrscher regierte er das Land nach seinem alleinigen Willen. Als religiöses Oberhaupt bestimmte er auch in kirchlichen Fragen.

Das oströmische Reich, im Mittelalter nach seiner Hauptstadt Byzanz auch byzantinisches Kaiserreich genannt, überdauerte 1000 Jahre. Im Jahre 1453 wurde Byzanz, das letzte Überbleibsel des oströmischen Reiches, von den Türken erobert.

„Im alten Rom": ein Papst

Wenn ihr in einem Lexikon unter dem Stichwort „Bischof" nachschlagt, findet sich fast gleich lautend in den verschiedensten Nachschlagewerken folgende Worterklärung:

> **Bischof** (griechisch episkopos = „Aufseher"), oberster kirchlicher Würdenträger in einem bestimmten Gebiet. In der katholischen Kirche gebührt dem Bischof die unbeschränkte Kirchengewalt in seinem Bistum. Amtstracht: Brustkreuz, Bischofsring, Bischofsstab, Bischofshut, Mitra.
>
> (Nach: dtv Brockhaus Lexikon, Bd. 2, (F. A. Brockhaus/Deutscher Taschenbuch Verlag) Wiesbaden/München 1982)

Bischof in Amtstracht

Papst in Amtstracht (Johannes Paul I., 1978)

Der Bischof von Rom

Aus schriftlichen Quellen wissen wir, dass seit dem 2. Jahrhundert n. Chr. Bischöfe an der Spitze der christlichen Gemeinde in Rom standen. Den römischen Bischöfen kam eine führende Rolle zu, weil die Apostel Petrus und Paulus in Rom gewesen waren und sich ihre Gräber dort befinden. Begründet wurde dies damit, dass die besondere Rolle, die Petrus unter den Jüngern Jesu gespielt hatte, auf den Bischof von Rom als seinen Nachfolger übergegangen sei. Aus diesem Grund und als Bischöfe in der Hauptstadt des Weltreiches besaßen sie somit anerkannt große Bedeutung und besonderen Einfluss.

Dieser erste Platz geriet in Gefahr, als Konstantinopel neue Hauptstadt wurde. Die Stadt Rom hatte ihre Bedeutung als politisches Zentrum des Römischen Reiches verloren. Nun waren die römischen Bischöfe ständig bemüht, unter Berufung auf die Petrustradition ihren Vorrang zu behaupten. Seit Rom nicht mehr Hauptstadt war und weil im Laufe der Zeit die weströmischen Kaiser immer schwächer wurden, übernahm der Bischof von Rom mehr und mehr neben den geistlichen auch öffentliche, weltliche Aufgaben in Rom (z. B. Krankenpflege, soziale Dienste, Vertretung der Stadt nach außen). Seit dem 5. Jahrhundert wurde der Bischof von Rom Papst genannt. Papst bedeutet übersetzt Vater. Der Papst, obwohl eigentlich Kirchenführer, nahm also seit der Völkerwanderungszeit gleichzeitig auch politische Aufgaben in der Führung der Stadt Rom wahr. Rom, seit dem Untergang des weströmischen Reiches politisch allmählich bedeutungslos geworden, wurde zum Mittelpunkt der christlichen Kirche im europäischen Abendland. Mit Abendland sind West- und Mitteleuropa gemeint, die Gebiete im Westen des Kontinents, wo die Sonne abends am Horizont versinkt. Seit dem 5. Jahrhundert galt der Papst als geistliches Oberhaupt der Christen in den Gebieten der ehemals weströmischen Reichshälfte. Bis heute gilt er als Oberhaupt der katholischen Kirche in aller Welt. Als Zentrum der Christenheit in Westeuropa gewann das Papsttum in der mittelalterlichen Welt Schritt für Schritt auch politisch – gemeint ist der Bereich der weltlichen Herrschaft – an Bedeutung.

Tragt zusammen, was ihr in dem Informationstext über die Entwicklung des Bischofsamtes in der Stadt Rom erfahrt.

Stichwortzettel

> Bischöfe in Rom
> Zunahme an Einfluss und Macht
> Neue Rolle im Abendland
> ...
> ...

Wie sehen Papst und Bischof ihre Stellung und Rolle?

Zwei Briefe aus dem 4. und 5. Jahrhundert geben Auskunft:

M 1 **Ossius, der Bischof von Cordoba, schreibt im Jahre 355 an den Nachfolger des römischen Kaisers Konstantin**

Q [...] Mischt Euch nicht in kirchliche Dinge! Gebt nicht Ihr in diesen Belangen [Dingen] Eure Kommandobefehle: Darin habt Ihr vielmehr von uns zu ler-
5 nen! Euch hat Gott die Kaisermacht in die Hand gegeben – uns hat er die Sache der Kirche anvertraut. Wie also jemand, der Euch die Kaiserherrschaft raubt, göttlich gesetzter Ordnung wi-
10 derstreitet [gegen ... verstößt], so scheuet auch Ihr Euch, eines schweren Verbrechens schuldig zu werden, indem Ihr Euch in kirchlichen Dingen Rechtsgewalt anmaßt.

(Zit. nach: W. Lautemann/M. Schlenke (Hg.), Geschichte in Quellen, Altertum, München (BSV) 1965, S. 755)

M 2 **Papst Gelasius schreibt im Jahre 494 an Kaiser Anastasius in Konstantinopel**

Q Es sind zwei, ehrwürdiger Kaiser, von denen diese Welt prinzipiell regiert wird: die heilige Autorität der Päpste und die königliche Gewalt. [...]
5 Wenn sich nun also die Herzen der Gläubigen allen Priestern, die das Göttliche rechtmäßig verwalten, unterwerfen müssen, um wie viel mehr muss dem Vorsteher jenes Stuhls Folge
10 geleistet werden, der nach höchstem göttlichen Willen alle Priester überragen sollte und der fortwährend die Pietät [oberste Geistlichkeit] der Gesamtkirche gepriesen hat.

(Zit. nach: Mittelalter, ausgewählt und kommentiert von R. Mokrosch und H. Walz, (Neukirchener Verlag) Neukirchen-Vluyn ³1986, S. 1)

Wie gelangen die Päpste in den Besitz eines „eigenen Staates"?

Die römischen Päpste hatten als kirchliches Oberhaupt keine bewaffneten Schutztruppen zur Verfügung. So war die Stadt angreifenden germanischen Stämmen nahezu schutzlos ausgeliefert. Die Päpste erbaten zumeist Hilfe beim fränkischen König. So auch im Jahre 756. Der fränkische König Pippin besiegte die Angreifer. Er schenkte dem Papst ein größeres Gebiet des eroberten Landes zwischen Ravenna und Rom. Aus dieser sog. Pippinischen Schenkung entstand der Kirchenstaat. Zur geistlichen Herrschaft des Papstes kam eine weltliche hinzu. Das Schutzproblem blieb. Der Papst entschied sich für die fränkischen Könige als Schutzherren. Papst und fränkische Könige traten in eine enge, für das Mittelalter sehr bedeutsame Beziehung zueinander. Davon wird an anderer Stelle noch ausführlich die Rede sein.

Was meinst du?
Worin liegt die Bedeutung des Kirchenstaates für die Stellung des Papstes?

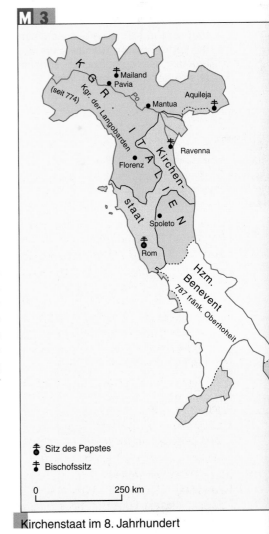

M 3

✚ Sitz des Papstes

✝ Bischofssitz

0   250 km

Kirchenstaat im 8. Jahrhundert

Stopp
Ein Blick zurück

Chlodwig: Begründer des europäischen Mittelalters

1. Lies noch einmal die Darstellung auf Seite 16f.: Wo zeigen sich in der Lebensgeschichte Chlodwigs Elemente des Römertums, des Germanentums (Franken) und des Christentums? Beschrifte die Wurzeln sinngemäß.

2. Erläutere jetzt (im mündlichen Vortrag oder in schriftlich ausgearbeiteter Form), warum Chlodwig als Begründer des europäischen Mittelalters eingeschätzt werden kann.

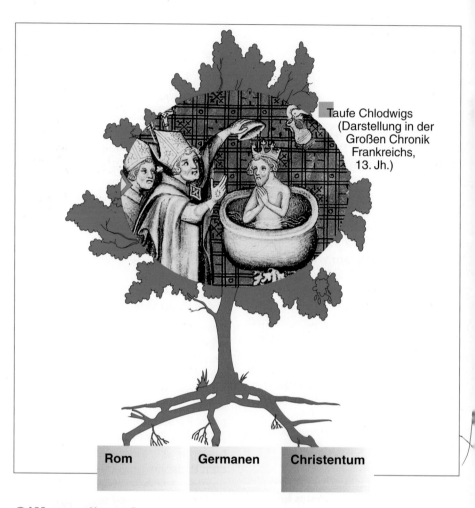

Taufe Chlodwigs (Darstellung in der Großen Chronik Frankreichs, 13. Jh.)

Rom   Germanen   Christentum

Silbenrätsel

- bo - chlod - chris - dan - den - don - fa - frei - hei - kan - mär - mis - nar - ni - ners - rer - sio - staat - ten - tag - tag - ti - ti - tum - ty - us - va - wig - wo

1 Er gilt als Apostel der Deutschen.
2 Selbstständiger Staat und Amtssitz des Papstes. *vatikan*
3 Er trat um 500 zum Christentum über. *Chlodwig*
4 Abwertender Begriff für Menschen, die an Naturreligionen glauben.
5 Mächtigster Gott der Germanen. *Wodan*
6 Wochentag, der an eine germanische Göttin erinnert. *Freitag*
7 Person, die wegen ihres Glaubens den Tod erleiden muss. *Christen*
8 Wochentag, der an einen germanischen Gott erinnert. *Donnerstag*
9 So nennt man einen Menschen, der andere zu einem neuen Glauben bekehren will. *missionar*
10 Religion, die das gesamte Mittelalter prägte. *Christentum*

Typisch Mittelalter …

M 1 Der christliche Gott als Weltbaumeister

Abbildung aus einer Bibel (um 1220). Sie bezieht sich auf die ersten Verse der Bibel (1. Mose, Verse 1, 2, 6, 8 u. 16). Die Bilder in der Bibel sollten dafür sorgen, dass auch nicht im Lesen geübte Menschen die Bibel verstehen konnten.

1. Lies zunächst in einer Bibel die genannten Verse.

2. Beschreibe dann, was in der Abbildung zu sehen ist.

3. Versuche nun, in einfachen Worten eine Bilderklärung zu formulieren: Warum ist die Darstellung „typisch Mittelalter"?

Wieso? Der Hund beißt die Hand ab – was ist daran christlich?

Das Christentum prägt die Denkweise der Menschen. – Jetzt verstehe ich, was damit gemeint ist!

M 2 Eine Hundegeschichte

Folgende Geschichte soll sich an einem Königshof zugetragen haben. Der Bischof Thietmar von Merseburg hat sie – vermutlich im Jahre 1013 – aufgeschrieben.

Q Ein seltsamer Vorfall ereignete sich in einer Königspfalz, an einem der mittelalterlichen Paläste des Königs. Auf einmal lief ein Hund in den Saal. Die-
5 ser Hund erkannte, dass unter den Anwesenden sein Feind war. Er sprang auf diesen Mann zu und biss ihm blitzartig die rechte Hand ab. Sofort danach lief er, wie nach einer glänzenden Tat,
10 schweifwedelnd wieder weg. Alle waren erschrocken und konnten sich das Ereignis nicht erklären. Da fragten sie den armen Mann: „Was hast du denn getan?" Der aber antwortete ihnen:
15 „Völlig zu Recht hat mich gerade Gottes Strafe ereilt." Und dann erklärte er weiter: „Vor einiger Zeit bin ich einem Manne begegnet, der fest schlief. Der Mann war der Herr dieses Hundes. Ich
20 Unseliger habe diesen Mann erschlagen. Darauf hat mich der Hund verfolgt und angegriffen; nur mit Mühe konnte ich ihm damals entkommen. Jetzt aber, da ich alles vergessen glaub-
25 te, hat er mich wieder aufgespürt und mir vor aller Augen die Hand abgebissen. Jetzt weiß ich, dass niemand seine Schuld verstecken kann – weder auf Erden noch beim Jüngsten Gericht."

(Thietmar von Merseburg, Chronik, Darmstadt (Neuaufl.) 1970, S. 30, eigene, z.T. freie Übersetzung)

1. Gib den Vorfall (M 2) in eigenen Worten wieder.

2. Schreibe auf, wie das Gespräch zwischen dem Mädchen und dem Jungen weitergehen könnte. Wähle dazu die Form des kurzen Dialogs.

Lebenswelten in der Ständegesellschaft

Du bete
inständig

Du schütze

Du arbeite

Holzschnitt aus dem
Jahr 1492

Abbildungen in der Chronik des John von Worcester, veröffentlicht in England um 1130

Auch im Mittelalter – Leben in Gruppen

Ob in der Hochkultur Ägyptens, in der antiken Lebenswelt der Griechen oder bei den Römern – immer finden wir im bisherigen Verlauf der Menschheitsgeschichte „geschichtete Gesellschaften" vor. „Geschichtet" heißt, dass die Gesellschaft in verschiedene Gruppen eingeteilt ist, die nicht gleichgestellt sind. Das wichtigste und entscheidende Merkmal einer solchen gesellschaftlichen Ordnung ist die politische, rechtliche und soziale Ungleichheit zwischen den einzelnen Bevölkerungsgruppen. Da machte das Mittelalter keine Ausnahme.

Bilder erzählen über die Welt

Die weit überwiegende Zahl der Menschen im Mittelalter konnte weder lesen noch schreiben, aber sie konnten sehen. Bilder waren deshalb wichtige Informationsträger. Sie vermittelten konkrete Vorstellungen von wichtigen Bereichen des Lebens.

Diese Absicht verfolgten auch die beiden Künstler, deren Abbildungen ihr hier seht (M 1 und M 2).
Betrachtet die Darstellungen und versucht, ihre Botschaften an die Menschen zu erschließen.

M 1:
Der Künstler des Holzschnitts setzt die mittelalterliche Gesellschaftsordnung ins Bild.

1. Betrachtet das Bild und beschreibt es.
2. Wie ist nach Ansicht des Künstlers die Gesellschaft im Mittelalter aufgebaut?
3. Diskutiert in der Klasse über das Weltbild, das der Künstler zum Ausdruck bringt; vergleicht es mit unseren heutigen Vorstellungen von einer sinnvollen Gesellschaftsordnung.

M 2:
Die Abbildungen aus der Chronik des John von Worcester geben einen Traum wieder, den der englische König Heinrich I. im Jahre 1130 auf einer Reise in die Normandie hatte.

4. Was ist dargestellt? Beschreibt, wie dieser Künstler die mittelalterliche Gesellschaft darstellt.
5. Was ist das Besondere an seiner Darstellung?
6. Vergleicht die Abbildungen M 1 und M 2: Was ist beiden Darstellungen gemeinsam?

→ **Welche Fragen bleiben für euch offen?**

Adeliger, Geistlicher oder Bauer – mittelalterliches Leben in der Ständegesellschaft

In diesem Kapitel geht es um das Leben der mittelalterlichen Menschen im Alltag. Um die Lebensverhältnisse genauer kennen zu lernen, stellen wir die verschiedenen Gesellschaftsgruppen nacheinander vor. Zunächst blicken wir in die Lebenswelt der bäuerlichen Dorfbevölkerung, dann untersuchen wir den Alltag ihrer „Herren": der Adeligen und Ritter auf den Burgen. Bereits hier wird deutlich, wie eng verknüpft der Alltag beider Lebenswelten im Mittelalter war. Die dritte Gruppe bilden die Menschen, die als Mönche und Nonnen in der Abgeschiedenheit der Klöster gelebt haben.

Präsentationsvorschlag: Parallel zur Erarbeitung könntet ihr eine Wandzeitung über die drei Lebenswelten in der Ständegesellschaft erstellen.

Methodenbox
Eine Wandzeitung erstellen
Mittelalterliches Leben in der Ständegesellschaft

Bäuerliche Bevölkerung

Menschen in Klöstern

Die Welt des Adels

1. Schritt: Wozu erstellt man eine Wandzeitung?
Nachdem ihr die Kapitel über das Leben im Dorf, auf der Burg und im Kloster durchgearbeitet habt, bietet sich auch die Erarbeitung und Präsentation einer Wandzeitung an. Die Wandzeitung ist eine informative, großformatige, gut lesbare und anschaulich gestaltete Präsentationsform von Ergebnissen aus dem Unterricht. Sie kann in der Klasse oder im Schulgebäude aufgehängt werden.

2. Schritt: Wie erstellt man sie?
Zunächst müsst ihr euch inhaltlich darüber klar werden, was in der Wandzeitung zum Thema dargestellt werden soll. Für die Produktion bietet sich ein arbeitsteiliges Vorgehen an, wobei einzelne Schüler oder Schülergruppen bestimmte Teilthemen übernehmen; hier: Bäuerliche Bevölkerung, Welt des Adels, Menschen in Klöstern.

Eine formal übersichtliche und optisch ansprechende Gestaltung ist für die Wirkung einer Wandzeitung sehr bedeutsam. Verwendet kurze, selbst geschriebene Texte. Besonders schön wirken selbst angefertigte Bilder und Zeichnungen. Es können aber auch Fotos und andere fertige Materialien verwendet werden. Auf die Verwendung kopierter Texte solltet ihr verzichten, weil sie in der Regel von den Betrachtern nicht gelesen werden. Die Textmenge darf nicht zu umfangreich sein.

3. Schritt: Worauf solltet ihr besonders achten?
Ein fremder Leser bzw. Betrachter will sich schnell orientieren können und sofort sehen, wo ihn welche Informationen erwarten.

Tipps!
- Übersichtliche Gliederung, die inhaltliche Schwerpunkte auf einen Blick erkennen lässt.
- Ansprechende Überschriften.
- Ausgewogenes Verhältnis von Texten und Bildern.
- Die Schriftgröße (als Faustregel gilt): pro Meter Abstand, aus dem die Wandzeitung lesbar sein soll, ein Zentimeter Mindestschriftgröße, also drei Meter Abstand = drei Zentimeter große Buchstaben.
- Schriftfarben wählen, die gute Lesbarkeit garantieren und optisch ansprechen.

Was heißt eigentlich Ständegesellschaft?

1. Wertet die Materialien und den Darstellungstext sorgfältig aus, indem ihr in Stichworten die wesentlichen Aussagen zum Thema „Ständegesellschaft" herausschreibt. Legt dabei folgende Leitfragen zugrunde:
– Was bedeutet „Ständegesellschaft"?
– Welche Gruppen gehören dazu und welchen Rang nehmen sie ein?
– Wie wird diese „Ständelehre" begründet?

2. Stichwort: Ständegesellschaft
Fasst eure Notizen als Lexikoneintrag zusammen.
Tipp! Auf der Seite 20 findet ihr ein Beispiel für Lexikoneinträge.

M 1 Um 1150 fragte die Äbtissin Tenxwind, Leiterin eines Klosters in Andernach am Rhein, bei der hoch angesehenen Benediktineräbtissin Hildegard von Bingen nach, warum diese nahezu ausnahmslos nur Personen adeliger und reicher Herkunft in ihre Klostergemeinschaft aufnehme. Die Äbtissin Hildegard beantwortete die Anfrage in folgender Weise:

Q Gott hat dem Volk auf Erden Unterschiede gesetzt, wie er auch im Himmel Engel, Erzengel, Throne, Herrschaften, Cherubim und Seraphim gesondert hat. Sie alle werden von Gott geliebt und haben doch den gleichen Namen. Er hat Acht, dass sich der geringere Stand nicht über den höheren erhebe, wie Satan und der erste Mensch getan, da sie höher fliegen wollten, als sie gestellt waren.

(Zit. nach: Michaela Diers, Hildegard von Bingen, 1998, S. 49f.)

M 2 Im gleichen Jahrhundert schrieb der geistliche Gelehrte Burchard von Worms:

Q Wegen der Sünde der ersten Menschen ist dem Menschengeschlecht durch göttliche Fügung die Strafe der Knechtschaft auferlegt worden, sodass Gott denen, für die, wie er sieht, die Freiheit nicht passt, in großer Barmherzigkeit die Knechtschaft auferlegt. Der gerechte Gott hat das Leben der Menschen so unterschieden, indem er die einen zu Knechten, die anderen zu Herren einsetzte, damit die Möglichkeit zu freveln für die Knechte durch die Macht der Herren eingeschränkt würde.

(Burchard von Worms, Anfang 11. Jh.; zit. nach: Geschichte in Quellen, Mittelalter, München (BSV) 1975, S. 711f.)

So begründeten Gelehrte im Mittelalter – zumeist Geistliche – den Aufbau der mittelalterlichen Gesellschaft. Sie unterschieden zwischen Freien und Unfreien, Herren und Knechten. Gott hatte der Welt eine feste, unumstößliche Ordnung gegeben. Die einen standen oben, die anderen unten in der Gesellschaft. So hatte Gott es gewollt. Nach kirchlicher Lehre hatte Gott die Menschen in drei Gruppen, so genannte Stände, aufgeteilt: Geistliche – Klerus genannt – weltliche Adelige und Bauern.

Die Menschen „standen" somit auf einem festen, ihnen zugewiesenen Platz innerhalb einer gottgewollten Ordnung. Eine Ausnahme stellten Tagelöhner, Arme, fahrendes Volk, Henker, Totengräber und auch zum Teil die Juden dar. Sie galten als gesellschaftliche Außenseiter und gehörten zu keinem Stand, sondern stellten eine soziale Randgruppe dar.

In der Regel wurde man in seinen Stand hineingeboren und blieb dort. Nachkommen von Adeligen waren adelig. Nachkommen unfreier Bauern zum Beispiel waren unfrei und blieben es auch. Jeder Mensch gehörte nach dem Willen Gottes seinem Stand an. Standeswechsel war die ganz seltene und große Ausnahme. Aufbegehren und Auflehnung gegen diese Weltordnung war eine Sünde gegen Gott.

Jeder Stand hatte seine spezielle Aufgabe in der Gemeinschaft zu erfüllen. Der Künstler des Holzschnitts auf der Seite 24 stellt sie bildlich dar: „Beten", „Schützen", „Arbeiten" – so teilt der Segen spendende Christus auf dem Regenbogen den drei Ständen ihre Aufgaben zu. Dass es keine Gleichheit unter den Ständen gab, obwohl sie aufeinander angewiesen waren, dass Adel und Klerus über die große Masse der bäuerlichen Bevölkerung herrschten und von ihr lebten, die rechtliche Ungleichheit der Menschen, dies alles entsprach göttlichem Willen. Diese Sichtweise einer dreigeteilten Ständegesellschaft bestimmte das Denken über den größten Zeitraum des Mittelalters. Erst im Spätmittelalter wurden Zweifel und Kritik gegenüber dieser behaupteten ewigen gottgewollten Ordnung geäußert. Zudem kam es zu gesellschaftlichen Veränderungen innerhalb der einzelnen Stände. Die Ständegesellschaft als Grundform der Gesellschaftsgliederung blieb dabei jedoch erhalten.

M 3

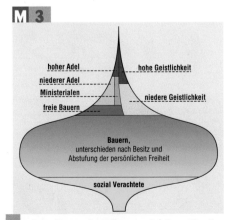

Soziale Rangabstufungen in der ständischen Gesellschaft auf dem Land

27

Das Leben der Bauern in den Dörfern

Info Alltag in Haus und Dorf

Stichwortzettel

Das Leben der Bauern in den Dörfern:
> Dörfer – Inseln (in Wäldern)
> In einem Bauernhaus
> Arbeit und Arbeitsalltag
> Entwicklung bis etwa 1500

Kleine Dörfer prägen das Mittelalter

Das Leben in einem kleinen Bauerndorf, das mitten zwischen Wiesen, Feld und Wald liegt, ist für uns heute die Ausnahme. Im Mittelalter war es jedoch die Regel. Fast alle Menschen lebten auf dem Land. Im frühen Mittelalter waren es mindestens 95 Prozent und um 1500 noch mehr als 80 Prozent. Die Dörfer bestanden meistens nur aus drei bis acht Höfen und waren nicht gleichmäßig über das Land verstreut. Man siedelte dort, wo Klima und Boden die Landwirtschaft ermöglichten. Manche Gebiete waren fast menschenleer, und fast immer gab es große Entfernungen zwischen den Dörfern. Nur selten verließen die Menschen ihr Dorf, oft kannten sie nicht einmal den Marktplatz der nächsten größeren Stadt. Von bedeutenden Ereignissen in der Welt erfuhren sie erst viel später oder gar nicht. Die Stadtbevölkerung sah deshalb geringschätzig auf die unwissenden Bauern herab. Man nannte sie „tumbe toren" oder „dörper" (= Tölpel).

Das Dorf: eine Insel im Wald

Die Abgeschiedenheit ergab sich aus den äußeren Umständen. Im frühen Mittelalter bestand der größte Teil Mitteleuropas aus Wald, den man sich wie einen Urwald vorzustellen hat. Die Menschen hatten große Angst vor diesem fast undurchdringlichen Dickicht und verließen ihr Dorf nur, wenn es unbedingt nötig war. Die Wälder waren so groß und finster, dass man sich leicht verirren konnte. Gefahr drohte von wilden Tieren (Wolf, Bär) und von Räuberbanden, die sich hier versteckten. Ohne Waffen traute sich niemand, auf einem kleinen Pfad in das Nachbardorf zu gehen, das vielleicht erst nach einem stundenlangen Marsch erreicht werden konnte. Auf der anderen Seite war der Wald für die Dorfbewohner sehr wichtig. Er lieferte Holz, das man als Brennmaterial zum Heizen, für Herd und Schmiede nutzte. Aus Hartholz konnte Baumaterial gewonnen werden und nicht zuletzt gab es Beeren, Pilze, Honig und Wild im Wald zu finden. Selbst das Vieh wurde gelegentlich in den Wald getrieben, um Futter zu suchen.

Um 1300 sah es in Mitteleuropa ganz anders aus. Die Bauern hatten den Wald immer mehr zurückgedrängt, um neue Anbauflächen zu erhalten. Riesige Gebiete waren gerodet worden und überall entstanden neue Gemeinden (oft mit den Endsilben -reuth, -rode

Ein Dorf um das Jahr 1000 (Rekonstruktionszeichnung auf der Grundlage archäologischer Funde, 1996)

28

oder -wald). Einige Forscher nehmen an, dass es um 1300 vermutlich weniger Waldgebiete in Mitteleuropa gab als heute.

Wohnverhältnisse

Auf der Rekonstruktionszeichnung sehen Dorf und Häuser recht niedlich und idyllisch aus. Wie aber würden wir wohl reagieren, wenn wir eines der Häuser hätten betreten müssen? Es ist nicht schwer vorherzusagen: Alle Sinne würden uns vergehen! Wir könnten kaum etwas sehen, denn in den Häusern war es stockdunkel. Fenster gab es nicht, nur kleine Luken in den Lehmwänden; die waren aber meistens verstopft, damit es nicht zu kalt wurde. Selbst im Sommer würden wir wahrscheinlich frieren und eine Gänsehaut bekommen. Vielleicht würden uns auch die Augen tränen, denn der Raum war voller Rauch. Die offene Flamme an der Herdstelle produzierte jede Menge Qualm, der nur mühsam durch die Ritzen des strohgedeckten Daches entweichen konnte. Einen Abzug gab es nämlich nicht. Auch die Nase würde rebellieren: Die Kleidung wurde jahrelang getragen und kaum gewechselt. Als Bett dienten Strohsäcke, die vielleicht zweimal im Jahr ausgetauscht wurden. Überhaupt: Auf Körperpflege achtete man wenig.

In diesem Raum, in dem übrigens auch das Vieh untergebracht war, lebten, arbeiteten und schliefen etwa 12 bis 20 Personen: die Eltern, die Kinder, bei größeren Höfen auch Knechte oder Mägde sowie die unverheirateten Geschwister der Eltern. Private Rückzugsmöglichkeiten gab es nicht. Großeltern lebten wohl nur in seltenen Fällen auf den Höfen, denn die Lebenserwartung war gering, die der Frauen wohl noch geringer als die der Männer. Mit spätestens 16 Jahren heirateten die Bauernmädchen. Ein entbehrungsreiches Leben lag vor ihnen. Acht oder mehr Schwangerschaften waren keine Seltenheit und wegen der mangelnden Hygiene bedeutete jede Geburt Lebensgefahr für das Kind und die Mutter.

Arbeitsalltag im Dorf

Das Leben auf einem mittelalterlichen Bauernhof hatte mit Urlaubsatmosphäre oder Ferienidylle wenig zu tun. Die Bäuerinnen und Bauern mussten harte, körperliche Arbeit leisten. Es gab nur einfache Hilfsmittel, aber keine Maschinen. In der warmen Jahreshälfte wurde von morgens bis abends gearbeitet, um das Tageslicht auszunutzen. Eine 14- oder 16-stündige Arbeitszeit war keine Seltenheit. Im Winterhalbjahr, der dunklen Jahreszeit, gab es dagegen weniger zu tun. Sonntage wurden geheiligt, auch an den zahlreichen Festtagen wurde nur in Ausnahmefällen körperliche Arbeit geleistet.

Selbstversorgung

Alle anfallenden Arbeiten mussten nach Möglichkeit in Eigenregie erledigt werden. Man erntete nicht nur Getreide, in Backhäusern buk man auch das Brot. Man züchtete nicht nur das Vieh, man schlachtete auch selbst und konservierte das Fleisch, z. B. in Räucherkammern. Getränke, z. B. Säfte, Bier und Wein, wurden selbst hergestellt; das Gleiche gilt für Butter und Käse. In vielen Gegenden erstreckte sich das Prinzip der Selbstversorgung auch auf Arbeitsgeräte sowie auf Textilien und Schuhe. Zu den wenigen Arbeiten, die nicht auf dem eigenen Hof ausgeführt wurden, zählt das Mahlen des Getreides: Mühlen waren aufwendige Konstruktionen; sie wurden von hauptberuflichen Müllern betrieben. Auch die Herstellung komplizierter Metallgeräte (Hufeisen, Pflug, Kupferkessel usw.) erfolgte durch Spezialisten, die es nicht in jedem Dorf gab.

Arbeitsteilung

Zwischen Männern und Frauen gab es eine räumliche Form der Arbeitsteilung. Die Frauen waren überwiegend für Arbeiten innerhalb des Hauses sowie für Stall und Garten zuständig, während die Männer oft Arbeiten verrichteten, die in einiger Entfernung vom Hofe anfielen. Einen Haushalt ohne Frau zu führen war unmöglich. Kinder mussten schon in ganz jungen Jahren mithelfen. Sie hüteten Tiere, verscheuchten Vögel von den Feldern und halfen bei allen Arbeiten mit. So lernten sie allmählich den Umgang mit den Geräten. Eine schulische Ausbildung war auf dem Lande unbekannt.

Die Dorfgemeinschaft entwickelt sich

Im späten Mittelalter waren die Häuser moderner. Sie besaßen ein Fundament aus Stein, größere Fenster und oft abgetrennte Zimmer, manchmal sogar eine rauchfreie Stube, in der ein Ofen stand.

Die Häuser standen jetzt verhältnismäßig eng nebeneinander und waren um eine Dorfmitte gruppiert. Jeder Hof besaß ein eigenes Stück Garten, aber Wald, Wiesen und Flusslauf wurden von allen Dorfbewohnern gemeinsam genutzt (Allmende). Jeder Hof wurde von einem Vollbauern bewirtschaftet. Sie wählten aus ihrer Mitte einen Dorfvorsteher oder Bauernmeister, der bei Streitigkeiten vermittelte und auch Termine der Aussaat und Ernte festsetzte. Die Nachbarschaft (Nachbar = nächster Bauer) war ganz wichtig. Man half sich beim Schlachten, bei der Ernte und in allen Notfällen. Man feierte Hochzeiten und Geburten zusammen und trauerte gemeinsam um verstorbene Dorfmitglieder. Auf diese Weise sorgte die Dorfgemeinschaft für eine große Geborgenheit.

Not macht erfinderisch: Die Bauern ernähren immer mehr Menschen

Im Vergleich zu heute waren West- und Mitteleuropa das ganze Mittelalter hindurch dünn besiedelt. Aber zwischen 650 und 1350 hatte sich die Bevölkerungszahl annähernd versiebenfacht. Wie schafften es die Bauern, dass alle Menschen ernährt werden konnten? Eine wichtige Erklärung könnt ihr schon geben: Die Rodung der Wälder führte zu einer größeren Anbaufläche. Von großer Bedeutung sind aber auch technische Erfindungen und Fortschritte in den Anbaumethoden. Um 800 wurde nur die doppelte bis dreifache Menge der Aussaat geerntet, 500 Jahre später war es die fünf- bis achtfache Menge – eine beeindruckende Ertragssteigerung!

Die Materialien auf dieser Doppelseite solltet ihr nutzen, um die Veränderungen aufzulisten und die Ertragssteigerung zu erklären.

	Veränderung	Auswirkung/Erklärung für die Produktionssteigerung
1.	Ausdehnung der Anbaufläche	Wenn mehr angebaut wird, kann mehr geerntet werden.
2.	M 1, M 2: Verbesserung der Bodenbearbeitung	…
3.	M 3: …	…
4.	M 4: …	…

Wieso gelang es den Bauern, immer mehr Menschen zu ernähren?

M 1a

Pflügen mit dem Hakenpflug (Buchmalerei am Anfang des 9. Jhdts.)

M 1b

Bis ins 12. Jahrhundert hinein war der Hakenpflug im Einsatz. Er ritzte die Erde nur oberflächlich auf. Danach setzte sich der Räderpflug durch, der Furchen zog und die ausgehobene Erde wendete. Pferde lösten die wenig ausdauernden Ochsen als Zugtiere ab (Buchmalerei um 1500).

M 1c

Fast alle Geräte (z. B. Spaten und Pflugschar) werden durch die zunehmende Verwendung von Eisen statt Holz leistungsfähiger. Auch schwere Lehmböden können jetzt beackert werden.

M 2a

Die Anspanntechnik ändert sich, sodass sich die Zugleistung um das 3- bis 4-fache erhöht. Dem Zugtier wird nicht mehr ein Riemen um den Hals gelegt; ein gepolsterter Ring (Kummet) wird von der Brust abgestützt.

M 2b

M 3a

Dreschflegel trennen die Getreidekörner sauber von den Ähren. Zuvor hatten Tiere die Körner austreten oder stampfen müssen: Verschmutzung!

M 3b

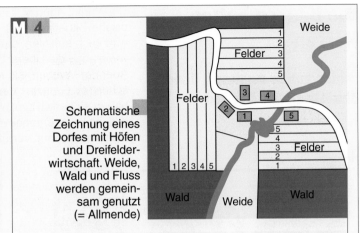

In Mühlen können große Getreidemengen in kurzer Zeit gemahlen werden. Die ersten Windmühlen tauchen in Europa um 1100 auf.

M 3c

Die Erfindung der Sense beschleunigt die Heuernte und erleichtert damit die Viehhaltung.

M 4

Weide
Felder
1
2
3
4
5
Felder
3
4
2
1
5
5
4
3
2
1
Felder
1 2 3 4 5
Wald   Weide   Wald

Schematische Zeichnung eines Dorfes mit Höfen und Dreifelderwirtschaft. Weide, Wald und Fluss werden gemeinsam genutzt (= Allmende)

Bis ins 12. Jahrhundert hinein war nur eine Hälfte des Ackerlandes bestellt worden. Die andere Hälfte lag brach, damit sich der Boden erholen konnte. Um 1200 löste die Dreifelderwirtschaft die herkömmliche Bodennutzung ab. Die einzelnen Felder eines Dorfes wurden in Großfeldern zusammengefasst, wobei jeder Hof seinen eigenen Ackerstreifen erhielt. Die Bauern bearbeiteten ihre eigenen Streifen selbst, aber die Dorfgemeinschaft legte die Nutzung fest. Auf dem ersten Großfeld wurde Wintergetreide angebaut, auf dem zweiten Sommergetreide, das dritte lag brach und diente als Viehweide. Im nächsten Jahr änderte sich die Nutzungsart. Auf Großfeld 1 wuchs nun Sommergetreide, Feld 2 lag brach und Feld 3 erhielt Wintergetreide. Im dritten Jahr lag Feld 1 brach usw. Im Laufe von drei Jahren hatte jedes der drei Großfelder diese Abfolge durchlaufen. Gegenüber der Zweifelderwirtschaft stiegen die Erträge deutlich, da immer zwei Drittel der Gesamtfläche genutzt wurden und die unterschiedlichen Pflanzen den Boden nicht so auslaugten. Missernten bei einer Getreidesorte konnten durch gute Ernten bei der anderen Saat ausgeglichen werden. Pflügen, Säen und Ernten verteilten sich über das ganze Sommerhalbjahr.

1. Fertige einen Werbeprospekt an, mit dem du für den neuen Räderpflug wirbst. (Erfinde einen zugkräftigen Namen, zeichne das Gerät, schreibe einen Text, der über die Vorteile informiert.)

2. Du kommst in ein Dorf, in dem die Dreifelderwirtschaft noch unbekannt ist. Abends sitzt du mit den Bauern unter der Dorflinde und erklärst die Vorteile. Die Bauern sind skeptisch, versuche sie zu überzeugen. Spielt die Szene oder schreibt das Gespräch auf.

Die Bauern hatten Herren

Bilder geben Auskunft über den Alltag der Bauern

Die Abbildungen M 1 und M 2 stammen aus dem späten Mittelalter; sie stellen typische Situationen für den Alltag der Bauern dar. Schon beim ersten Hinsehen wird euch auffallen, dass nicht nur Bauern dargestellt sind, sondern auch „Herren" – wie auch die Überschrift auf dieser Seite andeutet.

Aber der Versuch, die Materialien intensiver zu erläutern und auszuwerten, stößt schnell an Grenzen, denn euch fehlen noch wichtige Informationen. Viele von euch haben sicherlich große Schwierigkeiten, überhaupt irgendeinen Sinn in den Abbildungen zu entdecken. Wie ihr beide Abbildungen sinnvoll als historische Quellen nutzen könnt, verrät euch die Methodenbox!

Situationen aus dem Alltag der Bauern
(Darstellungen aus dem späten Mittelalter)

Methodenbox
Bilder als historische Quelle nutzen

Die Untersuchung beginnt mit einer Frage:
Hier: Was verrät uns M 1 bzw. M 2 über den Alltag der Bauern im späten Mittelalter?

1. Schritt: Betrachtung
Wir betrachten die Abbildungen ganz genau.

2. Schritt: Beschreibung
Wir formulieren eine exakte Beschreibung des Dargestellten. Hilfen: Welche Personen sind dargestellt, was tun sie? Gibt es Auffälligkeiten in der Darstellung (z. B. Kleidung, Größenverhältnisse ...)?

3. Schritt: Erläuterung und Deutung
Jetzt beginnt die eigentliche Arbeit der Historikerinnen und Historiker, denn nur mit Kenntnissen über den Alltag der Bauern sind beide Abbildungen zu verstehen. Ihr könnt euch diese Kenntnisse aneignen, wenn ihr den Dialog zwischen Johann und Hinrich und die Info-Seite erarbeitet habt.

4. Schritt: Auswertung
Die Leitfrage kann jetzt zusammenfassend beantwortet werden.

Der Fall Johann B.

Im hohen Mittelalter war kaum ein Bauer frei. Fast alle waren abhängig von einem adeligen Grundherrn, dessen Anordnungen sie folgen mussten. Wie dachten die Bauern über diese Unfreiheit? Eine Antwort fällt schwer, denn die Bauern konnten nicht schreiben. Deshalb gibt es keine Quellen, die dies aus ihrer Sicht darstellen. Man muss eine Rekonstruktion aus Urkunden, Lebensbeschreibungen, Chroniken usw. versuchen und die gewonnenen Informationen wie Puzzleteile zusammensetzen. In einem Geschichtsbuch ist es kaum möglich, die Vielzahl der Originalquellen abzudrucken. Das folgende Gespräch zwischen den Bauern Johann und Hinrich hat also nicht wirklich stattgefunden. Der Autor des Geschichtsbuches hat den Dialog entworfen, nachdem er viele Quellen aus dem 7. und 8. Jahrhundert gelesen hat.

M 3   Warum ein Bauer unfrei wurde

Johann: Gott zum Gruße, Hinrich.

Hinrich: Gott zum Gruße. Es ist Monate her, seitdem wir uns gesehen haben. Was führt dich durch unser Dorf?

5 *Johann:* Ich war beim Grafen. Ich komme gerade von der Burg.

Hinrich: Hast du etwa auch …

Johann: Ja, Hinrich. Ich habe meinen gesamten Besitz dem Grafen gegeben. Meine kleine Hütte, das Land mit allen Feldern und Wiesen.

Hinrich: Nie hätte ich das von dir gedacht. Ich glaube, ich bin bald der einzige Bauer aus allen Dörfern der Umgebung, der noch frei ist.

15 *Johann:* Glaube mir, Hinrich. Die Entscheidung war nicht einfach. Mein Hof hat sehr gelitten in den letzten Jahren. In jedem Frühjahr musste ich in den Krieg ziehen. Meine Frau und die Kinder konnten das Feld nur mit Müh und Not bestellen, auf allen Feldern war nicht tief genug gepflügt. Von der anderen unerledigten Arbeit will ich gar nicht reden.

25 *Hinrich:* Ich verstehe, Johann. Als unfreier Bauer musst du nicht mehr in den Krieg ziehen. Du kannst in Ruhe zu Hause bleiben und deinen Hof versorgen. Das ist ein großer Vorteil, aber bedenke 30 doch nur: Jetzt bist du nicht mehr dein eigener Herr. Das Land, das dein Vater und dein Großvater schon bearbeitet haben, es gehört jetzt nicht mehr dir. Der Graf wird alles bestimmen wollen.

35 *Johann:* Ganz so schlimm wird es schon nicht kommen. Es ist zwar richtig, dass mir das Land nicht mehr gehört. Aber der Graf hat es mir praktisch zurückgegeben, damit ich es für ihn bewirtschafte.

40 *Hinrich:* Aber das hat der Graf nicht aus reiner Menschenfreundlichkeit gemacht.

Johann: Das weiß ich auch. Ein Mönch aus dem Kloster hat in einer Urkunde alles genau notiert. Ich habe mich zu Abga-45 ben verpflichtet. In jedem Jahr muss ich vier Malter[1] Korn abliefern, zwei gut gemästete Gänse und eine Kuh.

Hinrich: Jedes Jahr eine Kuh!

Johann: Sicher, das ist viel, aber mein 50 Schwert ist zerbrochen. Wenn ich wieder in den Krieg ziehen müsste, brauchte ich ein neues Schwert. Du weißt, was der Schmied verlangt.

Hinrich: Ein Vermögen. Fünf Kühe habe 55 ich ihm vor zwei Jahren gegeben. Es hätte fast meinen Ruin bedeutet. Aber sag, wie sieht es mit den Diensten aus? Wie oft musst du auf den Hof des Grafen kommen und auf den Feldern arbeiten, 60 die er selbst bewirtschaftet?

Johann: Dieser Frondienst macht mir die größten Sorgen. Ich soll im Frühjahr, zur Ernte und im Herbst für jeweils zwei Wochen kommen.

65 *Hinrich:* Johann! Weißt du, was das bedeutet? Du kannst dich nicht um deinen Hof kümmern. Und in der Erntezeit verhagelt dir vielleicht dein Getreide, während du auf den Feldern des Grafen 70 die Ernte einbringst. Wie konntest du dich nur darauf einlassen! Deine Familie wird Not leiden müssen.

Johann: Und was wäre aus uns geworden, wenn mich im letzten Kriegszug der 75 Schwerthieb getroffen hätte? Dann wäre ich tot und Frau und Kinder säßen ohne Hilfe da.

Hinrich: Aber du wärst als ein freier Mann gestorben.

80 *Johann:* Als freier Mann – pah! Nichts hätten meine Frau und die Kinder davon gehabt. Aber von heute an gibt es einen großen Unterschied, Hinrich. Meine Familie wäre nämlich gut versorgt, auch 85 wenn ich nicht mehr lebe. Der Graf hat sich verpflichtet, uns zu beschützen und im Notfall zu helfen. Niemand müsste verhungern, niemand müsste den Hof verlassen. Er würde dafür sorgen, dass 90 der Hof bewirtschaftet bleibt, bis mein ältester Sohn in der Lage ist, an meine Stelle zu treten.

Hinrich: Bist du sicher? Ihm gehört jetzt schon das meiste Land in der Umge-95 bung. Er spricht Recht. Er baut auch eine neue Kirche und setzt den Pfarrer ein. Alle müssen vor ihm buckeln. Wo ist unsere Freiheit? Irgendwann wird der Graf seine Macht ausnutzen. Er wird immer 100 mehr Dienste von dir fordern und immer höhere Abgaben. Deine Kinder und Enkel werden deine Entscheidung büßen müssen.

Johann: Das glaube ich nicht. Ich glaube 105 eher, dass du auch bald ein abhängiger Bauer sein wirst. Vielleicht wird dein Grundherr nicht der Graf sein, sondern die Äbtissin des Klosters.

---

[1] Vier Malter sind ungefähr 500 kg.

1. Fülle die Tabelle aus.

Welche Vorteile erwähnt Johann?	Welche Nachteile sieht Hinrich?
…	…

2. Wäge Vorteile und Nachteile gegeneinander ab. Wie hättest du dich entschieden?

Grund + Herrschaft = Grundherrschaft

Das Gespräch zwischen Johann und Hinrich steht am Beginn einer Entwicklung, die etwa 1000 Jahre Bestand haben sollte und die man als Grundherrschaft bezeichnet. Die beiden Wortbestandteile „Grund" und „Herrschaft" sollte man wörtlich verstehen. Denn wer im Mittelalter Grund und Boden besaß, übte auch Herrschaft aus über die Menschen, die auf diesem Grund arbeiteten. Die Grundherren, z.B. Grafen, Ritter, Bischöfe oder Klöster (auch Frauen konnten Grundherren sein!), gaben Höfe und Ackerflächen zur Bewirtschaftung aus und von nun an besaßen sie auch Rechte über diese Menschen. Das Ausmaß dieser Rechte und damit der Unfreiheit der „Bauern" war von Region zu Region sehr unterschiedlich. Im Grundsatz gilt, dass Mägde und Knechte, die direkt auf dem Hof des Grundherrn arbeiteten, jede Freiheit verloren hatten. Sie gehörten als Leibeigene zum persönlichen Besitz des Grundherrn. Bauern wie Johann, der von seinem Grundherrn Land zur Nutzung bekommen hatte, dafür aber Dienste und Abgaben leisten musste, wurden als Hörige bezeichnet. Auch ein höriger Bauer konnte nicht selbst entscheiden zu heiraten oder wegzuziehen. Freie Bauern gab es gegen Ende des hohen Mittelalters so gut wie keine mehr.

Formen der Grundherrschaft

Grundherrschaften waren verschieden groß. Es gab Grundherren, die noch selbst als Bauern arbeiteten und nur wenige abhängige Bauern besaßen. Es gab aber auch riesige Grundherr-

schaften, die aus zahlreichen Dörfern und Hunderten von Menschen bestehen konnten und Herzögen oder großen Klöstern gehörten. Johann kannte seinen Grundherrn, den Grafen, noch persönlich, aber in dem weit verzweigten System einer großen Grundherrschaft kannten die Bauern oft nur noch einen Mittelsmann, der für die Verwaltung eines Teilbezirkes zuständig war. Diese Verwalter, die fast überall in Deutschland Meier genannt wurden, bewirtschafteten einen großen Bauernhof und sammelten dort im Auftrag des Grundherrn die Abgaben der abhängigen Bauern. Sie organisierten auch die Dienste der abhängigen Bauern und machten sich – je nach Entfernung – einmal oder mehrmals im Jahr auf den Weg zum Fronhof des Grundherrn.

Wandel der Grundherrschaft

Der Transport von Getreide, lebendem Vieh usw. war höchst mühsam und aus heutiger Sicht betriebswirtschaftlicher Unsinn. Da war es ein großer Vorteil, dass sich im Laufe des Mittelalters die Geldwirtschaft durchsetzte und manche Abgaben und Dienste durch Geldzahlungen abgegolten werden konnten. Zu festgesetzten Terminen mussten die Bauern ihren Beutel mit Münzen aus Edelmetall beim Grundherrn abliefern (daher: Geldbeutel). Die Bauern zahlten nicht nur für die Nutzung des überlassenen Grund und Bodens, sondern auch für die Inanspruchnahme von Dingen und Rechten, die dem Grundherrn gehörten, z.B. für das Mahlen des Getreides in der Mühle oder für das Holzfällen im Wald. Um

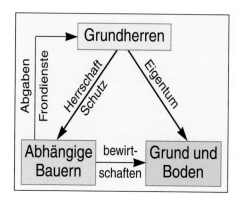

dieses Geld aufzubringen, mussten sie Überschüsse erwirtschaften, die sie auf den städtischen Märkten verkauften.

Wer behielt Recht – Johann oder Hinrich?

Der Umfang der Abgaben und Fronarbeiten schwankte von Gebiet zu Gebiet. Im Prinzip aber kann man sagen, dass Hinrich auf lange Sicht recht behalten hat. Spätestens gegen Ende des Mittelalters geriet das System des gegenseitigen Gebens und Nehmens in eine Schieflage. Die Dienste und Abgaben wurden erhöht bzw. zunehmend als ungerecht empfunden. Je nach Gebiet bildeten sich die unterschiedlichsten Forderungen aus (z.B. die Abgabe des Besthauptes = starb der abhängige Bauer, musste die Witwe das beste Stück Vieh an den Grundherrn abgeben). Die Bauern versuchten durchaus, sich zur Wehr zu setzen. Dennoch blieb das System der Grundherrschaft bis ins 19. Jahrhundert prägend für weite Teile Europas.

Fallbeispiel: Grundherrschaft des Klosters Kitzingen

M 1
Fronhof Kitzingen

Zur Grundherrschaft des Klosters gehörten insgesamt: 14 Fronhöfe, 254 Hufen (kleine ausgeliehene Höfe), 120 Joch^2 Weinberge, 6 Pfarren, 12 Mühlen, 3 Fähren und 12 Fischer mit ihren Lehen.
Einer der Fronhöfe ist der Fronhof Kitzingen.

M 2 Auszug aus dem Urbar (Verzeichnis) des Klosters Kitzingen, 11. Jh.

Q Zum Fronhof Kitzingen gehören 31 Hufen, die Mastschweine und für die Frauenarbeit 11 Pfennige[1] und 10 Eier liefern, sie dienen 3 Tage wöchentlich,
5 pflügen 30 Joch^2 (Salland) und leisten 6 Wochendienste im Jahre, die zu deutsch „Schar" heißen. Zu ihm gehören auch 2 Mühlen, die 24 Maß^3 (Malz) abgeben, eine Furt, die 4 Pfund
10 entrichtet, ein Markt, der 9 Unzen entrichtet, 1 Wald, der abgibt 1500 Eier, 40 Hühner und Eisen für 12 Pferde, 9 Fischer, 7 Weinbauern, [...]. Darüber hinaus gehört zu diesem [Hof] der
15 Weiler Hoheim, der 12 Hufen umfasst, von denen jede 30 Pfennige entrichtet, und 1 Wald. Olinbuch 4 Hufen, von denen jede 30 Pfennige und ein Huhn mit 10 Eiern entrichtet. Röhrensee 10 Hu-
20 fen, die 20 Pfennige und 1 Huhn mit 10 Eiern entrichten. Bechhofen 3 Hufen, von denen jede einen Karren Pech entrichtet. Hohnsberg 12 Hufen, von denen jede 20 Pfennige, Hühner mit
25 12 Eiern entrichtet. Erlabronn 7 Hufen, die (je) 20 Pfennige entrichten. Elsendorf 2 Hufen, die beide 40 Pfennige

30 entrichten. Hannberg 6 1/2 Hufen, von denen 1 Talent[1] entrichtet wird. Marktbibart 1 Hufe, die 40 Pfennige entrichtet. Ettleben 1 Hufe, die ein Schwein entrichtet. Blindheim 3 Hufen. Kaltensondheim 1 Hufe. [...][4]

(Zit. nach: H. Boockmann, Das Mittelalter. Ein Lesebuch aus Texten und Zeugnissen ..., München 1988, S. 52)

1 192 Pfennige entsprachen 16 Unzen oder einem Pfund, 144 Pfennige entsprachen etwa 1 Talent. Zum Vergleich: Zu Beginn des 13. Jahrhunderts kostete eine Kuh 13 Unzen, ein Schwein 5 Unzen, ein Huhn 2 bis 3 Pfennige, ein Pfund Butter 2 Pfennige.
2 Ein Joch beschreibt die Fläche, die ein Ochsengespann an einem Tag pflügen kann. Diese Fläche war regional unterschiedlich groß. Eine Hufe war häufig mit 30 Joch ausgestattet, etwa 15 Hektar.
3 Ein Maß entspricht 1,6 Liter.
4 Es folgen die entsprechenden Angaben zu den übrigen 13 Fronhöfen.

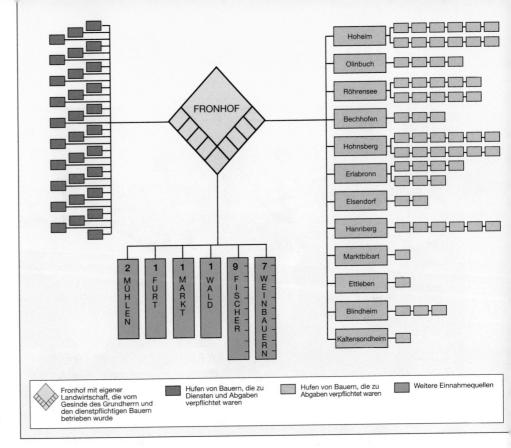

Fronhof mit eigener Landwirtschaft, die vom Gesinde des Grundherrn und den dienstpflichtigen Bauern betrieben wurde — Hufen von Bauern, die zu Diensten und Abgaben verpflichtet waren — Hufen von Bauern, die zu Abgaben verpflichtet waren — Weitere Einnahmequellen

(Fronhof; Hoheim, Olinbuch, Röhrensee, Bechhofen, Hohnsberg, Erlabronn, Elsendorf, Hannberg, Marktbibart, Ettleben, Blindheim, Kaltensondheim; 2 MÜHLEN, 1 FURT, 1 MARKT, 1 WALD, 9 FISCHER, 7 WEINBAUERN)

Ich ...
– untersuche, welche Typen von Bauernhöfen zum Fronhof gehören;
– beschreibe die Unterschiede;
– liste ihre Verpflichtungen gegenüber dem Fronhof auf;
– stelle die Einnahmen des Fronhofs für ein Jahr zusammen: Arbeitsleistungen (in Wochen), Geldeinnahmen, Naturalabgaben, weitere Einnahmen;
– stelle gegenüber, wie viele Wochen der zur Fronarbeit verpflichtete Bauer für seinen Bauernhof zur Verfügung hat und wie viele Wochen er im Jahr für den Grundherrn arbeitet;
– beurteile, was das alles für ihn bedeutet.

Die Abbildungen auf dieser Doppelseite geben Einblick in adeliges Leben im Mittelalter. Das große Bild (M 1) – es stammt aus den Stundenbüchern des Herzogs von Berry (Anfang 15. Jahrhundert) – ist eines der in adeligen Kreisen beliebten Monatsbilder, auf denen für die Jahreszeit typische Tätigkeiten aus dem adeligen und ritterlichen Leben dargestellt werden. Der Herzog – er selbst trägt eine kostbar bestickte blaue Robe und auf dem Kopf eine wertvolle Pelzmütze – hat als Gastgeber zum Neujahrsempfang geladen.

Ein anderes solcher Monatsbilder (M 3) aus der gleichen Zeit zeigt den Ausritt adeliger Damen und Herren.

Die kleine Abbildung (M 2) ist eine französische Buchmalerei aus der zweiten Hälfte des 13. Jahrhunderts. Sie hat die große Zeit des Rittertums zum Thema.

1. Schreibe auf, was du anhand der Bilder über Adelige und adeliges Leben erfährst.

2. Notiere auch deine Fragen an die Bilder.

37

Die „adelige Familie" im Mittelalter

Wer gehört dazu?

Kennzeichnend für alle Gesellschaften – dies gilt für die Hochkultur in Ägypten in gleicher Weise wie für die antiken Staats- und Gesellschaftsformen der Griechen und Römer – waren zu allen Zeiten gesellschaftliche Eliten, herausragende Gruppen, die sich als „die Besten" oder auch „die Edlen", „die Besitzenden" bezeichneten. Im deutschen Raum hatte sich seit dem frühen Mittelalter der Begriff „Adel" als Sammelbegriff für all diejenigen Personen eingebürgert, die sich auf ihre Abstammung von „edlen Vorfahren" beriefen und sich deshalb als bevorrechtigter Stand verstanden.

Der Adel war auch im Mittelalter die Herrenschicht, die politisch und kulturell bestimmend in der Gesellschaft war. Man wurde in diesen Stand hineingeboren und konnte auch nicht aus diesem gesellschaftlichen Stand wieder herausfallen. Adelig waren die Könige, Herzöge, Grafen und Ritter. Auch die meisten Bischöfe und Äbte gehörten zum Adelsstand. Somit umfasste der Adel gleich zwei Stände, die „Betenden" und die „Kämpfenden", sozusagen einen kirchlichen und einen weltlichen Adel. Frauen konnten nur durch ihre Geburt zum Adel gehören.

Der zahlenmäßig weit größeren bäuerlichen Bevölkerung standen nur wenige adelige Verwandtschaftsgruppen gegenüber. Zur Adelsfamilie zählten die Blutsverwandten und die Eingeheirateten. Diese adeligen Familienverbände, auch Adelsgeschlecht genannt, dokumentierten ihr Zusammengehörigkeitsgefühl nach außen dadurch, dass sie einen Familiennamen und in der Regel ein Wappen führten.

Noch im 10. Jahrhundert benannten sich adelige Familien üblicherweise nach dem Vornamen ihres Urahnen. Ein gutes Beispiel dafür sind die Welfen. Sie leiteten ihren Namen ab von Welf, dem Grafen Welf von Argengau, als ihrem adeligen Vorfahren. Erst als seit dem 12. Jahrhundert die Burg Besitz und Macht einer Familie nach außen zur Schau stellte, übertrug man den Namen des Geschlechts eher auf den Wohnsitz als auf den gerade lebenden Adeligen. Fortan nannten sich berühmte Adelsgeschlechter auch nach dem Ort ihres Herrschaftssitzes, so zum Beispiel die Staufer nach ihrer Stammburg Hohenstaufen.

Obwohl der Adel verglichen mit der Gesamtgesellschaft nur eine kleine Gesellschaftsgruppe darstellte, beanspruchten die Adeligen aufgrund ihrer Abstammung und ihres großen Grundbesitzes besondere Rechte gegenüber der übrigen Bevölkerung. Gemeinsam war allen, dass sie entweder durch Erbe, Schenkung oder in früherer Zeit auch durch kriegerische Aneignung über freien Eigenbesitz verfügten. Hinzu kamen häufig noch Amtsgüter, d. h. Grundbesitz, den sie als Gegenleistung für Verwaltungs- und Kriegsdienste für den König erhalten hatten. Steuern zahlten die Adeligen nicht. Sie waren stets bemüht, ihre Macht und ihren Einfluss durch eine geschickte Heiratspolitik zu sichern und auszubauen. Wichtige und einträgliche Ämter wurden, wenn irgend möglich, mit eigenen Verwandten besetzt.

Krönungsbild Herzog Heinrichs des Löwen, 12. Jahrhundert: Göttliche Hände krönen den Herzog und seine Gemahlin Mathilde. Die Eltern des Herzogs, Heinrich der Stolze und Gertrud, sowie Gertruds Eltern, Kaiser Lothar III. und Richenza, stehen hinter ihm. Hinter Mathilde sieht man ihren Vater, König Heinrich II. von England, und dessen Mutter, Kaiserin Mathilde.

Adelig sein: Was bedeutet das?

1. Beschreibt auf der Grundlage des Darstellungstextes die charakteristischen Merkmale der adeligen Gesellschaft.

2. Schreibt auf der Grundlage der beiden zeitgenössischen Quellen ein Interview mit einem Adeligen.
So könnt ihr beginnen:
„Sie gehören dem Adel an: Was bedeutet das für Sie?" …
„Wie sehen Sie Ihre Rolle?" …
Usw.

M 2 Der mittelalterliche Geschichtsschreiber Widukind von Corvey beschreibt den idealen Adeligen:

Gero[1] nämlich war durch viele gute Eigenschaften ausgezeichnet, er verstand sich auf das Kriegswesen, verwaltete sein Land besonnen, konnte gut
5 reden und war gebildet – ein Mann, der seine Klugheit lieber durch Taten als durch Worte bewies. Wenn es um die Verwaltung seiner Herrschaft ging, war er entschlossen; er verteilte großzügig
10 Geschenke und, was das Beste war, er unterstützte nach Kräften die Kirche.

(Widukind von Corvey, Res gestae Saxonicae III 54; zit. nach: Ausgewählte Quellen zur deutschen Geschichte des Mittelalters, Freiherr-vom-Stein-Gedächtnisausgabe, Bd. 8, Darmstadt 1977, S. 162; Übersetzung: F. Bratvogel)

[1] Gero, von 937 bis 965 Markgraf an der Mittelelbe, wurde von Kaiser Otto I. gegen seinen erbberechtigten Halbbruder Thankmar in diese Position bestellt, weil Otto seine Qualitäten erkannt hatte und schätzte.

M 3 Der Kaiser Ludwig der Fromme wendet sich mit folgenden Worten an die Adeligen seines Reiches (823/825):

Aber obwohl die Spitze des Herrscheramtes bekanntlich in der Person des Kaisers liegt, ist trotzdem klar, dass das Amt dank göttlicher Vorsehung
5 und menschlicher Einsetzung so in Teile gegliedert ist, dass ein jeder von euch an seinem Platz und in seinem Rang einen Teil der kaiserlichen Herrschaft wahrnehmen soll. Daraus ergibt
10 sich, dass ich euer aller Mahner sein muss und ihr alle meine Helfer sein sollt. […]
Euch Adeligen sagen wir und ermahnen euch, worauf es bei eurer Herr-
15 schaft vor allem ankommt, dass ihr die Ehrfurcht und Achtung vor der heiligen christlichen Kirche bewahrt und mit euren Bischöfen in Eintracht lebt und ihnen Hilfe bei der Ausübung ih-
20 res Amtes zukommen lasst und dass ihr selbst in eurer Herrschaft Frieden und Gerechtigkeit wahrt und was unsere kaiserliche Autorität öffentlich bestimmt, das sollt ihr in eurer Herr-
25 schaft sorgfältig und mit Nachdruck umsetzen. […]
Und überhaupt kein Grund, weder die Annahme von Geschenken noch die Freundschaft zu jemandem, weder Hass
30 noch Furcht noch Begünstigung, darf euch vom Wege der Aufrichtigkeit ablenken, dass ihr unter Freien immer gerecht urteilt. Nehmt euch der Waisen, Witwen und Armen an und verteidigt die Kirche
35 und ihre Amtsträger nach Kräften. Diejenigen, die durch Anmaßung und Gewalt bei Diebstahl, Wegelagerei und Raub die öffentliche Ordnung stören wollen, verfolgt mit Entschiedenheit und Strafe, wie
40 es sich gehört. […]

(Capitularia Regum Francorum, MGH Leg. Sect. II. 1, Hannover 1960, S. 303f., Übersetzung: F. Bratvogel)

M 1 Kinderspiele

Darstellung aus der Zeit um 1515

Burgen – Adelige entwickeln ihre ideale Wohnung

Der Anblick einer mittelalterlichen Burg hat für viele Menschen etwas Faszinierendes, vielleicht, weil diese Gebäude so prächtig wirken, weil sie unsere Fantasie anregen oder aber weil wir das Gefühl haben, die Geschichte würde uns hautnah begegnen und jeden Augenblick könnte ein Ritter in festlicher Rüstung aus dem Tor reiten.

Die Burgen des Mittelalters wurden nicht gebaut, um schön, stolz oder prächtig zu wirken. Es waren in erster Linie Zweckbauten, bei deren Planung die Baumeister eine Fülle von Anforderungen im Auge haben mussten. Der ursprüngliche Zweck lag darin, die Bewohner vor Angriffen zu schützen. Deshalb liegen die Burgen oft an unzugänglichen Stellen: auf Bergen, auf Felsvorsprüngen oder, wie in Norddeutschland, von Fluss oder See umgeben. Seit dem 12. Jahrhundert baute man Burgen fast nur noch aus Stein – eine „feste Burg" konnte nicht so schnell abbrennen und gab durch das mächtige Mauerwerk zusätzlichen Schutz. Im Laufe der Jahre entwickelten die Baumeister viele zusätzliche und oft raffinierte Verteidigungselemente und stellten sicher, dass die Bewohner auch längere Belagerungen überstehen konnten.

Neben der militärischen Bedeutung besaß die Burg aber auch eine wichtige politische

Aufgabe: Sie war der Herrschaftssitz eines Adeligen, der von dieser Burg aus das zugehörige Land verwaltete und regierte. Hier spielte sich das Leben der Adeligen zu einem großen Teil ab. Wie viele Menschen auf einer Burg lebten, ist schwer zu schätzen. Eine große Burg, wie sie auf der Zeichnung zu sehen ist, dürfte 50 bis 100 Personen Platz geboten haben. Neben dem Burgherrn und seiner Familie lebten dort weitere Ritter und Edelfrauen, Knappen, Knechte, Mägde und vermutlich auch ein Geistlicher.

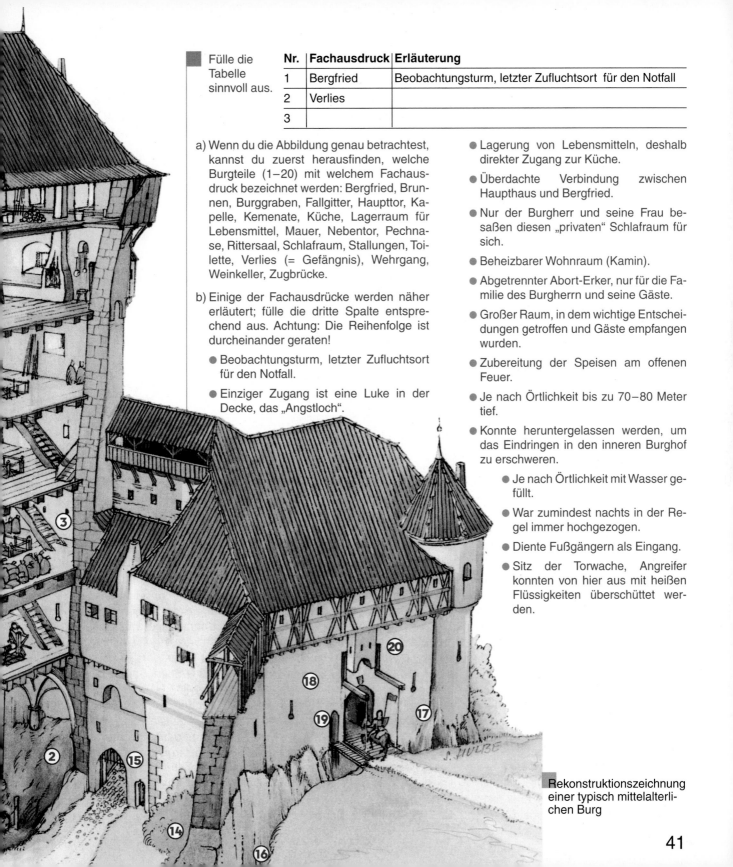

Nr.	Fachausdruck	Erläuterung
1	Bergfried	Beobachtungsturm, letzter Zufluchtsort für den Notfall
2	Verlies	
3		

Fülle die Tabelle sinnvoll aus.

a) Wenn du die Abbildung genau betrachtest, kannst du zuerst herausfinden, welche Burgteile (1–20) mit welchem Fachausdruck bezeichnet werden: Bergfried, Brunnen, Burggraben, Fallgitter, Haupttor, Kapelle, Kemenate, Küche, Lagerraum für Lebensmittel, Mauer, Nebentor, Pechnase, Rittersaal, Schlafraum, Stallungen, Toilette, Verlies (= Gefängnis), Wehrgang, Weinkeller, Zugbrücke.

b) Einige der Fachausdrücke werden näher erläutert; fülle die dritte Spalte entsprechend aus. Achtung: Die Reihenfolge ist durcheinander geraten!

- Beobachtungsturm, letzter Zufluchtsort für den Notfall.
- Einziger Zugang ist eine Luke in der Decke, das „Angstloch".
- Lagerung von Lebensmitteln, deshalb direkter Zugang zur Küche.
- Überdachte Verbindung zwischen Haupthaus und Bergfried.
- Nur der Burgherr und seine Frau besaßen diesen „privaten" Schlafraum für sich.
- Beheizbarer Wohnraum (Kamin).
- Abgetrennter Abort-Erker, nur für die Familie des Burgherrn und seine Gäste.
- Großer Raum, in dem wichtige Entscheidungen getroffen und Gäste empfangen wurden.
- Zubereitung der Speisen am offenen Feuer.
- Je nach Örtlichkeit bis zu 70–80 Meter tief.
- Konnte heruntergelassen werden, um das Eindringen in den inneren Burghof zu erschweren.
- Je nach Örtlichkeit mit Wasser gefüllt.
- War zumindest nachts in der Regel immer hochgezogen.
- Diente Fußgängern als Eingang.
- Sitz der Torwache, Angreifer konnten von hier aus mit heißen Flüssigkeiten überschüttet werden.

Rekonstruktionszeichnung einer typisch mittelalterlichen Burg

Info Das Leben der Ritter

Die Informationen des folgenden Textes kannst du am einfachsten zusammenfassen, wenn du die Satzanfänge in den Sprechblasen sinnvoll verlängerst und die Aussagen dann erläuterst.

Meine Vorfahren waren …

Als Ritter habe ich viele Aufgaben, z. B.: …

Ich bin ein christlicher Ritter, deshalb …

Als Ritter achte ich auf einen ritterlichen, standesgemäßen Lebensstil, d.h. …

Die Entstehung des Rittertums

Es ist gar nicht so einfach, genau zu erklären, was einen Ritter im Mittelalter ausmachte. Das Wort „Ritter" hat sich erst im 11. Jahrhundert ausgebildet. Zu dieser Zeit war es üblich geworden, dass mächtige und vermögende Herren, etwa Grafen, Herzöge oder Bischöfe, einigen nichtadeligen Personen, denen sie vertrauten, wichtige Aufgaben übertrugen. Dies konnten Aufgaben in der Verwaltung sein, in der Verteidigung der Burg oder ganz allgemein im Militärdienst. Waren die Herren mit den Leistungen dieser Dienstmannen (lateinisch: Ministerialen) sehr zufrieden, konnten diese mit einer großzügigen Entlohnung rechnen: Sie erhielten mehr Freiheiten und vor allem Grundherrschaften zur Bewirtschaftung, sodass sie sich von den Einnahmen eigene Pferde und sehr teure Waffen leisten konnten. Von nun an dienten sie ihrem Herrn auf eine vornehme Weise: Sie verstanden sich nicht mehr als einfache Dienstmannen, sondern als Ritter. Im Laufe des 12. und 13. Jahrhunderts wurden die Grenzen dann immer fließender. Grob gesehen war im Deutschen Reich des Mittelalters jeder Adelige ein Ritter, aber nicht jeder Ritter war auch automatisch ein

Adeliger. Ab einer gewissen Machtposition empfand sich auch ein Ritter, dessen Vorfahren noch Dienstmannen gewesen waren, als dem Adel zugehörig. Für das deutsche Sprachgebiet hat es sich eingebürgert, diese Ritter als „niederer Adel" einzustufen, der sich von dem Hochadel der Herzöge und Grafen unterschied. Ritter, die eigene Burgen errichten konnten, fühlten sich dem alten Adel sogar ebenbürtig und dienten keinem fremden Herrn mehr – nur einem Herrn fühlten sie sich alle in gleicher Weise verpflichtet: ihrem „Herrn Jesus Christus". Ihm treue Dienste zu leisten, war im christlichen Mittelalter eine Selbstverständlichkeit. Rief die Kirche zum Dienst, durfte kein Ritter zögern. Einen spektakulären Ausdruck fand dieses christliche Denken bei den Kreuzzügen. Zu Tausenden brachen die Ritter auf, um das Heilige Grab zu befreien.

Welche Aufgaben hatten die Ritter?

Alle Ritter waren in erster Linie Berufssoldaten. Sie dienten entweder ihrem Herrn und hatten im Kampfe tapfer zu streiten oder aber sie kämpften für eigene Interessen. Sie legten sehr viel Wert auf eine exzellente militärische Ausbildung und trainierten immer wieder die typischen Kampfsituationen mit Schwertern, Lanzen usw.. In allen militärischen Fragen mussten Ritter Expertenwissen besitzen. Die Qualität von Rüstungen einschätzen zu können und etwas von Pferden zu verstehen, konnte überlebenswichtig sein.

Im zivilen Hauptberuf waren die Ritter Grundherren. Ihre Existenz hing von der Arbeitsleistung „ihrer" Bauern ab, die auf den Höfen der von ihnen geleiteten Grundherrschaft arbeiteten und zu bestimmten Zeiten verpflichtet waren, die festgelegten Mengen an Getreide, Vieh oder anderen Lebensmitteln auf die Burg zu bringen. Im Ge-

Herrschaft eines Ritters (Druck aus einer Chronik von 1492)

Ritter und zwei Damen tanzen zu Musik.

genzug mussten die Ritter ihre Bauern vor Überfällen schützen und in Notfällen unterstützen. Bei Streitigkeiten waren die Ritter die obersten Gerichtsherren, die zwischen den Streithähnen vermittelten und Strafen aussprachen. Um eine funktionierende Grundherrschaft abzusichern, mussten die Ritter also in erheblichem Maße Verwaltungs- und Kontrolltätigkeiten ausüben. Es ist davon auszugehen, dass es nicht immer einfach gewesen ist, die Bauern „bei der Stange zu halten", vor allem wenn es darum ging, die geforderten Abgaben und Dienste auch tatsächlich einzutreiben.

Ein standesgemäßes Leben

Im Grundsatz gingen die Ritter davon aus, sich von jeder eigenen körperlichen Arbeit freizuhalten. Ein materiell sorgenfreies Leben schien ihnen unbedingt

notwendig, um das rechte Maß zu finden bei der Verwirklichung der ritterlichen Tugenden, die sich zwischen 1150 und 1250 entwickelten. Im Selbstverständnis der Ritter waren Hilfsbereitschaft und Aufopferung für andere Menschen, vor allem Kranke und Schwache, oberstes Gebot – wer aber „niedrigen" Vorteilen nachstrebte, etwa Geld, verlor nicht nur den Respekt seiner Mitmenschen, sondern seine Ehre – was dem Ausschluss aus der höfischen Gesellschaft gleichkam. Verachtung drohte jedem Ritter, der seinen Gegner aus dem Hinterhalt angriff, der seinem Herrn untreu wurde, das Recht missachtete oder den Armen nicht half. Noch heute benutzen wir die Adjektive „ritterlich" und „höflich", um besonders vorbildliche oder rücksichtsvolle Verhaltensweisen zu kennzeichnen. Wie sich ein Ritter im konkreten Fall zu verhalten hatte, war nirgendwo exakt festgelegt, aber jeder Ritter kannte die Leit-

linien durch die fahrenden Sänger und Schriftsteller, die von Hof zu Hof oder von Burg zu Burg zogen und dort die Ritterdichtungen vortrugen. In diesen Dichtungen wurde das vorbildliche Verhalten der „Helden" gepriesen und jedes Fehlverhalten scharf verurteilt und bestraft. Die Literatur sorgte dafür, dass auf allen Burgen und an allen Höfen ganz ähnliche Vorstellungen von ritterlichem Verhalten existierten. Parallel dazu entwickelten sich an den Höfen und auf den Burgen auch die ersten Umgangsformen, z. B. Tischsitten oder Tänze. Voller Verachtung blickten die Ritter auf die Bauern hinab, die unfrei waren, körperliche Arbeit leisteten und keinerlei Vorstellung von höfischer Kultur besaßen und von dem, was sich gehörte und was nicht.

43

Wie lebten die Jungen und Mädchen auf einer Burg?

1. Entscheide, ob du die Rolle des Jungen (S. 44) oder die des Mädchens (S. 45) übernehmen möchtest.

2. Erarbeite dann Texte und Materialien auf der entsprechenden Seite.

3. Formuliere abschließend deine Antwort auf die entsprechende Leitfrage:
a) Warum ich (nicht) gern als Sohn eines Ritters auf einer Burg gelebt hätte.
b) Warum ich (nicht) gern als Tochter eines Ritters auf einer Burg gelebt hätte.

Die Situation der Jungen und jungen Männer

Bis zum Alter von etwa sieben Jahren konnten die Jungen auf der Burg herumtollen. Kein Winkel der Burg dürfte vor ihnen sicher gewesen sein: Die Ställe, die Lagerräume, der Burggraben – alles haben sie genau ausgekundschaftet. Vermutlich hat es sie wenig gestört, dass die Räume dunkel und feucht waren, dass es im Winter durch alle Ritzen zog, dass es bitterkalt war und es fürchterlich stank – sie kannten es ja nicht anders. Dann übernahmen die Männer für sie die Erziehungsaufgaben. Es begann ein hartes Leben voller Pflichten. Als Page blieb der Sohn eines Ritters auf der elterlichen Burg – oder aber er wurde auf die Burg eines Verwandten geschickt, wo er die wichtigen praktischen Fähigkeiten trainierte. Parallel dazu musste er die „höfische Lebensweise" erlernen. Dazu gehörte, dass er sich jederzeit höflich benahm, wohlerzogen auftrat und sich den Frauen gegenüber respektvoll verhielt. Im Alter von 14 Jahren begann die eigentliche Ausbildung zum Ritter. Spätestens jetzt verließ er die gewohnte Burg und die Familie und begab sich als Knappe zu einem fremden Herrn, der ihn weiter ausbildete. Selbstverständlich begleitete er ihn zu Turnieren, auf Jagden und auf Reisen und er nahm auch als Helfer seines Herrn an den Kämpfen teil. Täglich musste er seinen Herrn bei Tisch bedienen. Hatte er sich bewährt, endete seine Ausbildung mit der feierlichen Zeremonie der Erhebung in den Ritterstand. In der Kirche wurde ihm zum Symbol seiner neuen Rolle das Schwert überreicht, das er segnen ließ und von nun an immer bei sich trug. Ein typischer Segensspruch lautete: „Herr, mache dieses Schwert deiner wert, damit es zum Schutz von Kirchen, Witwen, Waisen und allen, die Gott dienen, gegen die Wildheit der Heiden helfen kann." Oft kehrte der junge Mann erst nach dieser Zeremonie auf seine Heimatburg und zu seiner Familie zurück; in der Regel war er zu diesem Zeitpunkt 21 Jahre alt. Seine Ausbildung hatte also 14 Jahre gedauert.

M 1 Erziehung eines Jungen

Gottfried von Straßburg, einer der bekanntesten Dichter des Mittelalters, verfasste im 13. Jahrhundert das Werk „Tristan und Isolde". Am Beispiel Tristans schildert er die seiner Meinung nach vorbildliche Erziehung eines Jungen. Gottfried zeichnet ein Idealbild, denn es gilt als sicher, dass nur wenige Ritter lesen und schreiben konnten.

Q Nachdem Tristan getauft und in die christliche Kirche aufgenommen worden war, nahm die tüchtige Mutter ihren Sohn wieder in liebevolle Pflege. ₅ Als er sein siebentes Jahr erreichte, schien er seinem Vater verständig genug, um ihn zu einem gebildeten Mann zu geben. Mit diesem Mann reiste Tristan in fremde Länder, um deren Sprachen zu studieren. ₁₀ Neben seinem Studium der Bücher und Sprachen beschäftigte er sich viel mit allen Arten des Saitenspiels. Daneben lernte er auch nach ritterlicher Sitte das Reiten mit Schild und Speer. ₁₅ Er übte sich im Fechten, dem schweren Ringkampf, Weitsprung, Um-die-Wette-Laufen, Speerwerfen. All das konnte Tristan vorzüglich, denn er war sehr kräftig. Auch wissen wir, dass niemand ₂₀ so meisterlich wie er pirschen und jagen konnte. Die höfischen Gesellschaftsspiele kannte er gut und beherrschte sie. Als er in sein 14. Jahr kam, ließ ihn sein Vater wieder heimkehren ₂₅ und überzeugte sich davon, wie weit seine Ausbildung schon gediehen war.

(Gottfried von Straßburg, Tristan und Isolde; gekürzt und sprachlich vereinfacht)

Ein junger Mann wird zum Ritter geschlagen (Buchmalerei, 1483).

Die Lage der Mädchen und der jungen Frauen

Die Mädchen erhielten ihre Erziehung in der Regel auf der Burg der Eltern. Ihre wichtigste Lehrerin war die Mutter. Unverheiratete oder verwitwete Frauen aus der Verwandtschaft brachten den Mädchen Handarbeiten wie Stricken und Nähen bei. Viele lernten lesen und schreiben und waren oft gebildeter als die Jungen. Manche lernten Fremdsprachen, um die beliebten Ritterromane im englischen oder französischen Original lesen zu können. Erst im heiratsfähigen Alter verließen die Mädchen die heimatliche Burg. Sie wurden an den Hof eines befreundeten Ritters geschickt, um dort die letzten Feinheiten beigebracht zu bekommen, die sie für ihre spätere Aufgabe als Ehefrau und Burgherrin brauchten.

Das Lebensziel eines adligen Mädchens wurde nämlich darin gesehen, standesgemäß zu heiraten, Kinder zu bekommen und den Burghaushalt zu führen. Durch ihre Schönheit, vornehmes Verhalten und Kunstfertigkeiten sollten sie ihren Ehemann und die höfische Gesellschaft erfreuen. Ein selbstbestimmtes Leben mit vielen Freiheiten zu führen – das war für alle Mädchen und jungen Frauen des Adels unvorstellbar. Wen die Mädchen einmal heiraten sollten, wurde oft schon in den ersten Lebensjahren festgelegt; und dass eine junge Frau ihren Gatten schon vor dem Hochzeitstag zu Gesicht bekam oder sogar näher kennen lernte, dürfte eher die Ausnahme gewesen sein. Um ihrer Treue sicher zu sein, konnte ihr Ehemann sie bewachen oder sogar einsperren lassen, wenn er die Burg verließ oder in den Krieg zog. In diesen Phasen der Abwesenheit änderte sich jedoch die Lage: Jetzt besaß die Burgherrin die Kommandogewalt auf der Burg; sie kontrollierte die Abgaben und Dienste der Bauern, sie trieb die Schulden ein, sie organisierte alle Abläufe in Küche und Haushalt. Kaum war der Mann wieder zurück, führten die adeligen Frauen ein eher müßiges Leben. Bereits der Kleidung war anzusehen, dass jede Verrichtung körperlicher Arbeit ausgeschlossen war, weil diese Schande bedeutet hätte. Die mittelalterliche Dichtung „Iwein" berichtet von edlen Jungfrauen, die zu mühseligen Arbeiten wie dem Flachsbrechen und zum Spinnen gezwungen wurden. Würde und Ansehen sind in großer Gefahr, bis der erbarmungsvolle Ritter auftritt, die Frauen rettet und von der Arbeit erlöst! Im Vergleich zu anderen mittelalterlichen Frauen hatte die Dame von Stand viel Zeit, etwa für Spiele, schöne Künste und Hobbys: Man ließ sich prunkvolle Gewänder anfertigen und konkurrierte mit den Herrinnen der Nachbarburgen um die schönsten Wandmalereien und Teppiche. Glaubt man den bildlichen Darstellungen der Zeit, kann man annehmen, dass viele Mädchen und Frauen es sehr genossen, von den Minnesängern (s. S. 46) umschmeichelt und verehrt zu werden.

M 3 Erziehung eines Mädchens

Gottfried von Straßburg, einer der bekanntesten Dichter des Mittelalters, verfasste im 13. Jahrhundert das Werk „Tristan und Isolde". Am Beispiel Isoldes schildert er die seiner Meinung nach vorbildliche Erziehung eines adeligen Mädchens. Gottfried zeichnet ein Idealbild.

Q Das schöne Mädchen beherrschte Französisch und Latein und konnte ganz vorzüglich die Fidel in der Art der Menschen spielen, die südlich der
5 Alpen leben. Auch sang das begabte Mädchen mit einer süßen Stimme. In allem, was sie sonst noch konnte, half ihr der Lehrer und förderte sie nach Kräften. Daneben unterwies er sie in
10 einem Gegenstand, den wir die Sittenlehre nennen, die Kunst, die feinen Anstand lehrt. Damit sollten sich alle Frauen in ihrer Jugend befassen. Diese Lehre umfasst die Welt und Gott zu-
15 gleich. Sie lehrt in ihren Geboten, Gott und der Welt zu gefallen und ein anständiges, züchtiges Leben in Demut und Bescheidenheit zu führen. Sie wurde dadurch hoch gebildet, schönen
20 und reichen Sinnes, und ihr Benehmen war lieblich.

(Gottfried von Straßburg, Tristan und Isolde; gekürzt und sprachlich vereinfacht)

M 4 Lesende Dame (Illustration aus einem flämischen Gebetbuch, um 1470)

Feste und Turniere

Die Minnesänger

Wenn der Burgherr feierte, lud er gern sangeskundige Ritter ein, die begleitet von Fidel oder Leier ihre Gedichte und Lieder vortrugen. In diesen Texten ging es um Ehre und Kampf, natürlich um das Lob desjenigen Herrn, der ihren Auftritt bezahlte, vor allem aber um eine besondere Form von Frauenverehrung, die so genannte Minne. In diesen Minneliedern steht fast immer ein Liebesverhältnis im Zentrum: nämlich das Verhältnis zwischen einem Ritter und einer adeligen Herrin, die der Sänger verehrt, für die er kämpft und um deren Gunst er bittet. Mit körperlicher Liebe hat Minne jedoch nichts zu tun – denn die Frau ist verheiratet und gesellschaftlich höher gestellt als der Sänger. Allenfalls ein Lächeln, eine huldvolle Geste oder gar ein anerkennendes Geschenk (z. B. einen Blumenkranz) darf die Hauptperson in der Dichtung erwarten und auch der singende Ritter durfte

nicht mehr erhoffen. Keine Liebesfreuden, sondern Minnedienst – hier spiegelt sich das Idealbild vom selbstlosen, disziplinierten, ritterlichen Verhalten. Nicht immer dürfte es gelungen sein, diesen hohen Ansprüchen gerecht zu werden. Weil den Sängern bewusst war, dass man das Ideal der Ritterlichkeit anstreben, aber kaum erreichen konnte, schilderten sie auch, wie ihre „Helden" versagten und ihren Schwächen nachgaben – nicht selten waren gerade diese Texte und Lieder besonders beliebt und wurden auf den Festen mit Preisen ausgezeichnet.

Turniere – ein gefährliches Vergnügen

Noch beliebter als solche Feste waren Turniere, bei denen Ritter vor Publikum ihre Geschicklichkeit im Umgang mit den typischen Waffen demonstrieren mussten, im Zweikampf oder auch in Gruppenkämpfen. Der Sieg bei einem Turnier bedeutete für jeden Ritter eine große Ehre. Wie es bei einem Turnier zuging, könnt ihr dem Bericht des Minnesängers Ulrich von Lichtenstein entnehmen, der als einer von insgesamt 600 Rittern im Jahre 1224 an einem Turnier in Friesach (Österreich) teilgenommen hat. Kein Ritter wurde getötet, aber 150 Pferde verloren ihr Leben und mehr als 100 Ritter, so Ulrich von Lichtenstein, wurden ernsthaft verletzt.

M 1 Ablauf eines Turniers

Q Am Montag bei Tagesanbruch diente man Gott und hörte die Messe hier und dort singen. Dann entstand in den Gassen überall ein großes Gedränge
5 von den Knechten. Der Lärm der Posaunen, Flöten, Hörner und Trommeln war groß. Die Herolde freuten sich und riefen überall aus: „Zieht aus, edle Ritter, zieht mutig aus, die Boten der Frau-
10 en sehen es, zieht freudig auf das Feld, dort liegt der Preis für die Liebenden." Mit Schall zogen wir hinaus. […] Als die Ritter auf dem Felde waren, bot das einen herrlichen Anblick, man sah
15 die Fahnen und Wappen, die Speere nach dem Wunsch der Ritter verschieden bemalt, die Helme prächtig geschmückt. Die blitzenden Helme, die schimmernden Schilde blendeten
20 manchen so, dass er kaum etwas sehen konnte, die leuchtenden Farben der Rüstungen wetteiferten mit der Sonne. Da kam die Zeit für den Kampf. Man gab den Rossen die Sporen, zu kräfti-
25 gem Zusammenprall sprengten die Ritter aufeinander los, Ross und Reiter sah man stürzen. Mächtig krachten die Speere, heftig stießen die Schilde aneinander. Die Knie der Ritter schwol-
30 len. Beulen und Wunden von den Lanzen gab es zur Genüge, die Sonne erhitzte die Panzer der Rüstungen, und mancher Arm und manches Bein war verrenkt. Die Ritter drängten hin und
35 her und versuchten, den Gegner zu Fall zu bringen. Klingend schlugen Schwerter auf Helme, von denen mancher ebenso brach wie viele Schilde. Das Turnier war wirklich gut. Viele
40 Speere wurden verstochen und wer von ihnen zu Boden gefällt wurde, der litt große Schmerzen durch die Hufe der Pferde, die auf ihn traten. Des einen Verlust war des anderen Gewinn, so
45 ging der Tag mit Kämpfen hin. Mancher nahm müde den Helm ab, andere turnierten noch so, als ob sie gerade erst begonnen hätten. Gegen Abend banden alle die Helme ab und zogen in die Her-
50 berge. Da waren für die Ritter schöne Bäder gerüstet, mancher wurde vor Müdigkeit ohnmächtig, hier verband man den einen, dort salbte man den andern, dem dort die Arme, dem hier die
55 Knie. Wer aber etwas gewonnen hatte, der war froh und hochgemut.

(Zit. nach: K. Lachmann (Hg.), Ulrich von Lichtenstein, Berlin 1841, S. 62ff.)

Die Abbildungen sind einer mittelalterlichen Liederhandschrift entnommen, die sehr viele Texte und Bilder aus der Blütezeit des Rittertums enthält. Einige der Bilder sind hier abgedruckt. Ursprünglich waren sie als Illustrationen zu Minneliedern gedacht, die berühmte Minnesänger verfasst haben, z.B. Gottfried von Straßburg, Ulrich von Lichtenstein oder Walther von der Vogelweide. Deshalb sind auf den Bildern auch unterschiedliche Personen zu sehen.

Die Bilder sind so ausgewählt, dass sie wichtige Stationen eines Turniers festhalten: von der Vorbereitung über die Durchführung bis zu den Folgen.

M 6

M 2

M 4

M 7

M 3

M 5

1. Lies die Quelle M 1, um dich über den Ablauf eines Turniers zu informieren.

2. Beschreibe nun die einzelnen Bilder der Liederhandschrift (M 2–M 7).

3. Jetzt kannst du zusammenfassend erklären, wie ein Turnier ablief und wie Sieger und Verlierer behandelt wurden.

4. Die Turniere waren sehr beliebt, aber bereits im Mittelalter umstritten; mehrfach wurden sie verboten. Versuche, ein Urteil über Sinn und Unsinn dieser Turniere zu fällen.

Arme Ritter –
Einer Berufsgruppe geht die Arbeit aus

Bis heute schwingt im Wort „Ritter" ein Hauch von Freiheit und Abenteuer mit. Das Ende dieses Berufszweiges ist jedoch völlig unspektakulär. Seit dem 14. Jahrhundert verließen immer mehr Adelige die abgelegenen Burgen und bauten sich helle, komfortable Schlösser in den Tälern und in der Nähe der aufblühenden Städte. Zeitgleich wurden die kritischen Stimmen aus dem Christentum immer lauter, denn ein frommer Christ durfte allenfalls aus Notwehr die Waffe einsetzen, wenn er das Seelenheil nicht verlieren wollte. Der Kampf um des reinen Kampfes willen erschien zunehmend als sündhaft und musste direkt in die Hölle führen. Das endgültige Ende wurde durch militärtechnische Neuerungen herbeigeführt. Söldnerheere und Kanonen machten Burgen und Ritter schlicht überflüssig. Die Waffenkünste der Ritter, ihre Kraft, ihre Disziplin und auch ihre Vorstellungen von Anstand und Ehre wurden nutzlos, wenn einfache Feuerwaffen, oft aus dem Hinterhalt abgefeuert, und das noch von x-beliebigen „Bauernlümmeln"!, viel wirkungsvoller eingesetzt werden konnten. Um ihren Lebensunterhalt zu verdienen, sahen sich viele Ritter gezwungen, den Druck auf die Bauern zu erhöhen, was deren Widerstand herausforderte. Immer mehr Ritter wurden nach heutigen Maßstäben kriminell: Sie erpressten „Schutzgelder", überfielen reisende Kaufleute und plünderten Höfe und Dörfer. Mit ritterlichem und standesgemäßem Verhalten hatten diese „Raubritter" nichts mehr gemeinsam. Mit dem 16. Jahrhundert endete spätestens die Zeit der Ritter. Einige Ideale jedoch haben die Jahrhunderte überdauert und ein „ritterliches" Verhalten gilt auch heute noch als „aller Ehren wert".

Mit sehr drastischen Worten beschreibt der Ritter, Dichter und Abenteurer Oswald von Wolkenstein den Alltag eines Ritters, der im späten Mittelalter eine abgelegene Burg bewohnt (M).

Oswald von Wolkenstein (Porträt, Anfang 15. Jahrhundert)

Miniatur aus dem „Hortus deliciarum" von Herrad von Landsberg (um 1200). Die Inschrift „armati milites" heißt übersetzt „bewaffnete Ritter".

1. Worüber klagt der Ritter in Oswalds Dichtung?

2. Führt er noch ein standesgemäßes Leben?

3. Gibt es auch heute noch Beispiele für ein „ritterliches" Verhalten?

M — Der Alltag eines arbeitslosen Ritters

Q Ich seh' hier zahllos, Tag um Tag:
nur Berge, riesig, Täler tief,
und Felsen, Stauden, Schneestangen.
Und noch etwas bedrückt mich hier:
5 Mir hat das Schreien kleiner Kinder
die Ohren oft betäubt,
nun durchbohrt.
Was mir an Ehrung ward zuteil
durch Fürsten, „manig"[1] Königin
10 und was ich so an Schönem sah,
das büß ich ab in diesem Bau.
Mein Unheil hier –
es zieht sich lange hin!

Ich bräuchte sehr viel Mutterwitz:
15 muss täglich sorgen für das Brot!
Dazu werd ich noch oft bedroht.
Kein schönes Mädchen tröstet mich!

Die früher auf mich hörten,
sie lassen mich im Stich.
20 Wohin ich schau: Es stößt der Blick
auf Schlacke teuren Schmucks[2].

Kein feiner Umgang mehr, stattdes:
nur Kälber, Geißen, Böcke, Rinder
und Bauerndeppen, hässlich, schwarz
25 im Winter ganz verrotzt.
Macht froh wie Pansch-Wein,
Wanzenbiss …

In der Beklemmung hau ich oft
die Kinder in die Ecken.
30 Da kommt die Mutter angewetzt,
beginnt sogleich zu zetern.
Gäb sie mir eines mit der Faust,
ich müsst auch das erdulden!
Sie schreit: „Die Kinder hast du ja
35 ganz fladenflach geschlagen!"
Vor ihrem Zorne graust mir sehr,
ich spür ihn wahrlich oft genug,
scharf, mit Scheiten[3]!

(Ländliches Tagelied, um 1440)

---

[1] manig = so manche
[2] Schlacke teuren Schmucks = Reste früheren Reichtums
[3] Scheiten = Holzscheite, Brennholz

Projektvorschläge:
Eine „Reise" in die Zeit der Burgen und Ritter

Burgen und Ritter virtuell erleben

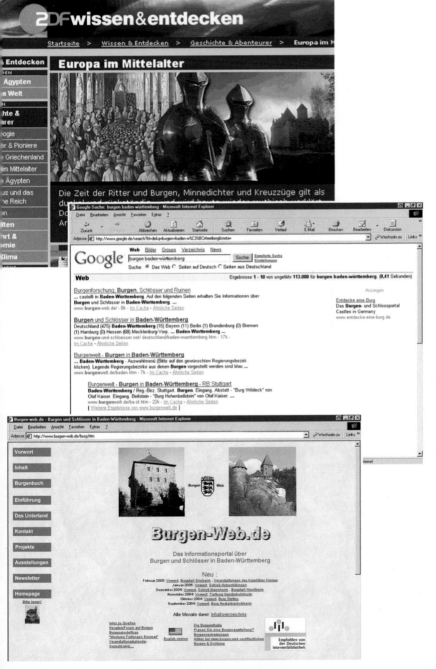

Historische Exkursion:
Eine Burg „live" vor Ort entdecken

1. **Schritt: Festlegung des Exkursionsziels**
   Wählt eine Burg in der näheren Umgebung aus, die ihr besuchen möchtet.

2. **Schritt: Informationen beschaffen**
   ● Beschafft Sachbücher, Bildmaterial, Lexikonartikel u. Ä., mit deren Hilfe ihr euch vorab zum Thema Burg und Ritter im Allgemeinen informieren könnt (Schul- bzw. Stadtbibliothek, evtl. eigene Bücher).
   Tipp! Nutzt die Seiten 36–48 zum Einlesen in die Thematik und als erste Informationsgrundlage.
   ● Besorgt Prospekt- und sonstiges Informationsmaterial über die Burg, die ihr erkunden wollt. Zwei Internetadressen, die für Schritt 1 und 2 nützlich sind:
   www.burgen.init.de/burgen/index. html
   www.deutsche-burgen.org

3. **Schritt: Thematische Vorbereitung**
   Sichtet in der Schule das Material und legt Arbeitsschwerpunkte fest, die ihr dann vor Ort bearbeiten wollt. Bildet arbeitsteilig arbeitende Gruppen für einzelne Teilthemen. Was ihr bearbeiten könntet: Burgtypen, Lage, Besitzer, Burgbewohner, Wohnverhältnisse, Verteidigungsanlagen. Entwickelt Erkundungsaufträge.

4. **Schritt: Durchführung der Exkursion**
   ● Nach einem gemeinsamen kurzen Rundgang, der der ersten Orientierung dient, beginnt das selbstständige Erforschen und Entdecken „eurer Burg". Jede Gruppe arbeitet zu ihrem Thema und sichert die Erkundungsergebnisse (Notizen, Zeichnungen, Fotos, Video).
   ● Geführte Burgbesichtigung: Ihr seid die Experten! Die einzelnen Arbeitsgruppen stellen konkret vor Ort ihre Arbeitsergebnisse vor. Sie zeigen, erläutern und erklären, was sie Typisches und Besonderes an „eurer Burg" entdeckt haben.

5. **Schritt: „Eure Burg" in die Schule holen**
   Wenn ihr möchtet, könnt ihr die Ergebnisse eurer Erkundung Mitschülern und Eltern vorstellen. Anregungen, wie das geschehen kann: kommentierte Fotoausstellung, Wandzeitung, Schülerzeitungsbericht oder Ähnliches.

Die Welt der Klöster

Lage/Größe:	Felsinsel im Atlantik westlich von Irland, etwa 1,7 km² groß
Entfernung vom Festland:	ca. 15 km, zweistündige Fahrt mit dem Kutter
Erreichbarkeit:	nur bei ruhiger See (kein Hafen, Steilküste!)
Klima:	rau, sehr windig und feucht
Vegetation:	Graswuchs, keine Bäume
Ernährungsmöglichkeiten:	Fische, Robben, Vögel/Eier; einige Schafe/Ziegen können gehalten werden; kein Getreideanbau möglich; keine Quelle vorhanden
Bebauung:	Ruinen einer kleinen Kirche und einiger Mönchszellen in der Form von Bienenkörben; Brunnenanlagen zur Sammlung von Regenwasser; Steinwälle zur Begrenzung von kleinen Gärten
Lage der Ruinen:	ca. 150 m oberhalb des Meeres; 670 in Stein gehauene Stufen führen zum Meer.
Einwohner:	zwischen dem 6. und 13. Jahrhundert von durchschnittlich 10–15 Menschen bewohnt; heute unbewohnt

Luftbild der Atlantik-Insel Skellig Michael: Ruinen des Klosters

Warum lebten Menschen in Klöstern?

In unserem Alltag spielen Klöster kaum noch eine Rolle. Im Mittelalter war dies ganz anders. Überall gab es Klöster: auf dem Land, in den Städten und auch an extremen Stellen – wie der Insel Skellig Michael.

Die ersten Nonnen und Mönche waren Einsiedler (griechisch: monachos = allein lebend) und führten ein entbehrungsreiches Leben an entlegenen Orten, um Gott nahe zu sein. Manche dieser Einsiedler erregten großes Aufsehen, weil sie bis an die Grenze der körperlichen Leidensfähigkeit gingen. So soll der heilige Simeon 33 Jahre auf einer Säule gelebt haben. Andere fromme Menschen lebten ebenfalls in großer Abgeschiedenheit, aber zusammen mit anderen Mönchen oder Nonnen in einer organisierten Gemeinschaft. Ihre Häuser nannte man Klöster (lateinisch: claustrum = abgeschlossener Bereich). Unter der Leitung eines Abtes oder einer Äbtissin bildete jedes Kloster eine recht unabhängige Gemeinschaft: eine Welt für sich. Um sich auch räumlich von den Anfeindungen der „sündhaften Welt" abzugrenzen, bauten die Mönche und Nonnen ihre Häuser oft an unzugänglichen Stellen oder umgaben die Klosteranlage mit einer Mauer. Das Kloster, das Benedikt von Nursia um 529 n. Chr. auf dem Berg Monte Cassino in Süditalien gegründet hatte, wurde zum Vorbild in ganz Europa. Überall lebten nun Menschen nach den Regeln, die Benedikt aufgestellt hatte. Wenn sich die Neulinge (= Novizen) nach einer mehrjährigen Probezeit für ein Leben im Kloster entschieden, blieben sie bis an ihr Lebensende in der Klostergemeinschaft. „Ora et labora!" (= „Bete und arbeite!") lautete der Grundsatz, der von nun an ihren Alltag bestimmte. Sie mussten das feierliche Gelübde ablegen, ein Leben in Armut,

Der heilige Benedikt

Gehorsam und Ehelosigkeit zu führen. Besondere Kleidung (Ordenstracht) und Frisuren (die Männer schoren sich eine Stelle auf dem Kopf kahl) machten die Veränderung gegenüber dem bisherigen Leben auch äußerlich sichtbar.

Klöster: Ausdruck tiefer Frömmigkeit

Während sich heute wohl die wenigsten von uns vorstellen können, ihr ganzes Leben nach den Regeln Benedikts auszurichten, lebten im Mittelalter Hunderttausende als Nonnen oder Mönche. Einige hatten es wohl nur notgedrungen getan, z. B. Töchter und Söhne adeliger Familien, deren Einnahmen nicht ausreichten, um ihnen ein standesgemäßes Leben zu sichern. Auch in den Fällen, in denen kleine Kindern von ihren Eltern in ein Kloster gegeben wurden, kann von Freiwilligkeit natürlich keine Rede sein. Aber grundsätzlich ist davon auszugehen, dass die wenigsten Menschen in die Klöster gezwungen wurden. Sie unterwarfen sich den strengen Regeln, um ihr Seelenheil zu erlangen. Heute würden wir sagen: um in den Himmel zu kommen.

M   Aus der Mönchsregel des heiligen Benedikt von Nursia (um 529)

Q [Wir wollen] unter der Führung des Evangeliums auf seinen [= Gottes] Wegen voranschreiten, damit wir verdienen, ihn, der uns in sein Reich berufen hat, dereinst zu schauen. Wenn wir
5 in seinem Zelt wohnen wollen, müssen wir bedenken, dass niemand dorthin gelangt, außer durch die Verrichtung guter Werke. [...] Die Werkstätte aber,
10 in der wir das alles mit Eifer ausführen können, ist das abgeschlossene Kloster und die feste Zugehörigkeit zu einer Gemeinschaft. [...] Müßiggang ist der Feind der Seele, deshalb sollen sich die
15 Brüder zu bestimmten Stunden mit Handarbeit und zu bestimmten mit dem Lesen heiliger Schriften beschäftigen. [...] Bringt es die örtliche Lage oder die Armut mit sich, dass die Brü-
20 der die Feldfrüchte selber einernten müssen, so sollen sie darüber nicht unmutig werden. Denn dann sind sie ja in Wahrheit Mönche, wenn sie gleich unsern Vätern und Aposteln von der
25 Arbeit ihrer Hände leben. [...] Das Kloster nämlich soll, wenn es möglich ist, so angelegt werden, dass alles Notwendige sich innerhalb der Klostermauern befindet, nämlich Wasser,
30 Mühle und Garten sowie verschiedene Werkstätten, damit die Mönche nicht zum Nachteil für ihr Seelenheil draußen umherschweifen müssen.

(Zit. nach: F.-J. Jakobi, Klosterkultur des Früh- und Hochmittelalters, Paderborn 1982, S. 4f.)

1. Warum lebten Menschen an Orten wie Skellig Michael?

2. Die Mönche auf Skellig Michael haben nach der Ordensregel des Benedikt gelebt – wie könnte ein normaler Tag auf der Insel ausgesehen haben?

Ein Junge geht ins Kloster

Abbildung aus dem Codex Benedictus, einer
Textsammlung, die im 11. Jahrhundert im
Kloster Monte Cassino angefertigt wurde.
Frei übersetzt lautet die Bildunterschrift:
„Florus übergibt seinen Sohn.
Der Abt macht eine Zusage.
Florus gibt dem Abt
Grundbesitz."

Was erzählt das Bild?

Die Aufnahme in ein Kloster, so verrät uns
die Darstellung, war nicht nur ein Akt
der Frömmigkeit, sondern auch ein
Geschäft.
Der Abt als Leiter des Klosters nimmt
den Sohn nur auf, weil Vater Florus dafür
bezahlt. Mit der rechten Hand zieht er
den Jungen zu sich, mit der linken
ergreift er eine Schenkungs-
urkunde. Beide Seiten haben ihre
Zeugen mitgebracht, damit der
Vorgang
rechts-
gültig
wird.

Kloster Monte Cassino

(Rekonstruktion
der Klosteranlage um 1075)
① Innenhof
② Abteikirche
③ Speisesaal
④ Küche
⑤ Schlafsaal
⑥ Kreuzgang
⑦ Werkstätten, Scheunen, Ställe
⑧ Kräutergarten

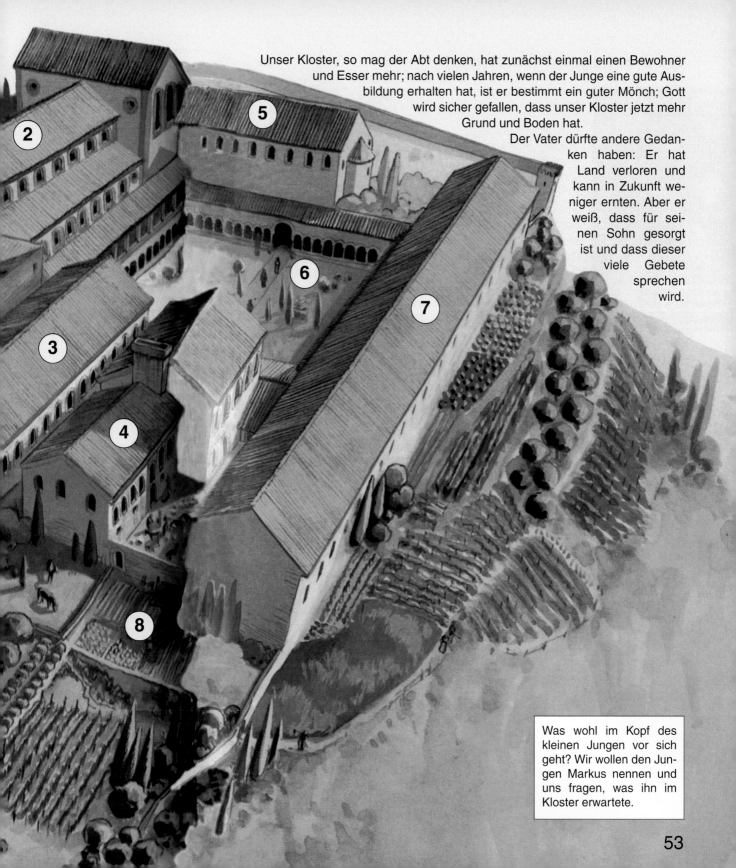

Unser Kloster, so mag der Abt denken, hat zunächst einmal einen Bewohner und Esser mehr; nach vielen Jahren, wenn der Junge eine gute Ausbildung erhalten hat, ist er bestimmt ein guter Mönch; Gott wird sicher gefallen, dass unser Kloster jetzt mehr Grund und Boden hat.

Der Vater dürfte andere Gedanken haben: Er hat Land verloren und kann in Zukunft weniger ernten. Aber er weiß, dass für seinen Sohn gesorgt ist und dass dieser viele Gebete sprechen wird.

Was wohl im Kopf des kleinen Jungen vor sich geht? Wir wollen den Jungen Markus nennen und uns fragen, was ihn im Kloster erwartete.

Was erwartet den kleinen Markus?

Mönche beim Gottesdienst

Gottesdienst und Schule

Auf eine Leistung wurde der kleine Markus ganz besonders vorbereitet: Er musste für das Seelenheil der Lebenden und Verstorbenen beten. Dazu war es nötig, die Heilige Schrift sowie Psalmen und Hymnen zu kennen. Der Junge wird deshalb mit großer Wahrscheinlichkeit in der Klosterschule lesen und schreiben gelernt haben. Das erscheint uns heute selbstverständlich, aber im Mittelalter war das eine seltene Kunst, die man nur im Kloster lernen konnte. Deshalb schickten einige Eltern ihre Kinder auch nur vorübergehend, als Gäste, in die so genannte äußere Klosterschule. Diese Kinder durften das Innere des Klosters nicht betreten und mussten nicht nach den strengen Regeln der Novizinnen und Novizen leben. Die Lernmethoden waren für alle Kinder gleich und nicht besonders einfallsreich: Die Kinder mussten stur auswendig lernen und gebetsmühlenartig nachsprechen. Nur die Begabten erhielten später Unterricht in den so genannten sieben freien Künsten (u.a. Redelehre, Rechnen, Musik, Theologie).

Tagesablauf

Der heilige Benedikt hatte in seiner Regel festgelegt, in welcher Folge sich religiöse Dienste, Arbeits- und Ruhephasen abwechseln sollten. Jeder Tag begann und endete mit dem gemeinsamen Gebet. Die Anfangszeiten ver-

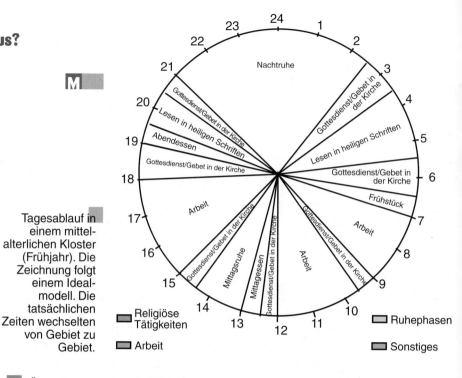

M

Tagesablauf in einem mittelalterlichen Kloster (Frühjahr). Die Zeichnung folgt einem Idealmodell. Die tatsächlichen Zeiten wechselten von Gebiet zu Gebiet.

- Religiöse Tätigkeiten
- Arbeit
- Ruhephasen
- Sonstiges

 Übertrage das Kreisdiagramm ins Heft (Zirkel, Lineal). Male die „Tortenstücke" farbig aus. Was fällt dir auf?

schoben sich je nach Jahreszeit. Im Sommer musste der kleine Markus schon um zwei Uhr morgens aufstehen um die Morgenandacht in der von Kerzen erleuchteten Kirche zu halten. Die Kirchenglocken „gaben den Ton an": Ihr Geläut gliederte den Tag.

Leben in der Gemeinschaft

Ein eigenes Zimmer hatte Markus nicht. Es gab einen gemeinsamen Schlaf- und einen Speisesaal, aber keine Privaträume, in die er sich allein hätte zurückziehen können. Benedikt hatte festgelegt, dass niemand im Kloster etwas nur für sich besitzen sollte; alles sollte allen gehören. Sprechen durfte Markus nur, wenn ihn einer der Mönche gefragt hatte; sonst musste er schweigen – auch beim Essen, wo alle einem Mitbruder zuhörten, der aus einem heiligen Text vorlas. Ungehorsam oder Fehler in der Schule wurden mit

Rutenhieben bestraft. Wurde er krank, konnte er sich auf die Hilfe der anderen verlassen. Aufopferungsvoll wurde er gepflegt und versorgt. Das Gebot der Nächstenliebe wurde auch gegenüber den Fremden und Besuchern sehr ernst genommen; alle erhielten Nahrung und Unterkunft, Trauernde wurden getröstet, Kranke und Sterbende im Klosterhospital aufgenommen.

In der Klosterschule

Arbeitsalltag

Für Benedikt von Nursia war klar, dass man im Kloster kein faules oder bequemes Leben führen durfte. „Müßiggang ist der Feind der Seele", hatte er in einer Klosterregel erklärt und die tägliche Handarbeit zur Pflicht für alle Mönche und Nonnen gemacht. Da das Kloster sich nach Möglichkeit allein versorgen sollte, fielen zahlreiche landwirtschaftliche und handwerkliche Arbeiten an, die die Mönche und Nonnen entweder selbst verrichteten oder beaufsichtigten. Wenn Markus nicht von adeliger Herkunft, sondern ein Bauernsohn war, kamen auf ihn wahrscheinlich harte körperliche Arbeiten auf dem Acker oder in der Klosterschmiede zu.

Ernährung

Auf den ersten Blick bot der Speiseplan wenig Abwechslung: Brot, Käse, Bohnen, Haferbrei, Gemüse und Fisch. Aber im Vergleich mit der Ernährungslage der meisten Bauern hatte das Essen einen großen Vorzug: Es war genug da, niemand musste Hunger leiden. Zu jedem Essen gab es Wasser und Bier, in einigen Regionen auch Wein. Als Novize bekam Markus auch etwas Fleisch, eine seltene Delikatesse, die ansonsten den Kranken vorbehalten war. Er hatte eine weit höhere Lebenserwartung als die Menschen außerhalb des Klosters.

Verwaltung und Wissenschaft

In den größeren Klöstern gab es hoch spezialisierte Nonnen oder Mönche, deren Fähigkeiten im weiteren Umkreis bekannt waren. Sie betreuten etwa den Kräutergarten und stellten Arzneien

Mönch bei der Feldarbeit

her oder sie arbeiteten als Heilkundige im Hospital. Wenn sich herausstellte, dass Markus eine technische Begabung besaß, konnte er seine Fähigkeiten als Ingenieur weiterentwickeln. Fortschritte im Bereich der Erzverhüttung oder der Nutzung der Wasserenergie kamen im Mittelalter zustande, weil Mönche entsprechende Experimente gemacht hatten. Auch die Technik des Bierbrauens wurde durch die Mönche verfeinert.

Wenn sich Markus in der Schule geschickt anstellte, hatte er die Chance, für die Klosterbibliothek, für Könige oder reiche Adelige Bücher zu kopieren und mit prunkvollen Bildern zu bemalen (einige dieser Bilder siehst du auf dieser Doppelseite). Das dazu nötige Werkzeug, z. B. Tinte in unterschiedlichen Farben, Federn und Messer zum Schärfen, Lineale sowie das aus Tierhäuten gewonnene Pergament, wurde im Kloster selbst hergestellt. Vielleicht nutzte der schreibkundige Junge die Schreibstube oder die Bibliothek mehr als Büro: um den Grundbesitz zu verwalten und über die Abgaben und Dienste der abhängigen Bauern Buch zu führen. Dann wäre er so eine Art Manager oder Betriebswirt geworden. Nie hätte Markus außerhalb des Klosters solche Berufschancen gehabt! Ein Kloster war eine Universität im Kleinen.

Mönch in der Schreibstube

Wir nehmen an, dass Markus mittlerweile 13 Jahre alt ist und seit vielen Jahren im Kloster lebt. Er weiß, dass die Eltern überlegen, auch seine Schwester Adelheid in ein Kloster zu geben. Markus entschließt sich, einen Brief an Adelheid zu schreiben. (Adelheid besucht die äußere Schule eines Nonnenklosters und kann etwas lesen und schreiben.) Er will seine eigenen Erfahrungen mitteilen und ihr einen Rat geben. Du kannst unter zwei Briefanfängen wählen:

a) Liebe Adelheid, das Kloster ist ein Vorzimmer des Paradieses …

b) Liebe Adelheid, hier im Kloster ist es wie in einem Gefängnis …

Schreibe jetzt den Brief; nutze die Informationen dieser Doppelseite, um den Rat zu begründen.

„Jedes Kloster ist eine Stadt für sich!"

Auf dieser Doppelseite könnt ihr erfahren, wie durchdacht und vielfältig die Klosteranlagen aufgebaut waren. Alle Gebäude hatten ihren Sinn und Zweck. In ihrer Gesamtheit bildeten sie eine Stadt für sich.
Wenn ihr genau lest bzw. hinschaut, könnt ihr viele interessante Details entdecken. Die Aufgabenkarten enthalten Anregungen, wie ihr die Materialien nutzen könnt. Welche Aufgabe wäre etwas für dich?

M 1 In seiner Lebensgeschichte des Abtes Bernhard von Clairvaux beschreibt ein Mönch, welche Bedeutung der Fluss Aube hat, der die Abtei Clairvaux (bei Troyes) durchfließt (um 1140):

Q Der Fluss tritt durch eine Öffnung in der Klostermauer in das Abteigelände ein. Er stürzt sich zunächst in die Getreidemühle, wo er dazu benutzt
5 wird, das Korn unter dem Druck der Mühlsteine zu mahlen und das feine Sieb zu schütteln, welches das Mehl von den unbrauchbaren Teilen trennt. Dann fließt er in das nächste Gebäude
10 und füllt die Siedepfanne, in der er erhitzt wird, um ihn zur Herstellung von Bier als Getränk für die Mönche zu benutzen, wenn die Weinstöcke
15 nicht genug Trauben hervorgebracht haben. Aber der Fluss hat seine Arbeit noch nicht getan. Er wird nun in die Tuchwalke[1] ge-
20 leitet. In der Getreidemühle hat er Nahrung für die Brüder bereitet; jetzt ist es seine Pflicht, ihnen zu helfen, ihre Kleidung herzustellen.
25 Er lässt die schweren Hämmer [...] sich abwechselnd heben und senken. Nun tritt er in die Lohgerberei[2] ein, wo er alle Sorgfalt und Arbeit aufwendet, das für die Fußbekleidung der Mönche
30 notwendige Material zu bereiten. Er teilt sich dann in viele kleine Zweige und durchzieht in seinem geschäftigen Lauf die verschiedenen Bezirke. Dabei sucht er überall nach jenen, die seine
35 Dienste zu irgendwelchen Zwecken benötigen; es sei das zum Kochen, zur Drehbewegung, zum Pressen, zur Bewässerung, zum Waschen oder zum Schleifen. Immer bietet er seine Hilfe
40 an, niemals weigert er sich. Um vollkommenen Dank zu erwerben und um nichts ungetan zu lassen, trägt er schließlich noch die Abfälle fort. Wenn er die hintere Klostermauer durch-
45 bricht, hinterlässt er alles in Sauberkeit.

(Lebensgeschichte des Bernhard von Clairvaux; zit. nach: J. Radkau u.a.: Kraft, Energie und Arbeit, Reinbek 1981, S. 47)

---

[1] Tuchwalke = Maschine, die Wolle und Felle zusammenpresst und staucht
[2] Lohgerberei = Ort, an dem Tierhäute zu Leder verarbeitet werden

Ich schau in einem Lexikon nach, wer dieser Bernhard von Clairvaux eigentlich war.

Ich habe eine Idee:
Ich male eine Skizze der gesamten Anlage aus der Vogelperspektive.

Mich interessiert die Technik so einer Tuchwalke. Ich gehe in die Stadtbücherei und informiere mich genauer. Vielleicht finde ich auch etwas im Internet.

Die Quelle ist ja wie eine Wiederholung zum Thema „Kloster". Ich kann viele Tätigkeiten und Aufgaben wieder finden, z.B. ...

Ich finde, die Quelle informiert einseitig. Das Motto hieß doch „Ora et labora!", also „Bete und arbeite!". Nichts gegen den Fluss, aber viele Gebäude fehlen, z.B. ...

M 2

Entwurf für das Kloster St. Gallen, um 820
(Größe des Originals: 112 cm x 77 cm)

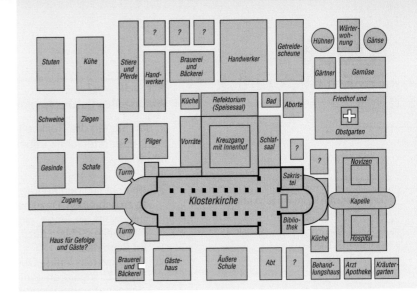

Stuten · Kühe · Stiere und Pferde · Handwerker · ? · ? · ? · Brauerei und Bäckerei · Handwerker · Getreidescheune · Hühner · Wärterwohnung · Gänse

Schweine · Ziegen · Küche · Refektorium (Speisesaal) · Bad · Aborte · Gärtner · Gemüse · Friedhof und Obstgarten

Gesinde · Schafe · ? · Pilger · Vorräte · Kreuzgang mit Innenhof · Schlafsaal · ? · ? · Novizen

Turm · Sakristei · Klosterkirche · Bibliothek · Turm · Zugang · Kapelle · Küche · Hospital

Haus für Gefolge und Gäste? · Brauerei und Bäckerei · Gästehaus · Äußere Schule · Abt · ? · Behandlungshaus · Arzt Apotheke · Kräutergarten

M 3

Modell des Klosters St. Gallen

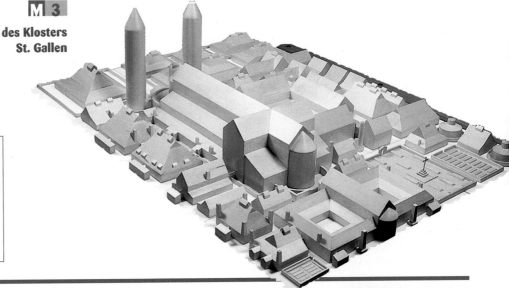

Ich zeichne den Grundriss ab und male ihn farbig aus, aber nach meinen eigenen Vorstellungen: Erst male ich die religiösen Gebäudeteile rot aus, dann die Wirtschaft grün und für Kultur/Wissenschaft nehme ich blau. Dann müsste man gut sehen, dass dieses Kloster wirklich wie eine Stadt für sich war.

Ein Unfall im Mittelalter

So könnte es sich zugetragen haben:

Tief hängen die Wolken über den Gipfeln in den Schweizer Alpen. Seit Stunden regnet es in Strömen. Der Mönch Wigbert sitzt an der Pforte des Klosters St. Gallen und liest in heiligen Schriften. Da hört er ein lautes Klopfen. „Macht auf, macht auf!", ruft es flehentlich von draußen. Als Wigbert das Tor öffnet, fällt ein reich gekleideter Kaufmann vor ihm auf die Knie. Atemlos er-

Ich habe Lust, die Erzählung weiterzuschreiben. Der Klosterplan enthält genug Hinweise, welche Hilfe Wigbert und die Mönche von St. Gallen leisten können. Ich weiß auch schon, was Wigbert zunächst antwortet …

zählt der Fremde, was wenige Minuten zuvor passiert ist. „Keine 800 Meter von hier entfernt bin ich mit meinem Fuhrwerk einen Abhang hinuntergestürzt. Mein Gehilfe ist am Bein verletzt, er jammert und kann sich nicht bewegen. Beide Pferde sind durchgegangen, das Fuhrwerk ist schwer beschädigt. Bitte, helft mir!"

Stopp
Ein Blick zurück

Wer weiß was?
Wir erstellen Quizkarten und veranstalten einen kleinen Wettbewerb.

In den letzten drei Teilkapiteln habt ihr einiges über das mittelalterliche Leben im Dorf, über ritterliches Leben auf der Burg und über den Alltag in den Klöstern erfahren.

Ihr habt nun den Auftrag, Quizkarten zu den jeweiligen Stichworten auf dieser Seite zu schreiben. Dazu benötigt ihr kleine Karteikarten. Auf der Vorderseite schreibt ihr jeweils die Frage, die ihr stellen wollt; die passende Antwort notiert ihr auf der Rückseite. Schlagt dazu, wenn nötig, noch einmal auf den entsprechenden Seiten im Buch nach.
So entstehen fertige Quizkarten.
Tipp! Zu mehreren geht es schneller und leichter!

Diese Begriffe kann ich jetzt erklären:

* Hörigkeit
* Grundherrschaft
* Frondienst
* Burg
* Kloster: „Ora et labora!"
* Ritter

Arbeit und Tagesablauf im Dorf

Verhältnis Bauer und Grundherr

Wohnung Kleidung Nahrung

Stellung des Burgherrn

Ritter

Dreifelder- wirtschaft Geräte

Eine Insel im Wald

Die Burg – mehr als eine Wohnung

Turniere

Nachbarschaft

Freie und Unfreie

Erziehung von Jungen und Mädchen

Frauen auf der Burg

Alltag in der Klostergemeinschaft

Aufbau eines Klosters

Gottesdienste

Fähigkeiten der Mönche und Nonnen

Arbeit im Kloster

Klosterschulen

Musikant, Bauer

Kaiser, Papst, Könige

Fürsten, Bischöfe, Äbte

Bürger (Handwerker,
Kaufleute)

Bauern (etwa 90 %
der Bevölkerung)

1. Beschreibe den Aufbau des Ständebaumes und erläutere, dass der Holzschnitt die Grundzüge der mittelalterlichen Ständegesellschaft ausdrückt.

2. Bis heute ist umstritten, wie die beiden Figuren in der Baumspitze zu deuten sind. Was meinst du:
– Wollte Weiditz eine Drohung aussprechen? Oder eher eine Warnung? Vielleicht auch eine Hoffnung?
– Und an welchen Stand könnte sich die Drohung oder die Warnung richten? Welcher Stand könnte seiner Hoffnung Ausdruck verleihen?

Gottgegebene Herrschaft über alle: Könige und Kaiser

So ließ sich Kaiser Otto III. (996–1002) auf einem Krönungsbild darstellen.
Dieses Bild ist typisch für Herrschaftsdarstellungen, die zeigen sollen, wie mittelalterliche Herrscher ihr Herrscheramt verstanden wissen wollten.

Auf den ersten Blick:
– Was ist euer Ersteindruck?
– Welche Aussagen zum Thema „Herrschen" macht das Bild?
– Habt ihr Fragen zum Krönungsbild?

Tipp!
Sammelt eure Ergebnisse der Bildauswertung an einer Zettelwand.

Langzeitaufgabe:
Immer wieder zurückgeschaut ...

Überprüft eure ersten Deutungen und Einschätzungen der Bildaussagen zum Thema „Herrschen" auf der Grundlage der Informationen und Erkenntnisse, die ihr auf den Seiten 61 bis 99 hinzugewinnt.
– Auf welche eurer offenen Fragen könnt ihr jetzt eine Antwort geben?
– Was hat sich bestätigt?
– Was muss gegebenenfalls korrigiert oder ergänzt werden?

Könige und Kaiser von Pippin bis Karl V.

	Pippin (714/15 - 768)	**K** **A** **R** **O** **L** **I** **N** **G** **E** **R**
800	Karl I., d. Gr. (742/43 - 814)	
	Ludwig I., der Fromme (778 - 840)	
	Ludwig der Deutsche (804/05 - 876)	
	Karl III., der Dicke (839 - 888)	
	Arnulf von Kärnten (um 850 - 899)	
900	Ludwig VI., das Kind (893 - 911)	
	Konrad I. von Franken (†918)	
	Heinrich I. (um 876 - 936)	**S** **A** **C** **H** **S** **E** **N**
	Otto I., d. Gr. (912 - 973)	
	Otto II. (955 - 983)	
	Otto III. (980 - 1002)	
1000	Heinrich II., der Heilige (973 - 1024)	
	Konrad II. (um 990 - 1039)	**S** **A** **L** **I** **E** **R**
	Heinrich III. (1017 - 1056)	
	Heinrich IV. (1050 - 1106)	
1100	Heinrich V. (1081 - 1125)	
	Lothar III., von Sachsen (1075 - 1137)	
	Konrad III. (1093 - 1152)	**S** **T** **A** **U** **F** **WELFE** **E** **R**
	Friedrich I., Barbarossa (1122 - 1190)	
1200	Heinrich VI. (1165 - 1197)	
	Otto IV., v. Braunschweig (1175/82 - 1218)	
	Friedrich II. (1194 - 1250)	
	Rudolf I. von Habsburg (1218 - 1291)	**H** **A** **B** **S** **B** **U** **R** **G** **E** **R**
1300	Adolf von Nassau (um 1250 - 1298)	
	Albrecht I. von Habsburg (1255 - 1308)	
	Heinrich VII., v. Luxemburg (1274/76 - 1313)	
	Ludwig IV., der Bayer (1282 - 1347)	
	Karl IV., von Luxemburg (1316 - 1378)	
	Wenzel I., von Luxemburg (1361-1419)	
1400	Ruprecht von der Pfalz (1352 - 1410)	
	Sigismund von Luxemburg (1368-1437)	
	Albrecht II. (1397 - 1439)	
	Friedrich III. (1415 - 1493)	
1500	Maximilian I. (1459 - 1519)	
	Karl V. (1500 - 1558)	

Wer kennt schon all ihre Namen …?

Die Liste der mittelalterlichen Könige, Kaiser und Herrschergeschlechter ist so voller Namen und Daten, dass es uns schon sehr schwer fiele, sie alle zu behalten und chronologisch geordnet wiederzugeben. Noch mühseliger dürfte es sein, uns mit den vielfältigen Geschehnissen und Entwicklungen in diesen mehr als 800 Jahren Herrschergeschichte im Einzelnen eingehend zu beschäftigen. Denn wie jeder von uns hat auch jeder dieser Herrscher seine eigene Lebens- und Regierungsgeschichte. Eines jedoch haben sie alle gemeinsam: Als Könige, einige trugen sogar den Titel Kaiser, standen sie als Herrscher an der Spitze eines europäischen Großreiches.

Davon soll auf den folgenden Seiten die Rede sein. Stellvertretend für die vielen anderen Könige wollen wir an ausgewählten Beispielen Typisches zum Thema Herrschen und Regieren im Mittelalter erfahren. Eine solche Arbeitsweise und derartiges Betrachten von Geschichte bezeichnen wir als exemplarisches Vorgehen. Jede gezielte Beschäftigung mit Geschichte beginnt mit Fragen. Zur Geschichte Fragen zu stellen bedeutet immer auch auszuwählen und zu begrenzen.

- Wie wird jemand König oder Kaiser?
- Wie verwalten und regieren Könige ihr Reich?
- Welche Probleme und Konflikte bringt die Herrschaftsausübung mit sich?
- Welche Rolle spielt die Kirche dabei?

Das sind die Fragen, die im Mittelpunkt dieses Kapitels stehen.

Merowinger und Karolinger: Der Aufstieg des Frankenreiches

Merowingische Könige (abgebildet von links nach rechts): Pharamund (legendärer König, er regierte angeblich von 420–468), Chlodio (ca. 425–455), Merowech (mythischer Stammvater des Königsgeschlechts, ca. 455), Childerich (457/58–482) Chlotilde und Chlodwig (482–511), Childebert I. (511–558)

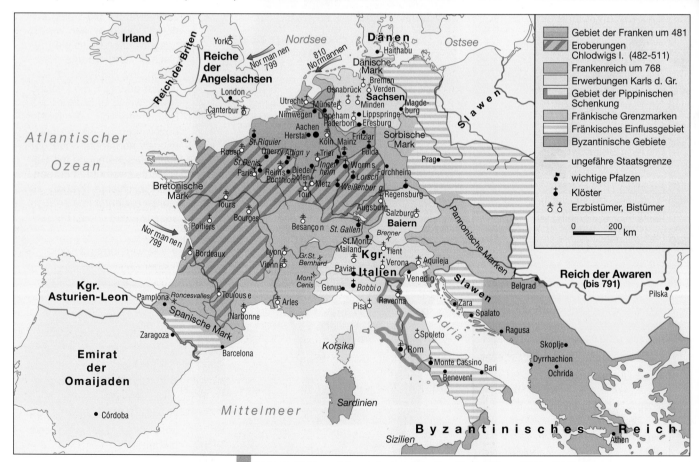

Ausgangslage und Ausdehnung des Frankenreiches (481–814)

Wie wird man König?
Das Beispiel Chlodwig

1. Lest den Darstellungstext aufmerksam durch und notiert, welche Informationen ihr zu den beiden Leitfragen erhaltet.

2. Formuliert dann auf der Grundlage eines Stichwortzettels eine zusammenfassende Antwort auf die Problemstellung „Wie wird man König?" und stellt sie in der Klasse zur Diskussion.

Stichwortzettel

> wichtig: Abstammung von einem berühmten Vorfahren
> ...
> ...

Wie wird man König?

Die Antwort scheint auf den ersten Blick ganz einfach zu sein. Man wird eben als Sohn oder Tochter eines Königs oder einer regierenden Königin geboren und erbt dieses Amt. Der eine folgt sozusagen nach einer in der Königsfamilie festgelegten Reihenfolge, zum Beispiel nach Alter, dem Vorgänger bzw. der Vorgängerin nach. Unsere Frage ist damit aber nur vordergründig beantwortet. Denn wir setzen voraus, dass es einen regierenden König bzw. eine regierende Königin gibt. Um der Sache auf den Grund zu gehen, müssen wir eigentlich viel grundsätzlicher fragen:

● Wie gelingt es, Herrschaft für sich zu beanspruchen, d.h.: Wie wird eine Person im frühen Mittelalter überhaupt rechtmäßiger König und kann somit den Grundstein für die Erbnachfolge legen?

● Wie kann sichergestellt werden, dass die Menschen, die dieser Herrschaft unterstellt sind, diese auch auf Dauer anerkennen?

Heereskönigtum der Germanen

Das Herrschaftsrecht eines Königs musste gegenüber denen, die seiner Königsherrschaft unterstanden, überzeugend begründet werden. Nach germanischer Vorstellung waren herausragende Tüchtigkeit, Mut, Stärke, Erfolg, Glück in Kriegs- und Friedenszeiten sowie die Abstammung von einem berühmten Vorfahren die Grundlage, um königliche Herrschaft auszuüben. Im Besitz dieses „Königsheils" – so bezeichnen die Geschichtsforscherinnen und -forscher mit einem Fachbegriff das Vorhandensein solcher Eigenschaften – war nach der Überzeugung der Menschen zu Beginn des Mittelalters nur eine einzige Familie. Die „Königsfamilie" besaß diese für das gesamte Volk so segensreichen Eigenschaften aufgrund ihrer besonderen Stellung und Nähe zu den germanischen Göttern. Folgerichtig konnten nur Mitglieder des Königsgeschlechts – ein anderer gebräuchlicher Begriff für Königsfamilie – König werden. Wenn wir nur von Königen sprechen, so hat das seinen Grund. Die Thronfolge innerhalb der Königsfamilie war für einen langen Zeitraum in der Regel auf die männlichen Familienmitglieder beschränkt.

Zum Beispiel Chlodwig

Der König Chlodwig stellt ein gutes Beispiel für das germanische Heereskönigtum dar.

In der Völkerwanderungszeit hatten sich viele germanische Stämme auf weströmischem Gebiet festgesetzt. Die Staaten, die die Germanen dort errichteten, waren Königreiche. Das heißt: An der Spitze stand ein König, der über Land – ein bestimmtes umgrenztes Gebiet – und Leute – die in diesem Gebiet lebenden Menschen – herrschte. Dies galt auch für das Volk der Franken, das aus vielen einzelnen Stämmen bestand. Ursprünglich am Niederrhein beheimatet, wanderten sie in das linksrheinische Rhein-Mosel-Gebiet sowie in das heutige Belgien und Frankreich ein. Dort errichteten sie eigene kleine Gebietsherrschaften, man könnte auch sagen kleine Königreiche, an deren Spitze der jeweilige Stammesfürst stand.

Der Fürst Chlodwig war einer von ihnen. Er gehörte dem Geschlecht der Merowinger an. Zu einem Geschlecht gehören alle Angehörigen eines Familienverbandes. Der Name eines solchen Geschlechts leitet sich häufig von dem Stammvater ab. Dieser hieß in unserem Fall Merowech. Chlodwig war ehrgeizig, machtbesessen und in der Wahl seiner Mittel zur Durchsetzung seiner Machtinteressen nicht zimperlich. Es gelang ihm, die übrigen Fürsten und deren Familien auszuschalten und sich im Jahre 482 n. Chr. zum König aller Franken zu machen. Dabei waren Hinterlist, Verrat, Gewalt, ja sogar Mord im Spiel. Chlodwig wurde zum Begründer des Frankenreichs, das in den Folgejahren durch ihn und seine Söhne zum europäischen Großreich erweitert wurde.

Eine ganz entscheidende Rolle spielte dabei die Entscheidung Chlodwigs, zum Christentum überzutreten – ein Schritt mit tief greifenden Folgen für die weitere Entwicklung. Das Frankenreich und die römisch-katholische Kirche gingen dadurch eine für beide Seiten vorteilhafte Verbindung ein. Jeder profitierte: Die kirchlichen Einrichtungen (vertreten z. B. durch den Papst, Bischöfe oder Klostervorsteher) wurden zur Stütze des Königtums und halfen bei der Regierung und Verwaltung des Reiches. Im Gegenzug sahen Papst und Bischöfe in dem Frankenkönig in gewisser Weise einen Schutzherrn für die Kirche. Dieses Zusammenwirken von weltlicher und geistlicher Herrschaft war einer der Grundpfeiler des gesamten Mittelalters.

Der Karolinger Pippin wird König der Franken – Wie hat er das geschafft?

Es empfiehlt sich, den Darstellungstext unter folgenden Fragestellungen zu bearbeiten:

1. Was ist konkret passiert? Listet den ereignisgeschichtlichen Ablauf chronologisch auf.

2. Wer sind die Beteiligten und welche Rolle spielen sie?

3. Wie begründen die beteiligten Parteien ihre Vorgehensweise und ihr Verhalten in der Sache?

4. Wie beurteilt ihr den Vorgang?
   – Schätzt die Bedeutung für die zukünftige Entwicklung der Königsherrschaft ein. Geht von Beurteilungsmaßstäben wie Rechtsanspruch, Macht, Interesse aus.
   – Beurteilt die Folgen dieser Vorgänge für das zukünftige Verhältnis von Königen und Päpsten.

Macht schafft Probleme

Nach fränkisch-germanischer Vorstellung waren alle Söhne eines Königs, wie wir erfahren haben, im Besitze des Königsheils. Gemäß der fränkischen Erbsitte teilten nach dem Tode ihres Vaters Chlodwig seine vier Söhne die Herrschaft untereinander auf. Jeder von ihnen regierte einen Reichsteil. Teilen zu müssen ist nicht immer ganz problemlos. Häufig sind Neid, Missgunst, Streit und Konkurrenz die Folge. So auch im Frankenreich. Nach Chlodwigs Tod schwächten ständige Familien- und Erbstreitigkeiten das Frankenreich immer mehr und leiteten in der Folgezeit den teilweisen Niedergang und Machtverfall des merowingischen Königshauses ein.

Je größer der Machtverlust des Königsgeschlechts wurde, umso mächtiger und einflussreicher wurden die Adeligen im Land. Sie ließen sich ihre Unterstützung für die verschiedenen konkurrierenden Gruppen im Königshaus mit immer neuen Vorrechten bezahlen, so zum Beispiel Erblichkeit eines übertragenen Amtes und Überlassung von Landgütern.

Besondere Bedeutung gewannen dabei mehr und mehr die so genannten Hausmeier in ihrer Position als oberste Hofbeamte. Auch das Amt des Hausmeiers war im Laufe des 7. Jahrhunderts in der Familie des jeweiligen Amtsinhabers erblich geworden. Als Verwalter der königlichen Güter, Leiter der Hofhaltung und somit oberste Hofbeamte, die im Namen des Königs die Regierungsgeschäfte im Reich erledigten, übten sie große, manche Forscherinnen und Forscher sagen sogar die wirkliche Macht im fränkischen Reich aus. In diesem Amt gewann die Familie der Karolinger beherrschenden Einfluss auf die Politik im Frankenreich. Der bedeutendste unter den Hausmeiern war Karl Martell, dem es 732 als fränkischem Heerführer gelungen war, das Vordringen der Araber nach Mitteleuropa zu stoppen. Sein ehrgeiziger und zielstrebiger Sohn Pippin, der ihm im Hausmeieramt folgte, setzte schließlich mit Zustimmung des Papstes den letzten Merowingerkönig ab und ließ sich mit Zustimmung der mächtigen Adeligen zum König erheben. Außerdem versprach Pippin, den Päpsten zukünftig militärischen Schutz zu gewähren, und schenkte der Kirche Land für einen Kirchenstaat (s. S. 21). Der Papst salbte den Karolinger dafür zum rechtmäßigen König.

Karolingischer Herrscher, von der Hand Gottes gekrönt (Buchmalerei, 9./10. Jahrhundert)

Dieses Relief aus dem 12. Jahrhundert zeigt Pippin als König

... und wie sieht die Kirche von nun an ihre Rolle?

Ein Wandmosaik im Papstpalast in Rom

Dieses Wandmosaik aus dem Papstpalast ist eine der zahlreichen bildlichen Darstellungen aus dem Mittelalter, auf denen Herrschende – hochrangige weltliche und kirchliche Würdenträger – dargestellt sind. Häufig hat ein Künstler solch ein Bild nicht aus eigenem Antrieb geschaffen, sondern die Herrschenden selbst sind die Auftraggeber gewesen.

Solche „Herrscherbilder" zeigen dem Betrachter, wie die Herrscher in ihrer Rolle und Stellung im weltlichen oder auch kirchlichen Bereich gesehen werden möchten. Sie sagen somit viel aus über das Selbstverständnis derer, die sich haben abbilden lassen.

1. Betrachtet das Bild und benennt das Thema.
2. Wessen Sichtweise dürfte das Bild darstellen?
   Begründet eure Meinung anhand der einzelnen Bildelemente.
3. Welche Aussagen zum Verhältnis von König und Papst macht das Bild?
4. Entdeckt ihr Zusammenhänge zwischen der bildlichen Darstellung und den ereignisgeschichtlichen Entwicklungen im 8. Jahrhundert, die im Darstellungstext geschildert werden?

INFO TIPP

Lest dazu auch noch einmal die Seiten 20/21 und schaut in den Lebenslauf Karls des Großen auf Seite 68f.

Papst Leo hat dieses Mosaik zwischen 795 und 800 n. Chr. in seinem Palast in Rom anbringen lassen.

Abgebildet wird augenscheinlich ein Verleihungsvorgang. Im Zentrum des Bildes sitzt der heilige Petrus. Er trägt ein Bischofsgewand und ist von einem Heiligenschein umgeben. Petrus überreicht der Person zu seiner Rechten – es handelt sich um Papst Leo – ein mit Kreuzen besticktes Schulterband. Es ist das so genannte Pallium, das Zeichen höchster geistlicher Macht. Der Person zu seiner Linken – es handelt sich um den Frankenkönig Karl den Großen, Sohn Pippins – übergibt er die Fahne der Stadt Rom. Eine solche Fahne ist das Symbol für weltliche Macht. Die Übersetzung des in lateinischer Sprache auf der Tafel stehenden Textes lautet: „Heiliger Petrus, gib Papst Leo Leben und König Karl Sieg". Die viereckige Kopfumrahmung zeigt an, dass die betreffende Person noch lebt.

Karl der Große – Kaiser des christlichen Abendlands

Wer war Karl der Große?

Sein Thron steht im Dom zu Aachen. In Aachen hielt er sich auch am liebsten auf. In Paris haben ihm die Franzosen vor der prächtigen Kathedrale „Notre Dame" ein Standbild errichtet. Zwei große Völker Europas verehren ihn und sehen ihn als Begründer ihrer Reiche an. Beide haben gute Gründe. Denn aus dem Reich Karls des Großen entwickelten sich in der Folgezeit Deutschland und Frankreich.

Nicht nur das! Seit dem Jahre 1950 wird von der Stadt Aachen in jedem Jahr der internationale Karlspreis verliehen. Der Preis geht an solche Personen, die sich um die europäische Bewegung und den Einigungsprozess Europas verdient gemacht haben. Der Karlspreis besteht aus einem Preisgeld und einer Medaille mit dem Bild Karls des Großen.

Der Karlspreis: Medaille

- Wer war dieser Karl der Große?
- Wie hat er sein Leben verbracht?
- Was hat er geleistet?
- Wie wollte er gesehen werden?
- Wie hat ihn seine Nachwelt gesehen?

Ich erzähle über...

Mithilfe der Bilder und mit seinem Lebenslauf (S. 68f.) könnt ihr diesen Fragen nachgehen und vor der Klasse über Karl den Großen erzählen.

Was Bilder über Karl erzählen ...

Bilder sind kein getreues Abbild der Wirklichkeit. Wie schriftliche Quellen erzählen allerdings auch sie auf ihre Weise Interessantes und Wichtiges über Menschen, über die Zeit, in der sie leben, und über Ereignisse aus der Zeit. Bilder beginnen dann Geschichte zu erzählen, wenn wir genau hinschauen und aufschließende Fragen an sie stellen.

Wenn wir sie befragen, vermitteln sie uns anschauliche Vorstellungen über die Menschen, die auf ihnen abgebildet sind. Wir erfahren auf diese Weise etwas darüber, wie sie aussahen oder wie sie gerne gesehen werden wollten. Bilder verraten aber auch etwas über die Personen, die sie gemalt haben, sowie über das Denken in der Zeit, zu der sie entstanden sind. Das setzt allerdings voraus, dass wir ganz genau hinschauen und die Informationen mit einbeziehen, die uns die Bildlegende liefert. Bildlegenden finden wir in der Regel neben oder unter dem Bild. Sie geben uns Informationen zum Maler, zu den dargestellten Personen oder Ereignissen und zu sonstigen wichtigen Besonderheiten, die man wissen sollte, um das Bild richtig deuten zu können.

Schaut genau hin!

Dieses Bild Kaiser Karls des Großen, der von 768 bis 814 regierte, wurde von dem berühmten Maler Albrecht Dürer im Jahre 1512 – zu Beginn der Frühen Neuzeit – gemalt. Dies ist nicht ungewöhnlich. Es gibt zahlreiche Herrschaftsdarstellungen, die erst nach dem Tode des Herrschers entstanden sind und ihn aus der Sicht der Nachwelt, aus der historischen Rückschau, zeigen. So zeigt uns auch dieses Bild wahrscheinlich nicht genau, wie Karl der Große in Wirklichkeit ausgesehen hat, aber es vermittelt einen Eindruck davon, wie er noch siebenhundert Jahre nach seinem Tod gesehen wurde oder werden sollte.

Wir untersuchen zwei Bilder auf Münzen

M 2 Diese Münze gehört in die Zeit Karls des Großen (768 – 814). Die Umschrift lautet: Karolus (= Karl), Imp(erator) (= Herrscher), Aug(ustus) (= Kaiser).

M 3 Diese Münze gehört in die Zeit des Kaisers Augustus (31 v. Chr. – 14 n. Chr.).

1. Wie wird Karl auf diesem Münzbild abgebildet? Vergleicht die Abbildung mit dem Münzbild aus der Zeit des Kaisers Augustus.

2. Warum hat sich Karl so abbilden lassen? Was soll auf diese Weise zum Ausdruck gebracht werden?

Fragen zu M 1, die helfen:

1. Welchen Gesamteindruck vermittelt das Bild?

2. Welche Einzelheiten des Bildes sind besonders interessant?

3. Welche Symbole bleiben unerklärlich und geben Rätsel auf? (Die Seite 85 hilft weiter!)

4. Welches Bild Karls will der Maler vermitteln?

5. Wie sieht er ihn aus der Rückschau?

Karl der Große

Lebenslauf

Jahr	Ereignis	Aufenthaltsort Karls
...	...	...

748 Am 2. April wird Karl als Sohn des fränkischen Königs Pippin und der Grafentochter Bertrada geboren. Sein Geburtsort ist in den Quellen nicht erwähnt und somit unbekannt. Auch über seine Kindheit ist nichts bekannt.

768 Nach dem Tod des Vaters wird das Reich unter den beiden Söhnen Karl und Karlmann aufgeteilt. Karl wird König in den Reichsgebieten Austrien und Neustrien.

770 Karl heiratet, auf Wunsch seiner Mutter, die Tochter des Langobardenkönigs Desiderius. Ein Jahr später verliebt er sich in die dreizehnjährige Hildegard und verlässt seine Ehefrau.

771 Sein Bruder Karlmann stirbt. Karl übergeht die Erbansprüche der Söhne und übernimmt die Herrschaft im gesamten Frankenreich.

772 Karl beginnt einen Krieg gegen die Sachsen, der mehr als 30 Jahre dauern sollte. In zahlreichen verlustreichen Kämpfen werden die Sachsen unterworfen und zur Annahme des Christentums gezwungen. Karl zerstört die Irminsul, das wichtigste Heiligtum der Sachsen, und befiehlt schließlich die Umsiedlung aller Sachsen, die sich ihm nicht unterwerfen. Ob er 782 bei Verden/Aller ca. 4500 aufständische Sachsen hinrichten ließ, ist umstritten.

773 Karl setzt den Kampf gegen die Langobarden fort, den sein Vater begonnen hatte. Er erobert die Hauptstadt Pavia und wird König der Langobarden.

774 Karl zieht erstmals nach Rom und übernimmt die Schutzherrschaft über den Kirchenstaat.

778 Karl führt Krieg in Nordspanien. Er erleidet mit seinem Heer eine schwere Niederlage bei Roncevalles.

781 Karl macht weitere Eroberungen in Italien. Sein Sohn Karlmann wird König von Italien.

785 Karl zieht in den Krieg gegen die Bretonen und nach Spanien.

788 Karl setzt den Bayernherzog Tassilo wegen Verschwörung gegen das Reich ab. Der Herzog wird der Zusammenarbeit mit den Awaren, Feinden des Frankenreiches, beschuldigt. Die Awaren, ein mongolisches Reitervolk, bedrohten in dieser Zeit die Reichsgrenzen im Süden. Das Herzogtum Bayern wird zur fränkischen Provinz.

789 Karl beginnt einen Feldzug gegen die Slawen.

791 Karl zieht mit einem Heer gegen die Awaren. In einem vierjährigen Krieg erweitert er das fränkische Einflussgebiet nach Ungarn bis an den Plattensee.

799 Karl trifft mit Papst Leo III. in Paderborn zusammen. Der Papst war in Rom einer Verschwörung von Adeligen entkommen, die ihm einen unchristlichen Lebenswandel vorgeworfen hatten. Der Papst bittet um Hilfe gegen seine Feinde und Karl sagt sie ihm zu.

800 Karl zieht nach Rom. Am 25. Dezember krönt Papst Leo III. Karl in der Peterskirche zum römischen Kaiser. Quellen berichten, dass Karl davon überrascht war und dass er sich die Kaiserkrone lieber selbst aufgesetzt hätte, als sie vom Papst zu empfangen.

807 Karl einigt sich nach schwierigen Verhandlungen mit dem oströmischen Kaiser in Konstantinopel darauf, dass die beiden Reiche gleichberechtigt nebeneinander existieren sollen und keinen Krieg miteinander beginnen werden.

813 Karl lässt seinen Sohn Ludwig in Aachen zum Mitregenten erheben. Im Laufe seines Lebens hatte Karl mit verschiedenen Frauen – nicht alle waren mit ihm verheiratet – acht Töchter und acht Söhne. Von den erbberechtigten Söhnen lebte im Jahre 813 nur noch Ludwig.

814 Am 28. Januar stirbt Karl der Große in Aachen an einer Lungenentzündung. Sein Sohn Ludwig erbt das Reich.

M 1

Das Reich Karls des Großen (768–814)

Auch das gehört zum Lebenslauf

Karl als Erbauer der Pfalz zu Aachen. Ein Fresko (Wandmalerei) von J. Kehren im Aachener Rathaus, entstanden im Zeitraum 1840/60. Diese Wandmalerei wurde gegen Ende des Zweiten Weltkriegs zerstört. Das Wandbild ist als Foto erhalten.

Ein prächtiges imposantes Wandbild aus dem 19. Jahrhundert, dessen Botschaft eindeutig ist. Im Mittelpunkt steht Karl der Große, der seinen Lieblingsaufenthaltsort, die Kaiserpfalz zu Aachen, nach seinem Willen und seinen Vorstellungen erbauen lässt und gestaltet.

Der aufmerksame, kundige Betrachter erkennt sofort, dass die äußere Anlage in der Tradition römischer Architektur steht und durch Nachahmung der Bauweise römischer Kaiserpaläste geprägt ist. Dies gilt auch für große Teile der Innengestaltung. Aus Ravenna ließ Karl Säulen und Mosaiken herbeischaffen. Sie wurden teilweise mit Billigung des Papstes aus dem dortigen Kaiserpalast der letzten weströmischen Kaiser herausgebrochen und in Aachen eingebaut. Die römische Tradition in der Baukunst wird aufgenommen und weitergeführt und in beeindruckender Weise mit Elementen aus der eigenen karolingischen Kultur verbunden.

Auch dies alles gehört zum Lebenswerk Karls des Großen. Zeit seines Lebens galt Karl als Förderer der Architektur, der Wissenschaften, der Kunst und Literatur. Er versammelte ausländische Gelehrte in seinem Gefolge, ordnete das Rechtswesen neu, baute eine große bedeutende Hofbibliothek auf und förderte die Bildung. So gründete er eine Hofschule, in der die Kinder aus den herrschenden Familien im Reich erzogen und unterrichtet wurden. Aus Italien wurden Bücher beschafft. In den Schreibstuben der Klöster wurden viele solcher Bücher aus der Antike abgeschrieben und mit kostbaren Buchmalereien versehen.

INFO TIPP Betrachtet dazu auch die Seiten 80f.

Wie „groß" war Karl?

1. Was ist euer erstes vorläufiges Urteil über diesen fränkischen Herrscher?

2. Langzeitaufgabe: Überprüft eure erste Einschätzung im Verlauf der weiteren Beschäftigung mit diesem König und Kaiser.

Wie wird aus einem König ein Kaiser?

Schauplatz Rom im Jahre 800

Im Herbst des Jahres 800 war Karl der Große mit einem Heer nach Italien gezogen, weil Papst Leo III. ihn um Hilfe gebeten hatte. In Rom war erneut ein Aufstand des Adels gegen den Papst ausgebrochen.

Am Weihnachtstag krönte der Papst bei einer Messe den Frankenkönig Karl zum „Kaiser des Heiligen Römischen Reiches". Dies war ein Vorgang von weit reichender Bedeutung. Das Ereignis, das für großes Aufsehen und spürbare Aufregung sowohl im europäischen Abendland als auch am Hof des oströmischen Kaisers in Konstantinopel sorgte, war in aller Munde.

Der fränkische König Karl wird römischer Kaiser

Wie dachten die Zeitgenossen darüber?

Das Bild zeigt eine Büste Karls des Großen. Angefertigt wurde sie um 1360. Das Kreuz, die antiken Edelsteine, die Wappen von Deutschland (Adler) und Frankreich (Lilie) symbolisieren sein Kaisertum.

Stellt euch vor, ihr befindet euch im Jahre 800 nach Christus. In Rom ist Karl der Große am Weihnachtstag zum Kaiser gekrönt worden.

Wenn ihr die Quellentexte sachgerecht bearbeitet, könnt ihr versuchen in die Rolle dreier Hauptakteure zu schlüpfen. Begebt euch gemeinsam auf eine Zeitreise in die mittelalterliche Vergangenheit.

1. Schritt: Aufarbeiten, was Quellen über das Ereignis erzählen; dies lässt sich gut in Partnerarbeit vorbereiten.

Notiert in Stichworten eure Ergebnisse zu folgenden Punkten:
– Vorgang: Was sind die entscheidenden Ereignisse?
– Gründe: Wie wird die Krönung im Einzelnen begründet?
– Folgen: Welche Bedeutung und Auswirkungen werden dem Ereignis zugemessen?

2. Schritt: Wir spielen drei Szenen.

Karl der Große: „Kaiserkrönung, na ja …"

Oströmischer Kaiser: „Ich finde die Sache …"

Papst Leo in Rom: „Insgesamt finde ich mein Vorgehen …"

Was geht in den Köpfen vor?

Einige Klassenmitglieder stellen die Szenen nach. Bildet Gruppen und entscheidet euch für eine Person. Bereitet die gewählte Spielszene vor und wählt jemanden aus, der sie vor der Klasse vorspielt.

3. Schritt: Die übrigen Klassenmitglieder prüfen sachkundig:
– Sind die geschichtlichen Tatsachen richtig dargestellt worden?
– Hätten Karl, Leo III. und der oströmische Kaiser so denken können?
– Welche(r) Spieler(in) hat überzeugend argumentiert?

M 1 Einhard, der Hofbiograf Karls, berichtet

Q Karls letzte Reise [nach Rom] wurde dadurch veranlasst, dass Papst Leo durch die vielen Misshandlungen, die er von den Römern erlitten hatte, sich genötigt sah, den König um Schutz anzuflehen. Er kam also nach Rom, [...] um die Kirche aus der Zerrüttung [...] zu reißen. Damals war es, dass er die Benennung Kaiser und Augustus empfing; es war ihm zuerst so zuwider, dass er versicherte, er würde die Kirche an jenem Tage nicht betreten haben, wenn er die Absicht des Papstes hätte vorherwissen können. Den Hass der [ost]römischen Kaiser, die ihm die Annahme des Kaisertitels sehr verübelten, trug er mit großer Gelassenheit.

(Einhard, Das Leben Karls des Großen; zit. nach: Quellen zur Karolingischen Reichsgeschichte 1, übers. v. R. Rau, Darmstadt (WBG) 1955)

M 2 Das päpstliche Jahrbuch berichtet

Q Am Tag der Geburt unseres Herrn [...] waren alle in der Basilika des Apostels Petrus [Kirche des Papstes in Rom] [...] versammelt. Und da krönte ihn [gemeint ist Karl] der ehrwürdige und segensreiche Vorsteher [gemeint ist der Papst] eigenhändig mit der kostbaren Krone. Darauf riefen alle Gläubigen und getreuen Römer, die den Schutz und die Liebe sahen, die er [Karl] der römischen Kirche und ihrem Vertreter [Papst] gewährte, einmütig mit lauter Stimme auf Gottes Geheiß [im Namen Gottes] und des heiligen Petrus Einge-

bung aus: „Dem allerfrömmsten, erhabenen, dem von Gott gekrönten, großen und Frieden bringenden Kaiser sei Leben und Sieg!" Dies ist dreimal ausgerufen worden, und von allen ist er als Kaiser der Römer eingesetzt worden.

(Liber pontificalis Leo III., zit. nach: W. Lautemann/M. Schlenke (Hg.), Geschichte in Quellen, Mittelalter, München (BSV) 1970)

M 3 Aus den Jahresberichten des Klosters Lorsch

Q Und weil es damals bei den Griechen [gemeint ist das oströmische Reich] keinen Träger des Kaisernamens gab [hier herrschte zwischen 780 und 802 eine Kaiserin], kamen Papst Leo und alle heiligen Väter, die auf diesem Konzil [gemeint ist eine Versammlung am 23.12.800 in Rom, bei der Streitigkeiten zwischen Bischöfen und Papst in Anwesenheit von Karl beigelegt wurden] anwesend waren, und das übrige christliche Volk zu der Auffassung, dass man Karl, dem König der Franken, den Kaisernamen geben müsse, da er über Rom herrschte, wo die Caesaren [frühere römische Kaiser] immer ihre Residenz hatten, und über die übrigen [früheren weströmischen Kaiser-] Residenzen in Italien, Gallien und Germanien. Weil der allmächtige Gott alle diese Residenzen in seine Gewalt gegeben hatte, schien es ihnen recht, dass er mit Gottes Hilfe und auf Bitten des ganzen Christenvolks den Kaisernamen erhalten solle. König Karl wollte sich ihrer Bitte nicht entziehen, sondern er fügte sich in aller Demut Gott und der Bitte der Priester und des ganzen christlichen Volkes und empfing am Tage der Geburt unseres Herrn Jesus Christus den Kaisernamen mit der Weihe durch Papst Leo.

(aus: Wiener Fragment der Lorscher Annalen)

M 4 Bericht aus einer oströmischen Chronik

Q Im selben Jahr erhoben sich in Rom die Verwandten des seligen Papstes Hadrian [Vorgänger Leos], die das Volk von Rom auf ihre Seite gebracht hatten, gegen Papst Leo, und nachdem sie ihn gefangen genommen hatten, ließen sie ihn blenden [jemanden mit glühendem Schwert blind machen]. Sie vermochten aber nicht, sein Augenlicht zum Verlöschen zu bringen. [...] Er floh zum Frankenkönig Karl, der grausame Rache an den Feinden des Papstes nahm und ihn wieder auf seinen Thron einsetzte. Seit jener Zeit steht Rom unter der Macht der Franken. Als Belohnung dafür krönte der Papst ihn [gemeint ist Karl] [...] zum römischen Kaiser in der Kirche des Apostels Petrus, nachdem er ihn vom Kopf bis zu den Füßen gesalbt und ihm das kaiserliche Gewand angelegt und die Krone aufgesetzt hatte.

(aus: Chronik des Theophanes, Byzantinische Geschichtsschreiber VI, S. 132ff.)

Die Kaiserkrönung Karls des Großen (Buchmalerei)

Wie herrschen Kaiser und Könige im Mittelalter über ihr Reich?

M

Auf welchen Gebieten soll „Weisheit" das Tun und die Entscheidungen leiten?

Herrschen heißt, den inneren und äußeren Frieden im Reich zu wahren. Im Falle von Angriffen von außen oder eigenen Kriegszügen führt der König das Heer. Erfolg im Krieg gegen Feinde ist die Grundlage für Macht und Anerkennung eines Königs durch die Adeligen und das Volk.

Sein eigenes Reich regieren heißt, Gesetze und Verordnungen zu erlassen, Recht zu sprechen, Streit zu schlichten, für den Schutz der Kirche einzutreten. Die Untertanen erwarten von ihrem König, dass er selbst eine christliche Gesinnung zeigt, aus dieser heraus Gerechtigkeit gegen jedermann walten lässt und Gnade und Hilfe gewährt.

Was erzählt das Bild?

Ein König sitzt inmitten seines burgähnlichen, prächtigen Palastes erhöht auf einem Thron. Auf dem Kopf trägt er eine Krone, das äußere Symbol dafür, dass ihm königliche Macht verliehen ist. Königlich sind auch Umhang und Gewand. Sie erinnern an römische und byzantinische Kaiser. Alle drei Elemente – ein eigener Palast, die Krone und die Kleidung – zeigen dem Betrachter unmissverständlich, dass es sich um eine Person handelt, die berufen ist, über andere Macht und Herrschaft auszuüben. Der dargestellte Herrscher teilt auch sein Leitprinzip mit: „Sapientia", mit Weisheit will er herrschen.

Wo ist der König?

König, König, du musst wandern! Oder … „Ein Leben im Sattel"

Regierungsalltag eines Königs im Mittelalter – Herrschern über die Schulter geschaut

Was bedeutet Lehnswesen im Mittelalter?

Lehen, das klingt so ähnlich wie Lohn oder leihen. Damit hat es auch zu tun.

Die folgenden vier Doppelseiten stellen euch den konkreten Alltag des Herrschens und Verwaltens vor. Ihr könnt auswählen. Jeder (ihr könnt euch auch mit jemandem zusammentun) sollte sich für ein Thema entscheiden. Schaut euch zunächst die Stichworte zu den vier Themen an und überlegt, welches Thema euch am meisten interessieren könnte. Vielleicht wisst ihr ja schon etwas zu einem der Themen. Blättert einfach die Seiten 74–81 durch und entscheidet euch dann, welches Thema ihr bearbeiten möchtet.

Der König ist der Kopf, aber...

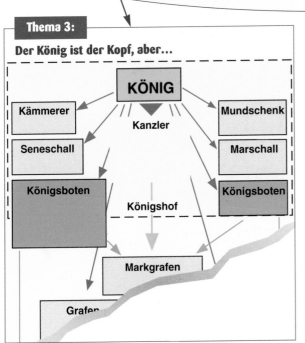

Pfalzen – „Hauptstädte auf Zeit"

GESCHICHTE IM INTERNET

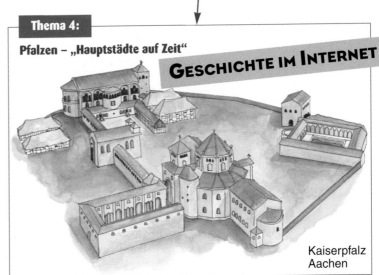

Kaiserpfalz Aachen

Thema 1: Wo ist der König?

Der König – ein Reisender in Sachen Politik

Kein zentraler Regierungssitz, keine staatlichen Verwaltungseinrichtungen und Behörden, also zum Beispiel Gerichte oder Finanzamt; die Herrschaft ist vornehmlich sehr stark an die Person des Königs gebunden.

Kein Telefon, von einem schnellen, in jeder Hinsicht verlässlichen Nachrichtenwesen keine Spur, schlecht ausgebaute Verkehrswege, Pferd und Wagen als hauptsächliches Verkehrsmittel, um von einem Ort zum anderen zu gelangen. Und das alles in einem Reich, das von der Elbe bis nach Spanien, von der Nordsee bis nach Italien reicht – die Entfernung dazwischen etwa 1500 km.

Präsentationsvorschlag

Foliengestützter Kurzvortrag

Thema: Wie regiert und verwaltet ein König im Mittelalter ein großes Königreich? Das Beispiel Karls des Großen.

Stichworte: Regierungstätigkeiten des Königs, der königliche Hof und seine Aufgaben, Reisewege und Reisetätigkeiten Karls des Großen.

Tipp! Reiserouten Karls des Großen (M 1) mithilfe einer Folie vorstellen und erläutern.

M 1 Die Reiserouten Karls des Großen

Immer unterwegs

Die mittelalterlichen Kaiser und Könige waren ständig mit ihrem ganzen Hof unterwegs. Über Karl den Großen wird berichtet, dass er in 24 Jahren ca. 82 000 km zurückgelegt hat. Das bedeutet, dass er wohl mehr im Sattel eines Pferdes sitzen musste als auf dem Thron. Der König regierte sozusagen vom Sattel aus. Die Geschichtsforscherinnen und -forscher nennen das mittelalterliche Königtum deshalb auch Reisekönigtum.
Folgen wir Karl also bei seiner alltäglichen Regierungsarbeit.

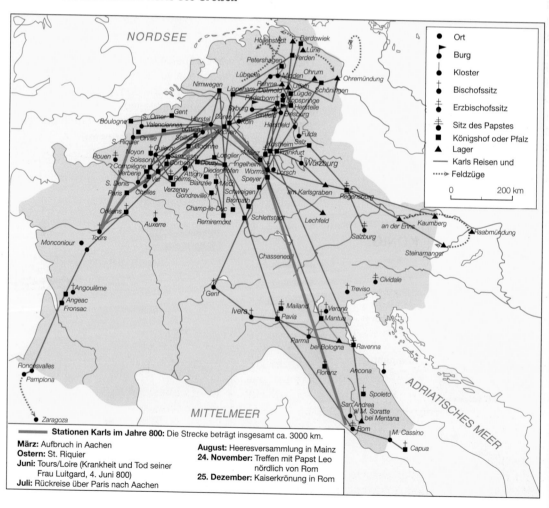

Stationen Karls im Jahre 800: Die Strecke beträgt insgesamt ca. 3000 km.
März: Aufbruch in Aachen
Ostern: St. Riquier
Juni: Tours/Loire (Krankheit und Tod seiner Frau Luitgard, 4. Juni 800)
Juli: Rückreise über Paris nach Aachen
August: Heeresversammlung in Mainz
24. November: Treffen mit Papst Leo nördlich von Rom
25. Dezember: Kaiserkrönung in Rom

Unterwegs: Wie sieht der Regierungsalltag aus?

Der mitreisende Hof und seine Aufgaben

Der königliche Hof, etwa 150 Personen, reiste durch das Land von einem Königshof (Pfalz) zum anderen. Einige dieser Pfalzen gibt es in Grundzügen heute noch.

Voraus gingen die Quartiermacher, die die Unterkünfte und die Vorräte zu prüfen und den Hof anzumelden hatten.

Im Tross kamen auf viele Wagengespanne verteilt die königliche Familie, die Kanzlei und die Hofkapelle, Schreiber, Geistliche, Gäste, Gesinde.

Die Reiseleitung hatten der Seneschall (zuständig für die Speisen), der Mundschenk (zuständig für die Getränke) und der Marschall (zuständig für die Pferde) inne.

Der Kämmerer sammelte von Station zu Station die Abgaben, Steuern, Einkünfte und Strafgelder, die Kriegsbeute, Geschenke und Tribute. Er beaufsichtigte auch das Silber zum Prägen der Münzen sowie die Truhen mit den Kleidern, liturgischen Geräten, Schmuck und Edelsteinen. Er bezahlte auch Rechnungen und regelte die Unterkünfte und die Verwaltung des Hofes. Dies geschah unter der Oberaufsicht der Königin.

Der Erzkanzler führte die Gruppe der Schreiber und Notare an und beaufsichtigte das Archiv der Dokumente und Urkunden. In dieser Kanzlei wurde die gesamte schriftliche Verwaltung ausgefertigt, wurden Staatsbesuche vorbereitet und die diplomatischen Beziehungen gesteuert. Auch die Abhaltung der Hoftage und Kirchensynoden, für die der König zuständig war, oblag der Kanzlei. Da hier Schreibkundige benötigt wurden, bestand die Gruppe überwiegend aus Geistlichen.

Die Hofkapelle, ebenfalls Geistliche, unter der Leitung des Erzkaplans,

Reiterstatuette Karls des Großen. Sie ist 24 cm groß und aus Bronze. Aller Wahrscheinlichkeit nach zeigt sie Karl in der typischen Kleidung des reitenden Herrschers.

musste die religiösen Feiern des Hofes vorbereiten, die Reliquien bewahren, bei der Besetzung der Kirchenämter – besonders der Bischöfe und Reichsäbte – beraten und oftmals Gerichtsverhandlungen leiten.

Bei einem geschätzten Verbrauch von zwei kg Fleisch, zwei kg Getreide und drei Litern Bier/Wein pro Person und Tag mussten täglich mitunter 200 Schafe oder Schweine, zwei Tonnen Getreide und 30 Hektoliter Bier vorhanden sein; länger als zehn Tage konnte sich der Hof schon deshalb an einem Ort nicht aufhalten.

Zog der Hof weiter, übernahm wieder ein Adliger (Pfalzgraf) oder Geistlicher (Bischof, Abt) die Verwaltung des Königshofes und der dazugehörenden Ländereien. Vor allem mussten nun die Vorräte wieder aufgefüllt werden für den nächsten „Besuch".

Was bedeutet regieren?

M 2 Ein Blick in das Jahrbuch Karls aus dem Jahre 775

Januar 775: In der Pfalz von Quierzy findet ein Reichstag statt; der Feldzug gegen die Sachsen wird beschlossen.

Januar, 5.: Karl nimmt das Kloster
5 Hersfeld in Schutz und verleiht ihm Vorrechte, z.B. freie Wahl des Abtes durch die Mönche.

Januar, 25.: Der König schenkt dem Kloster St. Denis bei Paris, wo er eine Kirche bauen ließ, zwei Höfe.
10

Mai, 10.: Er bestätigt dem Kloster St. Martin in Tours 48 Landgüter und deren Abgaben an das Kloster (Holz, Getreide, Geflügel).

15 *Juli:* Reichsversammlung in der Pfalz Düren bei Aachen.

Juli, 28.: Karl bestätigt das Urteil des Pfalzgrafengerichts im Besitzstreit zwischen dem Bischof Herchenrad in Paris
20 und dem Abt Fulrad von St. Denis über das Kloster Plaisir.

August: Die Heerfahrt nach Sachsen beginnt. Nach zwei Monaten kehrt Karl mit reicher Beute zurück; die mit-
25 gebrachten Geiseln werden Klöstern und Bischöfen zugeteilt, damit sie zu Christen erzogen werden.

Oktober: Karl beschließt in der Pfalz Diedenhofen, nach Italien zu ziehen.

30 *Dezember:* Der König verbringt das Weihnachtsfest in Schlettstadt.

(Zit. nach: Historia, Bd. 1, (Schöningh) Paderborn 1993, S. 186)

Thema 2: Was bedeutet Lehnswesen im Mittelalter?

„Meine Freunde, deine Freunde – meine Feinde, deine Feinde"

Vorgang der Belehnung

Lehensübergabe (Illustration zum Sachsenspiegel, 14. Jahrhundert)

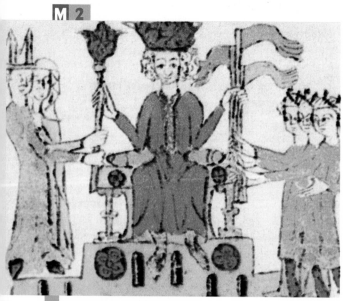

Der König übergibt ein „Zepterlehen" an einen Bischof und ein „Fahnenlehen" an einen weltlichen Fürsten.

Lehnseid und -vertrag (13. Jahrhundert)

Thema:

Ich erkläre mithilfe eines Schaubilds den Aufbau, die Entstehung, Merkmale und Funktion des mittelalterlichen Lehnswesens.

Mein Darstellungskonzept:

1. Einleitung: Ich präsentiere das Schaubild (Plakat, Folie, Tafelbild), das zeigt, wie das Lehnswesen aufgebaut und geordnet ist.

2. Daran anknüpfend stelle ich vor, zu welchen inhaltlichen Aspekten ich im Einzelnen vortragen werde und in welcher Reihenfolge ich sie behandle, z. B.: Welche Gruppen gibt es? Wie ist das System aufgebaut? Wie ist das Lehnswesen entstanden?

3. Abschließende Stellungnahme zu der Frage: Welche Stütze für Herrschaft stellt das Lehnswesen im Mittelalter dar?

Diskussion

Das könnte ich abschließend mit meinen Mitschülerinnen und Mitschülern gemeinsam diskutieren: „Geliehen ist nicht geschenkt". Trotzdem ist eine Organisation von Herrschaft in der Weise, dass Mächtige wieder in einem Abhängigkeitsverhältnis zu noch Mächtigeren stehen, wie dies im mittelalterlichen Lehnssystem der Fall war, bei genauerer Betrachtung nicht unproblematisch …

Lehnsherr, Lehnsfrau, Lehnsmann: Wie sind die Beziehungen geregelt?

Heute bekommen Personen, die für den Staat arbeiten, Lohn oder Gehalt. Geldwirtschaft kannten die Franken aber nicht. Sie zahlten überwiegend in Naturalien, also z.B. mit Vieh oder Nahrungsmitteln. So erhielten auch die im Dienste des Königs stehenden Leute kein Geld für ihre Tätigkeit.

Die mittelalterlichen Herrscher waren kraft ihres Königsamtes Herren über den größten Landbesitz. Seit Karl dem Großen belohnten die Könige und Kaiser die Arbeit derer, die für sie Kriegsdienste, Verwaltungsaufgaben oder Dienste am Königshof übernahmen, mit der Vergabe von Land. Im Mittelalter bedeutete der Besitz von ertragreichem Ackerland, dass man wohlhabend war. Die Herzöge, Grafen, Bischöfe oder Äbte bekamen diesen Landbesitz allerdings nicht geschenkt, sondern zu „Lehen": Sie bekamen das Landgebiet mit den Menschen, die dort wohnten, auf Lebenszeit zur eigenen Nutzung ausgeliehen.

Zahlreiche mittelalterliche Bilder stellen diesen feierlichen, nach festen Regeln ablaufenden Übergabeakt dar. Bei der Vergabe des Lehens schwört der Lehnsempfänger, auch Vasall (lat. vassus: der Knecht) genannt, Treue und Dienst. Der Lehnsherr, der Verleiher des Landes, verspricht seinem Vasallen dafür Schutz und Treue.

Wer sein Lehen direkt aus der Hand des Königs erhielt, wurde als Kronvasall bezeichnet. Er gehörte vom gesellschaftlichen Rang her dem hohen Adel an. Kronvasallen waren berechtigt, geliehenes Land als Lehnsherren an andere Adlige, an Untervasallen, weiterzuverleihen. Der Untervasall war aber nur seinem Lehnsherrn zu Dienst und Treue verpflichtet. Es gab kein Treueversprechen gegenüber dem König. Dies war in Streitfällen zwischen Kronvasallen und König wichtig, denn Streit gab es nicht

selten. So entstand eine ganze Kette von Lehnsverhältnissen im Reich, auf denen die ganze gesellschaftliche und staatliche Ordnung beruhte.

Im Laufe der Zeit gab es auch „Lehnsfrauen". Quellen aus dem 13. Jahrhundert belegen, dass unter bestimmten Voraussetzungen auch Frauen ein Lehen übernehmen konnten, wenn der Lehnsherr zustimmte. Häufig war dies jedoch nicht.

Diese Lehnsordnung blieb jahrhundertelang bestehen. Sie erfuhr allerdings einige gewichtige Veränderungen. Karls Nachfolger vergaben nicht nur Landgüter als Lehen, sondern auch hohe Kirchenämter und hohe weltliche Verwaltungsämter (z.B. das Amt des Grafen oder Herzogs).

Seit dem 9. Jahrhundert setzten es die einflussreichen großen Adelsfamilien durch, dass ihre erhaltenen Lehen, Land und Ämter, in der eigenen Familie erblich wurden. Die Machtposition des Königs wurde dadurch eingeschränkt; die Macht der Kronvasallen, der hohen Reichsfürsten also, stieg.

Im Verlauf des Hochmittelalters verfolgte der hohe Adel vermehrt eigene Machtinteressen und war daher keine verlässliche Hilfe mehr. Er verweigerte zum Teil sogar in manchen Fällen den Kriegsdienst für den König. Deshalb bezogen die Könige im weiteren Verlauf des Mittelalters auch nichtadlige Personen in das Lehnssystem mit ein.

M 4
Eine komplizierte Sache – anschaulich ins Bild gesetzt

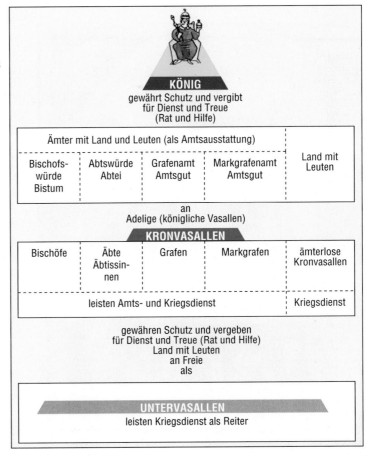

KÖNIG
gewährt Schutz und vergibt
für Dienst und Treue
(Rat und Hilfe)

Ämter mit Land und Leuten (als Amtsausstattung)				Land mit Leuten
Bischofswürde Bistum	Abtswürde Abtei	Grafenamt Amtsgut	Markgrafenamt Amtsgut	

an
Adelige (königliche Vasallen)

KRONVASALLEN

Bischöfe	Äbte Äbtissinnen	Grafen	Markgrafen	ämterlose Kronvasallen
leisten Amts- und Kriegsdienst				Kriegsdienst

gewähren Schutz und vergeben
für Dienst und Treue (Rat und Hilfe)
Land mit Leuten
an Freie
als

UNTERVASALLEN
leisten Kriegsdienst als Reiter

Thema 3:   Der König ist der Kopf des Reiches, aber ohne Hilfe geht es nicht ...

Präsentationsvorschlag

Foliengestützter Kurzvortrag

Thema: Wie sah die königliche Regierungstätigkeit im Mittelalter aus?

Ratschläge für erfolgreiches Vortragen:

1. Mithilfe eines Schaubildes auf Folie vortragen.
2. Leitfragen für den Vortrag:
   – Wer unterstützte den König bei der Verwaltung und Kontrolle im Reich?
   – Welche Aufgaben hatten die beteiligten Personen?
   – Zusammenfassende Beurteilung: Wo siehst du Gefahren und Probleme bei dieser Form der Herrschaftsausübung?

„König, König, du musst wandern, von dem einen Ort zum anderen!" So könnte man in Abwandlung eines bekannten Kinderreims über den wandernden Taler das Grundprinzip der mittelalterlichen Herrschaftsausübung umschreiben. Mittelpunkt der Herrschaftsausübung ist der König, der ständig unterwegs ist, um seine vielfältigen Regierungsaufgaben wahrzunehmen.

Schaut man sich die mittelalterlichen Bilder eines regierenden Königs an, glaubt man zunächst, das Regieren im Mittelalter sei jederzeit eine selbstherrliche Handlung gewesen. Die Darstellungen vermitteln uns den Eindruck, der König sitze, umgeben von den mächtigen Adeligen im Reich, im kostbaren Purpurmantel auf dem Thron und spreche huldvoll Urteile und erteile Anordnungen, die von seinen Gefolgsleuten umgehend willig ausgeführt werden.

Die Wirklichkeit sah, wie wir gesehen haben, ganz anders aus. Mittelalterliche Könige waren zumeist ständig mit ihrem gesamten Gefolge im Reich unterwegs, um ihre Regierungsaufgaben wahrzunehmen. Nur wenn der König persönlich anwesend war, konnte er Streitfälle entscheiden, Urkunden ausstellen, Land als Lehen weitergeben, alte verliehene Rechte und Ämterübertragungen erneuern sowie mit einflussreichen Adeligen über Feldzüge und andere wichtige Dinge im Reich beraten. Persönlich anwesend zu sein, war sicherlich auch der beste Weg, dafür zu sorgen, dass der eigene Wille sowie erlassene Verordnungen, Gesetze oder erteilte Befehle ausgeführt und gesprochene Urteile umgesetzt wurden.

Allerdings konnte der Herrscher in so einem großen Reich, wie es Karl der Große zu regieren hatte, nicht überall und vor allem auch nicht immer präsent sein. Ein König konnte nicht immer überall zur gleichen Zeit an allen Orten sein, wo er gebraucht wurde oder gefragt war. Zudem war es auch unmöglich, alles selber zu regeln. Für die vielfältigen Regierungs- und Verwaltungsaufgaben brauchte er Leute seines Vertrauens, an die Verantwortung abgetreten werden konnte und die in Vertretung des Königs, d.h. in seinem Namen handelten.

M 1

Buchmalerei aus der Bibel Karls des Kahlen, des Enkels Karls des Großen

Wie löst Karl der Große das Problem?

Gewusst?

Wenn wir heute auf der Urlaubsfahrt durch den Rheingau fahren oder das Autobahnausfahrtsschild Freiburg im Breisgau lesen oder wenn das Allgäu unser Urlaubsziel ist, wer denkt da schon an die Franken im 9. Jahrhundert? Und doch haben sie mit diesen Namensgebungen etwas zu tun. Die Bezeichnung „Gau" erinnert noch heute an die Reichseinteilung, die Karl der Große in seinem Reich, das er zu regieren hatte, vorgenommen hat.

In so einem großen Reich ständig alles selber zu regeln, war einfach unmöglich. Deshalb teilte Karl das Reich in mehr als hundert Verwaltungsbezirke ein. Diese hießen Gaue oder auch Grafschaften. In diesen Gebieten beauftragte er Männer, denen er besonders vertraute, mit der Verwaltung. Sie wurden zu Grafen ernannt und verwalteten die Grafschaft, den Gau, nach seinen Anweisungen.

Aber es waren nicht nur Grafen, die ihm bei der schwierigen Verwaltung eines so großen Reiches zur Seite standen.

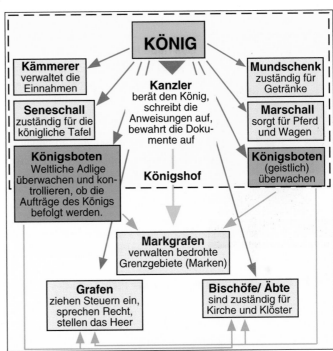

Ein Spiel: Labyrinth

Nicht alle Wege führen zum Gaugrafen –
Der König hat erfahren, dass in einem der Gaue seine Anweisungen nicht befolgt werden.
Er beschließt zu handeln und gibt Anweisung an …, der dann …

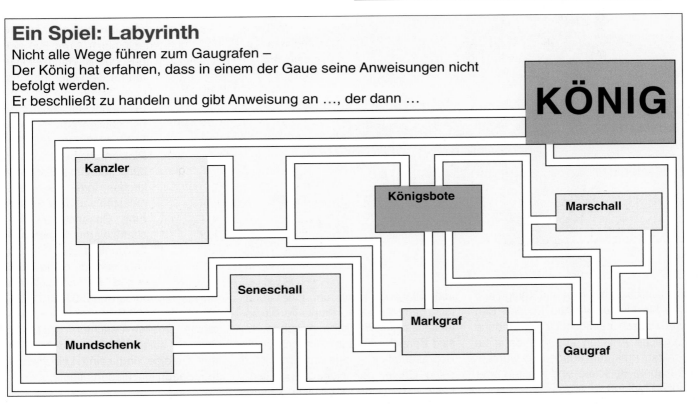

Thema 4: Pfalzen – „Hauptstädte auf Zeit"

Das habe ich vorbereitet:

– **Zwei Folien:** Rekonstruktionszeichnung der Pfalz Aachen und das Bild der Pfalzkapelle.
– **Kurzvortrag:** Beschreibung und Erläuterungen zum Aufbau und zur Architektur der Pfalz Aachen, evtl. mit Bildern (Dias) zur Pfalz Aachen oder zu anderen mittelalterlichen Kaiserpfalzen.

Tipp! Stadtprospekte, Internet-Suche!

So könntest du den Vortrag beginnen:

Die Pfalzen der mittelalterlichen Kaiser und Könige

Der römische Kaiser Augustus hatte seinen Palast auf dem Palatinshügel in Rom errichtet. Das lateinische Wort für Palast heißt palatium. Palatin und Palast – beide Wörter wurden im Germanischen zu Pfalz. Also hat der König doch eine Residenz, einen Regierungssitz gehabt? Bei Karl dem Großen kann man den Eindruck gewinnen, dass Aachen als bevorzugter Aufenthaltsort in diesen Rang hineinwuchs. Trotzdem gab es wegen des ständigen Reisens viele Plätze, viele Pfalzen, an denen sich der königliche Hof zeitweilig aufhielt …

M 1 Rekonstruktionszeichnung der Pfalz Karls des Großen in Aachen

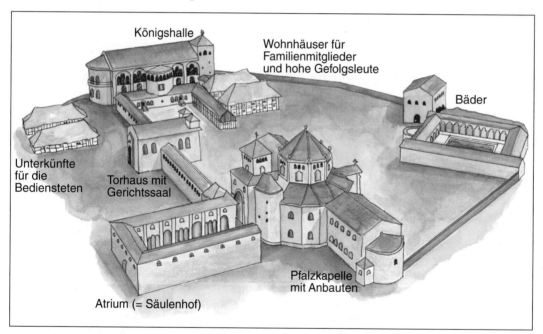

und reine Wirtschaftsbereiche. Von Pfalz zu Pfalz verschieden kommen weitere Funktionsbereiche für spezielle Aufgaben hinzu, zum Beispiel besondere Räumlichkeiten für die Unterbringung von Gästen, die Einrichtung einer Hofschule, Gerichtshallen oder Räume für Verwaltung. Manche Pfalzen sind befestigt, andere auch mit Bischofskirchen oder Bischofspalästen verbunden.

Eine Besonderheit Aachens waren die warmen Heilquellen, die Karl mit zunehmendem Alter gern nutzte. Er ließ sich ein großes Marmorschwimmbecken bauen, das über 100 Personen aufnehmen konnte. Quellen berichten, dass Karl nicht nur seine Söhne, sondern auch sein Gefolge und seine Leibwächter zum Baden einzuladen pflegte.

Die fränkischen Kaiser und Könige und ihre Nachfolger wählten für den Bau von Pfalzen häufig noch vorhandene römische Anlagen aus, die dann zu Pfalzen um- und ausgebaut wurden. Bekannte Beispiele sind Aachen oder auch Frankfurt.

Jede Pfalz hat, wenn man ihre Grundrisse betrachtet, vier Hauptteile, die unterschiedliche Funktionen haben. Es sind Bereiche für das Wohnen, für die Repräsentation – hier empfängt man seine Gäste, hält Hoftage ab, feiert Feste –, Bereiche für religiöse Zwecke

M 2
Ein Blick in das Innere

Die Aachener Pfalzkapelle

Ein Meisterwerk der karolingischen Architektur ist die Pfalzkapelle, die um 790 unter der Leitung des Baumeisters Odo von Metz begonnen und 805 von Papst Leo III. geweiht wurde.

Bei diesem Bauwerk zeigt sich, dass Karl sowohl von römischen als auch von byzantinischen Werken angeregt wurde. Die Gesamtanlage scheint dem Lateranpalast und der Basilika San Vitale in Ravenna nachgebildet. Die Kirche ist ein achteckiger Kuppelbau, der von einer zweigeschossigen Galerie mit zehneckiger Außenmauer umschlossen wird.

Das Obergeschoss war für den Kaiser und sein Gefolge bestimmt. Auf der Westseite des Obergeschosses befand sich der Königsthron.

Zum Schmuck der Kapelle verwandte man Mamor und Gold. Aus Rom und Ravenna wurden ganze Säulen nach Aachen geschafft und mit Erlaubnis Papst Hadrians sogar Mosaike dem königlichen Palast in Ravenna entnommen.

An den Zentralbau schließen sich rechts und links zwei Seitenkapellen an. Den neben der Kirche gelegenen Palast aus der Merowingerzeit baute Karl aus. Über einem Untergeschoss, das wahrscheinlich für das Gefolge und die Dienerschaft bestimmt war, erhob sich ein gewaltiges Bauwerk, das in seinem östlichen Teil die Gemächer für die kaiserliche Familie und in seinem westlichen Teil den Reichssaal enthielt. Kapelle und Königshalle waren durch eine lange Säulenhalle miteinander verbunden, sodass die kaiserliche Familie auch bei schlechtem Wetter ungehindert die Kirche betreten konnte.

Startseite der Website über die Kaiserpfalz von Ingelheim:
http:///www.archimedix.com/ingelheim/

http://www.cad.architektur.tu-darmstadt.de/stgallen/bild gal/aachen.htm

http://www.schaetze-der-welt.de/flash5_index.html

Das könnt ihr tun:
Besucht die Webseiten zu den Kaiserpfalzen. Auf diese Weise könnt ihr euch ein virtuelles Bild von mittelalterlichen Kaiserpfalzen machen.

Oder:
Schülergruppen könnten Mitschülerinnen und Mitschülern eine Kaiserpfalz am Beamer präsentieren und über Anlage, Aufbau und Geschichte der ausgewählten Kaiserpfalz erzählen.

Otto der Große – Herrscher im Reich der Deutschen

Das Karolingerreich zerfällt

Das Kaiserreich Karls des Großen zerfiel kurze Zeit nach seinem Tod. Sein Sohn, Ludwig der Fromme, hielt das Gesamtreich zwar noch zusammen, aber unter seinen Nachfolgern brach es endgültig auseinander.

Seine drei Söhne, unter denen gemäß fränkischem Erbrecht Reich und Herrschaft aufgeteilt wurden, führten von Beginn an einen heftigen Bruderkrieg. Das Ergebnis ihrer jahrelangen kriegerischen Auseinandersetzungen war, dass das Karolingerreich in mehrere selbstständige Königreiche aufgeteilt wurde.

M 1 **Reichsteilung nach dem Vertrag von Ribemont (880)**

M 2

Die Skulptur zeigt den deutschen König Otto I. (918–973) und seine Frau, die Königin Adelheid. Die Darstellung befindet sich am Dom in Meißen im Bundesland Sachsen.

1. Woran zeigt sich in dieser Skulptur, dass König Otto der machtvolle Herrscher ist?
2. Wie stellt der Künstler die Beziehung zwischen Königin und König dar?
   (**Tipp!** Beachtet die Körperhaltungen und die Blickrichtungen.)

Magdeburger Reiterstandbild Ottos I.

Wie entsteht das „Reich der Deutschen"?

■ Tragt zusammen:

Wichtige Ereignisse:
......
......

Die Hauptakteure und
ihre Rollen:
......
......

Die Probleme und
Schwierigkeiten:
......
......

Der größte Teil des Frankenreiches wurde in zwei Teilreiche aufgeteilt: das Westfrankenreich (Wurzel des heutigen Frankreich) und das Ostfrankenreich, das in der Folgezeit als „Reich der Deutschen" bezeichnet wurde.

Das Wort „deutsch" leitet sich aus dem Althochdeutschen her. Die germanische Sprache, die von den Menschen im ostfränkischen Reich gesprochen wurde, gab dem Reich seinen Namen. Aus der Sprachbezeichnung „diutisk" entwickelte sich im Laufe der Zeit der Name für die Menschen, die diese Sprache sprachen, die „Deutschen".

Neben der Sprache wies das ostfränkische Reich noch eine weitere Besonderheit auf, die sich auch aus der germanischen Tradition herleitete. Es gab verschiedene Stämme mit unterschiedlichen Sprachdialekten. Die Führung dieser Stämme lag in den Händen von Adeligen. Sie nannten sich Herzöge, eine germanische Bezeichnung für Heerführer. Solche Stammesherzöge gab es schon seit dem 7. Jahrhundert.

Die Stammesherzöge waren zu allen Zeiten um den Erhalt ihrer Machtstellung und, wo möglich, auch um deren Ausbau bemüht. Die Bruderkriege und Reichsteilungen, die zum Verfall des Karolingerreiches führten, eröffneten ihnen neue Möglichkeiten. Ausgestattet mit in ihren Familien erblichen Lehen und großen Gebietsherrschaften wurden die Herzöge von Sachsen, Bayern, Lothringen, Franken und Schwaben zusehends mächtiger und herrschten wie kleine Könige in ihren Herzogtümern.

Als im Jahre 911 im ostfränkischen Teilreich der letzte Karolinger ohne Thronerben starb, nutzten sie die sich bietende Gelegenheit und nahmen entscheidenden Einfluss auf die Vergabe der Königswürde. Die Herzöge bestimmten einen aus ihren eigenen Reihen zum neuen König. Zunächst verständigten sie sich untereinander auf den Frankenherzog Konrad. Nach dessen Tod erwählten sie den mächtigen Sachsenherzog Heinrich zum neuen König. Sein Nachfolger wurde mit ihrer Zustimmung dessen Sohn Otto, der dann als Otto I. den Thron bestieg.

M 3 Die deutschen Stammesherzogtümer

Methodenbox

Wir fassen den Inhalt eines Quellentextes zusammen und beurteilen die Hauptaussagen

Inhalt zusammenfassen:
Wie macht man das?

1. Schritt: Lies den Text Satz für Satz.

Markiere alles, was du nicht verstehst, und versuche unbekannte Begriffe zu klären.

2. Schritt: Gliedere den Text in sinnvolle Abschnitte. Frage immer: Wo beginnt Neues?

3. Schritt: Fasse den Inhalt eines jeden Abschnitts in eigenen Worten zusammen.

4. Schritt: Nun hast du die wichtigsten Aussagen (Hauptaussagen) zusammengestellt, bist selbst informiert und könntest auch anderen, die den Text nicht kennen, zusammenfassend erläutern, worum es in der Quelle im Kern (das Thema der Quelle) geht und was dort im Einzelnen ausgeführt wird.

Unser Thema:
Wie vollzieht sich die Königserhebung eines deutschen Königs im Mittelalter?

M ▊ **Eine zeitgenössische Quelle: Widukind von Corvey berichtet …**

Wie der Vorgang der Königsübertragung im Einzelnen genau ablief, berichtet Widukind (ca. 925 – nach 973), ein sächsischer Mönch im Kloster Corvey an der Weser. Diese Quelle ist der einzige uns vorliegende zeitgenössische Text, der die seit Otto I. bis ins 14. Jahrhundert praktizierte Zeremonie der Königserhebung im Mittelalter ausführlich beschreibt.

Q Nachdem also König Heinrich gestorben war, wählte sich das gesamte Volk der Franken und Sachsen seinen Sohn Otto, der bereits vom Vater zum
5 König bestimmt worden war, als Herrscher aus. Zum Ort der allgemeinen Wahl bestimmte man die Pfalz Aachen. Dort versammelten sich die Herzöge und obersten Grafen mit der
10 übrigen Schar vornehmster Ritter in dem Säulenhof vor der Basilika Karls des Großen, setzten den neuen Herrscher auf einen dort aufgestellten Thron, huldigten ihm, gelobten ihm
15 Treue, versprachen ihm Unterstützung gegen alle seine Feinde und machten ihn nach ihrem Brauch zum König.

Währenddessen erwartete der Erzbischof von Mainz mit der gesamten
20 Priesterschaft und dem ganzen Volk in der Basilika den Auftritt des Königs. Als dieser erschien, ging ihm der Erzbischof entgegen, berührte mit seiner
25 Linken die Rechte des Königs, während er selbst in der Rechten den Krummstab trug, schritt vor bis in die Mitte des Heiligtums und sagte: „Seht, ich bringe euch den von Gott erwählten
30 und von dem mächtigen Herrn Heinrich einst bestimmten, jetzt aber von allen Fürsten zum König gemachten Otto; wenn euch diese Wahl gefällt, zeigt dies an, indem ihr die rechte Hand zum
35 Himmel emporhebt." Da streckte das ganze Volk die Rechte in die Höhe und wünschte unter lautem Rufen dem neuen Herrscher viel Glück.

Dann schritt der Erzbischof mit dem
40 König, der nach fränkischer Sitte mit einem eng anliegenden Gewand bekleidet war, hinter den Altar, auf dem die königlichen Abzeichen lagen: das Schwert mit dem Wehrgehänge, der
45 Mantel mit den Spangen, der Stab mit dem Zepter und das Diadem. Er nahm das Schwert, wandte sich an den König und sprach: „Nimm dieses Schwert, auf dass du alle Feinde Christi
50 verjagst, die Heiden und schlechten Christen, da durch Gottes Willen dir alle Macht im Frankenreich übertragen ist, zum unerschütterlichen Frieden für alle Christen." Dann nahm er die Span-
55 gen, legte ihm den Mantel um […] und gab ihm Zepter und Stab. […] Auf der Stelle wurde er mit dem heiligen Öl gesalbt und mit dem goldenen Diadem gekrönt durch die beiden Bischöfe von
60 Mainz und Köln und zum Thron geführt, zu dem man über eine Wendeltreppe hinaufstieg. […]

Nachdem man das Lob Gottes gesungen und das Messopfer feierlich begangen hatte, ging der König hinunter zur Pfalz und nahm mit den Bischöfen und dem ganzen Adel Platz; die Herzöge [von Lothringen, Franken, Schwaben und Bayern] aber taten Dienst.

(Widukind von Corvey, 11, 1/2, übersetzt von E. Rotter und B. Schneidmüller; in: Res gestae Saxonicae, Stuttgart 1981, S. 105,107, 109)

Reichsinsignien

Wer die Hofburg in Wien, ein Museum, besichtigt, kann die Herrschaftsabzeichen der deutschen Kaiser und Könige noch heute im Original anschauen.

Reichszepter (14. Jhdt.)

Reichskreuz

Reichsapfel (vermutlich aus dem Jahre 1191)

Krönungsgewand

„Heilige Lanze" (zur Zeit Heinrichs I. erworben)

Reichsschwert (11. Jhdt.)

Kaiserkrone (vermutlich für die Kaiserkrönung Ottos I., 962, geschaffen)

Zum Beispiel:

Welche Rückschlüsse auf die Machtverteilung und Herrschaftspraxis lassen sich ziehen?

Urteilen: Was heißt das?

Sachverhalte aus sich heraus in ihren Merkmalen, Besonderheiten und ihrer geschichtlichen Bedeutung kritisch abwägend hinterfragen und einschätzen.

Welche Bedeutung hat der Wahlort?

Ist die Aufteilung auf geistliche und weltliche Würdenträger bedeutsam?

Ist die Abfolge der Königserhebung zufällig oder von tieferer Bedeutung?

Hat sich etwas im Vergleich zur fränkischen Praxis der Königserhebung verändert?

Wie sichert Otto der Große seine Herrschaft?

Otto I. erschien schon seinen Zeitgenossen als ein großer König und Kaiser. Das war vor allem deshalb so, weil er nach außen große und gewichtige Erfolge errang und im Inneren seine Königsherrschaft sichern konnte.

Sicherung und Ausbau des Reiches nach außen

Die Bedrohung von außen durch die häufigen Raubzüge der Ungarn bis in die Mitte des Reiches beendete er 955 mit einem entscheidenden Sieg. Im heutigen Ostdeutschland baute er eine feste Kette von Grenzmarken zur Sicherung der Reichsgrenzen auf. Um die Slawen zu christianisieren, richtete er das Erzbistum Magdeburg ein. Burgund, Lothringen und die Herrschaft über Italien band er in seinen Herrschaftsbereich ein. In den vielfältigen politischen Auseinandersetzungen in Italien ergriff er Partei für das Papsttum und übernahm im Stil der fränkischen Könige die Schutzherrschaft über die Stadt Rom, den päpstlichen Kirchenstaat und die gesamte Christenheit.

Quasi als Gegenleistung ließ er sich vom Papst zum römischen Kaiser krönen. Das Kaisertum war sozusagen von den Franken auf die „Deutschen" übergegangen. Deutsche Königswürde und römische Kaiserwürde, die vom Papst verliehen wurde, gaben dem Reich auch seinen späteren Namen: „Heiliges Römisches Reich Deutscher Nation". Von nun an wurden nur noch deutsche Könige römische Kaiser. Einerseits eine Auszeichnung für die deutschen Könige, drückte sich in dem Titel doch eine Vorrangstellung in Europa aus; andererseits aber auch eine doppelte Belastung, da sie in der Folgezeit ständig in die politischen Auseinandersetzungen in Italien und die Machtkämpfe um die Frage der Vorrangstellung – Papst über dem Kaiser oder Kaiser über dem Papst – verwickelt waren.

Ausbau der Königsmacht im Reichsinnern

Im Reichsinnern konnte Otto nur mit sehr viel Mühe und in langwierigen Auseinandersetzungen seinen Herrschaftsanspruch gegen die Herzöge durchsetzen. Eine ganze Reihe von Verschwörungen und Aufständen stellten Ottos Königsherrschaft vor harte Bewährungsproben. Stammesherzöge und Grafen sowie sogar ein Bruder und Sohn erhoben sich mit Waffengewalt gegen seine Königsherrschaft. Sie wollten ihre eigene Landesherrschaft stärken bzw. strebten danach, selber König zu werden. Otto erfuhr von diesen Plänen und es gelang ihm nur mit sehr viel Mühe und Hilfe von treu ergebenen Freunden, seine Widersacher zu besiegen.

Auf Dauer musste er aber gegen derartige Bedrohungen neue, verlässliche Bundesgenossen finden. Das brachte ihn auf eine Idee. Diese können wir aus einem etwa 200 Jahre später entstandenen kostbaren Bild heraus rekonstruieren. Es schmückt den Sargschrein des Kölner Erzbischofs Heribert, der zugleich Reichskanzler von Ottos Enkel, König Otto III., war.

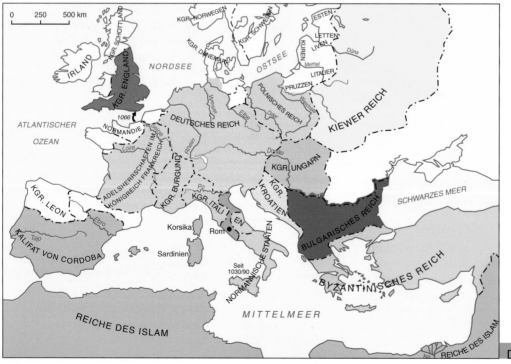

Das Reich im 10. Jahrhundert

Eine wirklich geniale Idee? – Ein Bild erzählt

Otto betraut Kirchenmänner mit weltlichen Aufgaben

Die obere Bildhälfte zeigt die Ernennung Heriberts zum Kölner Erzbischof durch Otto III. Dieser übergibt jenem den Bischofsstab und die Fahnenlanze. Die Fahnenlanze übergab der König üblicherweise an einen Adligen, der in seinem Auftrag ein bestimmtes Gebiet verwalten sollte. Otto III. machte also Heribert zum geistlichen Hüter und gleichzeitig zum weltlichen Landesherrn im Erzbistum Köln.

Erst danach, so stellt es die untere Bildhälfte dar, reist Heribert nach Rom. Dort wartet bereits der Papst mit dem so genannten Pallium, um Heribert sein päpstliches Zeichen für das Bischofsamt in Köln zu überreichen.

Wichtig daran ist die bestimmende Rolle, die der König bei der Auswahl und Einsetzung von Geistlichen zu Landesherren spielte. Genial war dies, insofern Geistliche ja keine legitimen Erben hatten. Damit konnte der König bei dem Tod jedes Bischofs oder Abtes eines großen Klosters jeweils wieder neu einen seiner Getreuen mit dem geistlichen und weltlichen Amt betrauen. Diese waren ihm in der Regel zuverlässige Helfer, denn es fehlte die Neigung, den erhaltenen Verwaltungsbereich gegen den König für eigene Nachkommen zu sichern.

Ottos Idee von der Hilfe der Kirchenmänner beim Regieren stärkte und sicherte seine Königsherrschaft so sehr, dass seine Nachfolger – siehe Enkel Otto III. mit Heribert – genauso verfuhren. Die Idee wurde zum System, dem so genannten ottonischen Reichskirchensystem.

Heribertschrein in Köln (entstanden um 1160). Das Bild zeigt ein Ereignis aus dem Leben Heriberts.

Betrachten
Beschreiben
Deuten

Macht das Bild eine Aussage zum Verhältnis König und Kirche bzw. Papsttum?
Belege deine Meinung am Bild.

Wie „genial" ist Ottos Idee?

1. Versucht in einem ersten Schritt, dieser Frage aus verschiedenen Perspektiven nachzugehen. Entscheidet euch für eine Person.

König Otto I.:	Ein weltlicher Herzog oder Graf:	Ein von Otto neu ernannter Bischof:	Der Papst:
„Wenn ich mein Vorgehen betrachte, würde ich sagen …"	„Ottos Maßnahme …"	„Ich finde die neue Praxis …"	„Wenn ich so darüber nachdenke, dann bedeutet das für mich …"

2. Was denkt ihr?
Tauscht in einem gemeinsamen Klassengespräch zusammenfassend eigene Einschätzungen aus über die Vorteile, aber auch die möglichen Probleme, die das so genannte ottonische Reichskirchensystem mit sich bringt.

Heinrich IV. – König und Papst im Streit

Forschungs-station

Im 20. Jahrhundert

Ein Bischof wird vom Papst in sein Amt eingesetzt. Als Zeichen seines hohen geistlichen Amtes überreicht ihm der Papst den Bischofsstab. Der Krummstab ist zusammen mit dem Ring Zeichen der bischöflichen Herrschaft. Beides wird einem zum Bischof Erwählten bei seiner Weihe überreicht.

Niemand unter uns wird an diesem Vorgang etwas Ungewöhnliches finden, geschweige denn daran Anstoß nehmen oder Einwände haben. Darin unterscheidet sich die heutige Welt von der Welt des Mittelalters.

An der Frage der Investitur, so nennt man mit einem Fachbegriff den Vorgang der Amtseinsetzung von Bischöfen in der katholischen Kirche, entzündete sich im 11. Jahrhundert einer der tief greifendsten Konflikte zwischen Kirche und Staat im Mittelalter. Der Investiturstreit spaltete das christliche Europa in mehrere Lager auf, die sich über lange Zeit unversöhnlich gegenüberstanden und mit großer Heftigkeit bekämpften. Hauptkontrahenten in diesem Streit, der in der zweiten Hälfte des 11. Jahrhunderts begann und bis in das 12. Jahrhundert andauerte, waren der deutsche König Heinrich IV., Papst Gregor VII. sowie dessen Nachfolger und die deutschen Fürsten.

Der Investiturstreit

Im Mittelpunkt dieser Forschungsstation steht die **Leitfrage**:

Heinrich IV. contra Gregor VII.: Nur ein „Familienkrach" zwischen König und Papst im christlichen Abendland oder mehr?

Untersucht den Streit zwischen Heinrich IV. und Papst Gregor VII. auf der Grundlage des Konfliktanalysemodells in der Methodenbox. Als Forschungsgrundlage stehen euch ein informierender Darstellungstext sowie zeitgenössische Quellen und moderne Historikertexte zur Verfügung.

Am besten arbeitet ihr zu mehreren zusammen und stellt eure Untersuchungsergebnisse gemeinsam vor. Überlegt, wie ihr eure Arbeitsergebnisse präsentieren wollt: vielleicht ein Wandplakat oder eine kleine Wandzeitung (eine Anleitung dazu findet ihr auf der S. 26), foliengestützte Kurzvorträge oder eine rechnergestützte Power Point-Präsentation (eine Anleitung dazu findet ihr auf der S. 132f.).

Methodenbox

Wir analysieren einen Konflikt

Ein Konflikt ist ein Streit, in dem unterschiedliche Ansichten und Interessen verschiedener Personen oder Gruppen aufeinander prallen. Konflikte kann man systematisch hinterfragen. Die Historikerinnen bzw. Historiker bezeichnen diesen Vorgang in der Fachsprache mit dem Begriff „analysieren". Wenn wir einen Konflikt gezielt untersuchen wollen, fragen wir nach **Konfliktursachen**, **Konfliktverlauf** und **Konfliktlösungen**.

Bei solchen Untersuchungen nach diesem Konfliktanalyseschema können folgende Fragestellungen helfen:

1 Hat der Streit, der Konflikt, einen bestimmten Namen?
2 Wer sind die wichtigsten Beteiligten, die Gegner?
3 Was ist die Streitsache? Worum geht es in dem Konflikt?
4 Woran sind die Gegner interessiert? Welche Ziele verfolgen sie?
5 Was ist das auslösende Ereignis, der Anlass des Konflikts? Welches sind die Hauptereignisse der Auseinandersetzung?
6 Welche Mittel benutzen die Beteiligten, um ihre Ziele zu erreichen?
7 Mit welchem Ergebnis endet der Konflikt? Wer hat seine Ziele erreicht – ganz oder teilweise? Gibt es weit reichende Folgen?
8 Wie beurteilst du den Konflikt aus den Blickwinkeln der Beteiligten? Was meinst du aus heutiger Sicht dazu?

Die Vorgeschichte

Um die Vorgänge zu verstehen, die mit dem Begriff Investiturstreit bezeichnet werden, muss zunächst davon gesprochen werden, wo die Ursachen lagen und wer die Träger des Streites waren. Neben Papst und Kaiser spielte in diesem Zusammenhang das Mönchtum eine wichtige Rolle – allerdings nicht das gesamte, sondern bestimmte Reformklöster, die aber eine ganze Reformbewegung ins Leben riefen. Viele Begüterte, meist Adlige, gründeten im Mittelalter Klöster und statteten sie mit Landbesitz und Gebäuden aus. Innerhalb des Reichskirchensystems wurden dann zumindest die Äbte auch noch Träger politischer Macht. Im Auftrage des Kaisers nahmen einige Äbte diplomatische, manchmal sogar kriegerische Aufgaben wahr. Es konnte nicht lange dauern, bis sich gegen solche klosterfremde und gegen die Regel verstoßende Verweltlichung Kritik erhob. Zentrum dieser Kritik wurde das Kloster Cluny in Burgund.

Wenn zum Beispiel die Klosterregel vorsah, dass ein Mönch das Kloster nicht verlassen durfte, der Abt aber tatsächlich durch das Land zog, dann gab er ein schlechtes Beispiel; oder wenn das Kloster durch fromme Stiftungen reich geworden war und die Mönche sich ein üppiges Leben leisteten, dann erkannte man darin einen Widerspruch.

Eine zentrale Forderung der Reformer lautete: Die Klosterregeln sollen in ihrer alten Strenge wieder eingehalten werden. Aber die Vorkämpfer der Reform gingen noch weiter. Wenn, so sagten sie, die Regel vorschreibt, dass der Abt zu Hause bleibt, der König jedoch oder sonst jemand dem Abt befehlen kann, sich an einen anderen Ort zu begeben, dann stimmt etwas im System nicht. Das Kloster lebt gerade dadurch, dass es sich von der Welt unterscheidet; also soll kein Weltlicher, auch nicht der Kö-

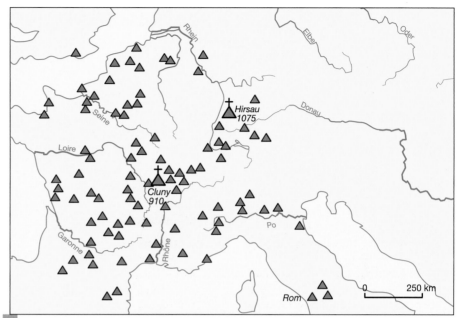

Reformbewegungen des Mönchtums im Hochmittelalter (Auswahl)

Lest dazu auch nochmals die Seiten 51ff.; sie informieren über den Alltag und die Entwicklung des Mönchtums.

nig, in das Kloster hineinregieren dürfen.

Das war eine unerhörte Forderung. Denn schließlich hatten die politisch Führenden – Könige, Herzöge und Grafen – die Klöster erst ermöglicht: Sie stellten Grund und Boden zur Verfügung, sie ließen die Gebäude errichten, sie sorgten für eine würdige Ausstattung und trugen noch weitere Kosten. Sie hielten es für selbstverständlich, die Oberhoheit über das Kloster auszuüben. Bislang hatte sich dieses sog. Eigenkirchenwesen auch bewährt; aber jetzt nannten das die Reformmönche Simonie. Der Begriff bedeutete ursprünglich den Versuch, geistliche Vollmacht durch Geld zu erwerben, aber im Kampf der von Cluny ausgehenden Reformbewe-

gung, meist cluniazensische Reform genannt, wurde der Begriff Simonie zu einer Waffe gegen das traditionelle System, in dem Kaiser und König sich selbst als die Herren der Kirche ansahen.

Diese Reform war der erste Schritt zu einer größeren Selbstbestimmung kirchlicher Einrichtungen. Sie brachte einen Prozess in Gang, der das christliche Abendland, vor allem das Reich, über zwei Jahrhunderte in Atem hielt.

Von Cluny strahlte die Reformbewegung in andere Gebiete aus. Es brauchte jetzt nur noch ein Anhänger der Reformbewegung Papst zu werden, um aus dem Reformansatz einen Streit um die Grundsätze des christlichen Abendlandes zu machen.

Forschungs-station

Der Konflikt in der Darstellung zeitgenössischer Quellen

Methodenbox

Quellen erzählen Geschichte – aber Vorsicht!

Quellen sind Materialien, die aus der Zeit stammen, über die sie erzählen. So berichten Textquellen z.B. über Personen und Ereignisse. Sie sind aber zunächst einmal eine persönliche Sichtweise dessen, der sie aufgeschrieben und der Nachwelt hinterlassen hat. Der spätere Leser sollte aber nicht unkritisch die Sichtweisen bzw. Meinungen des Quellenverfassers übernehmen, will er nicht Gefahr laufen, möglicherweise irregeführt oder einseitig informiert zu werden. Um dieser Gefahr bewusst zu begegnen, müssen wir Textquellen systematisch befragen. Zum Beispiel so:

Wer? — **Autor** — Für wen?
........................?

Wann? Wo? — **Zeitpunkt und Ort der Entstehung**
........................?
........................?
Textsorte (Gattung)
........................?

Was? — **Textquelle**
1. Wovon handelt die Textquelle (Thema)?
2. Welches sind die wesentlichen Aussagen im Text (Hauptaussagen)?

Empfänger
........................?
........................?
Absicht des Autors Beabsichtigte Wirkung
........................?

Wie? — **Art und Weise der Darstellung** — Wozu?
• Wo berichtet der Autor Sachverhalte?
• Wo finden sich eher wertende Aussagen?
• Will der Autor neutral darstellen?
• Schreibt er eher parteiisch?

Jeder hat seine eigenen Vorstellungen

M 1 Heinrich IV. schreibt 1073 in einem Brief an Gregor VII.:

Q Da weltliche und geistliche Herrschaft, um in Christo richtig regiert zu werden, wechselseitiger Hilfe bedürfen [...], darf zwischen ihnen auch nicht die
5 geringste Spannung bestehen, sondern sie müssen unauflöslich zusammenhängen, wobei Christus sozusagen der Leim zwischen ihnen ist. Denn nur so und nicht anders kann die Harmonie der Einheit
10 und der Bestand von Kirche und Religion in vollkommener Nächstenliebe und christlichem Frieden erhalten werden.

M 2 Gregor VII. entwickelt 27 Leitsätze zur geistlichen und weltlichen Gewalt. Er lässt sie im Jahre 1075 unter der Überschrift „Dictatus Papae" niederschreiben. Darunter befinden sich die folgenden kirchenrechtlichen Grundsätze:

Q 1. Einzig und allein von Gott ist die römische Kirche gegründet.
2. Nur der römische Papst trägt zu Recht den Titel des universalen Papstes.
3. Er ganz allein kann Bischöfe absetzen und auch wieder einsetzen. [...]
9. Alle Fürsten haben die Füße einzig und allein dieses Papstes zu küssen. [...]
12. Der Papst kann Kaiser absetzen. [...]
14. Er kann in der ganzen Kirche, wie er will, Kleriker ordinieren. [...]
18. Sein Entscheid kann von niemandem aufgehoben werden, er selbst aber kann Urteile aller anderen Instanzen aufheben.
19. Über ihn besitzt niemand richterliche Gewalt. [...]
22. Die römische Kirche hat nie geirrt und wird nach dem Zeugnis der Heiligen Schrift auch in Ewigkeit nicht irren.

(M1/M2 zit. nach: W. Lautermann, Geschichte in Quellen, Mittelalter, a.a.O., S. 291f.)

M 3 Heinrich IV. schreibt mit Zustimmung der meisten deutschen Bischöfe in einem Brief an Papst Gregor VII. am 24.1.1076:

Q Heinrich, nicht durch Anmaßung, sondern durch Gottes gerechte Anordnung König, an Hildebrand [so hieß Gregor VII. als Mönch], nicht mehr den
5 Papst, sondern den falschen Mönch. Diese Anrede hast du nämlich für die von dir angerichtete Verwirrung verdient,

der du keinen Stand der Kirche davon ausgenommen hast, ihn der Verwirrung statt der gebührenden Stellung, des Fluchs statt des Segens teilhaftig zu machen. Petrus sagt nämlich: „Wenn irgendeiner, ich oder ein Engel, vom Himmel euch ein anderes Evangelium verkündete, als wir verkündigt haben, dann sei er verflucht". So steige du denn, der du durch diesen Fluch und das Urteil aller unserer Bischöfe und unser eigenes verdammt bist, herab, verlasse den apostolischen Stuhl, den du dir angemaßt hast. Ein anderer steige auf den Thron des heiligen Petrus, einer, der Gewalttat nicht mit Frömmigkeit bemäntelt, sondern die reine Lehre des heiligen Petrus lehrt. Ich, Heinrich, durch die Gnade Gottes König, sage dir mit allen meinen Bischöfen: Steige herab, steige herab!

M 4 Papst Gregor antwortet im Rahmen eines Gebetes auf einer Kirchenversammlung in Rom am 15.2.1076:

Q Und durch deine Gnade ist mir die Macht von Gott gegeben, zu binden und zu lösen im Himmel und auf Erden. Hierauf also vertraue ich, und für die Hoheit und den Schutz deiner Kirche, im Namen des allmächtigen Gottes, des Vaters und Sohnes und Heiligen Geistes, durch deine Macht und Vollmacht untersage ich dem König Heinrich, Sohne Kaiser Heinrichs, der gegen deine Kirche in unerhörtem Hochmut aufgestanden ist, die Lenkung des ganzen Reiches der Deutschen und Italiens und löse alle Christen vom Bande des Eides, den sie ihm geleistet haben oder leisten werden, los und verbiete, dass ihm irgendwer wie einem Könige diene.

(M3/M4 zit. nach: Wolfgang Kleinknecht/Herbert Krieger (Hg.), Handbuch für den Geschichtsunterricht, Bd. 3, Frankfurt/M. (Diesterweg) 1985, S. 132f.)

Der Gegenkönig Rudolf von Rheinfelden (Teilstück der Grabplatte im Dom zu Merseburg, 1080 in Bronze gegossen)

Dritte sehen eine Chance, Oktober 1076

M 5 Abkommen mit den Fürsten, Oktober 1076 – Lampert von Hersfeld berichtet:

Q Der König schickte wieder und wieder Botschaften und unterließ keine Art von Bitten, die ihm zur Verhinderung eines so entscheidenden Schrittes[1] dienlich schien. Doch die Gegner blieben fest und unerschütterlich bei ihrem Entschluss.

_____

[1] Gemeint ist die Absetzung.

Schon sah es bei beiden Parteien so aus, als sollte es zu einem schweren Entscheidungskampf kommen. Schon schickten sich die Fürsten an, sich ungesäumt einen anderen König zu wählen, über den Rhein zu setzen […], um am folgenden Tage König Heinrich anzugreifen, und der König befahl […] seinen Leuten […], sich zu sammeln und zum Kampf bereit zu machen, um die Gegner, wenn sie auf das jenseitige Ufer übersetzten, sofort anzugreifen. Während nun alle mit Spannung und Sorge entscheidende Ereignisse erwarteten, siehe, da schickten im Morgengrauen des nächsten Tages die Schwaben und Sachsen Gesandte zum König, die ihm ausrichten sollten, […] [sie wollten] nun doch nach den Gesetzen mit ihm verfahren, und obgleich die Vergehen, deren man ihn beschuldigte, allen sonnenklar ersichtlich seien, würden sie trotzdem keine Entscheidung treffen, sie vielmehr dem Papst überlassen; sie würden bei ihm den Antrag stellen, dass er am Fest der Reinigung der heiligen Maria [2. Februar] nach Augsburg komme und dort auf einem allgemeinen Reichstag nach Untersuchung der Aussagen beider Parteien den Angeklagten für schuldig oder für unschuldig erkläre; wenn er aber bis zum Jahrestag seiner Exkommunikation, noch dazu durch seine eigene Schuld, nicht vom Bann losgesprochen sei, dann solle seine Sache unwiderruflich für immer verloren sein, und er solle dann künftig die Krone niemals rechtmäßig zurückgewinnen können, da er nach den gesetzlichen Bestimmungen als ein seit einem Jahr Exkommunizierter nicht mehr regieren dürfe; […].

[Es folgt eine Liste mit zahlreichen Bedingungen, die er als König nur mit Ansehensverlust erfüllen konnte.]

Der König […] war außerordentlich froh darüber, dass er unter irgendeiner, wenn auch noch so entehrenden Bedingung für den Augenblick dem drohenden Unheil entronnen war, und versprach bereitwilligst in allen Punkten Gehorsam. […]

Forschungs-station

M 6 Der Chronist Lampert von Hersfeld, Mönch im Kloster Hersfeld, schrieb geschichtliche Jahrbücher, in denen er über Vorkommnisse seiner Zeit berichtete. Er stammte aus einer begüterten Familie und zählte zu den Gegnern König Heinrichs IV. Auch mit den Zielen der Kirchenreformer konnte er sich nicht anfreunden. Er berichtet über die Ereignisse Folgendes:

Q Da kam der König, wie es ihm befohlen war, und da die Burg von drei Mauern umgeben war, wurde er in den zweiten Mauerring aufgenommen,
5 während sein ganzes Gefolge draußen blieb, und hier stand er nach Ablegung der königlichen Gewänder ohne alle Abzeichen der königlichen Würde, ohne die geringste Pracht zur Schau zu
10 stellen, barfuß und nüchtern, vom Morgen bis zum Abend, das Urteil des Papstes erwartend. So verhielt er sich am zweiten, so am dritten Tage. Endlich am vierten Tag wurde er zu ihm
15 vorgelassen, und nach vielen Reden und Gegenreden wurde er schließlich vom Bann losgesprochen. […]
Der König nahm die Bedingungen mit Freuden an und versprach mit den heiligsten Beteuerungen, sie alle einhalten
20 zu wollen. […]

M 7 Papst Gregor berichtet seinen Anhängern in folgender Weise:

Q Drei Tage lang stand er hier vor dem Burgtore, hatte jedes Abzeichen seiner königlichen Würde abgelegt, harrte unbeschuht und in linnenem Gewande
5 kläglich drei Tage lang aus und ließ

Heinrich IV. bittet die Markgräfin Mathilde von Tuszien und den Abt Hugo von Cluny in Canossa um Vermittlung bei Gregor VII.

nicht eher davon ab, unter vielen Tränen die tröstliche Hilfe der apostolischen Erbarmung anzuflehen, bis er alle, die zugegen waren und die davon hörten, zu
10 solch innigem Mitleid und Erbarmen bewegte, dass sie mit vielen Bitten und [Tränen] für ihn eintraten und unsere ungewöhnliche Härte gar nicht begreifen konnten […]. Endlich durch seine
15 beharrliche Reue und die so eindringliche Fürbitte aller Anwesenden überwunden, lösten wir ihn schließlich vom Bande des Bannes, nachdem wir uns von ihm die unten folgenden Sicherungen
20 haben geben und durch den Abt von Cluny, unsere Töchter Mathilde und die Gräfin Adelheid sowie die übrigen Fürsten, Bischöfe und Laien, die uns hierzu tauglich schienen, bekräftigen lassen.

(M5–M7 zit. nach: W. Lautermann/M. Schlenke (Hg.), Geschichte in Quellen, Mittelalter, a.a.O., S. 311, 314 und 304f.)

M 8 Kaiser Heinrich V. und Papst Calixt II. einigen sich 1122 auf Regeln bei der Besetzung von Bischofsstühlen. (Die Texte geben die jeweiligen Eröffnungsabsätze der Erklärungen wieder, die das sog. Wormser Konkordat bilden.)

a) Die Position des Kaisers:

Q Ich, Heinrich, von Gottes Gnaden Imperator Augustus der Römer, verzichte aus Liebe zu Gott und der heiligen römischen Kirche und zum Herrn
5 Papste Calixtus und wegen meines Seelenheiles zugunsten Gottes und der heiligen Apostel Petrus und Paulus und der heiligen römischen Kirche auf alle Investitur mit Ring und Stab, und
10 ich gestatte in allen Kirchen, die in meinem Regnum und Imperium liegen, kanonische Wahl und freie Weihe.

b) Die Position des Papstes:

Q Ich, Bischof Calixtus, servus servorum Dei[1], gestehe dir, o mein geliebter Sohn Heinrich, von Gottes Gnaden Imperator Augustus der Römer, das
5 Recht zu, dass die Wahlen von Bischöfen und Äbten im Deutschen Reiche, die zum Regnum gehören, in deiner Gegenwart geschehen sollen, frei von Simonie[2] und Gewalttat; sollte zwi-
10 schen den Parteien dabei Streit entstehen, dann sollst du mit dem Metropoliten und den Konprovinzialen[3] gemeinsam beraten und entscheiden und dem Würdigsten deine Zustimmung
15 und Hilfe leihen. Der Erkorene aber soll von dir mit dem Zepter die Regalien erhalten und dir dafür das leisten, was er von Rechts wegen schuldig ist.

---

[1] Auf Deutsch: Diener der Diener Gottes, Titel des Papstes seit Gregor I.
[2] Kauf oder Verkauf von geistlichen Ämtern
[3] Die übrigen Bischöfe einer Kirchenprovinz

Darstellungen, in denen Geschichtsforscherinnen und Geschichtsforscher ihre Forschungsergebnisse, Schlussfolgerungen und Urteile darlegen, werden als Sekundärliteratur bezeichnet. Um solche wissenschaftlichen Texte für die eigene Urteilsbildung zu nutzen, müssen wir sie sach- und fachgerecht bearbeiten.

Methodenbox

Texte von Historikerinnen und Historikern nutzen

1. Schritt: Leitfrage(n) festlegen	Jede Untersuchung beginnt mit Fragen, die als übergeordnete Leitfragen das Forscherinteresse festlegen und leiten. In unserem Fall wollen wir etwas zu unseren Forschungsfragen (s. S. 88) erfahren.
2. Schritt: Lesen und Unbekanntes klären	Lest den Text aufmerksam durch, markiert und klärt Unbekanntes.
3. Schritt: Inhalt wiedergeben	Der Inhalt des Textes und der gedankliche Aufbau werden in ihren zentralen Aussagen kurz und in eigenen Worten zusammengefasst: Was genau ist das Thema? Welche wichtigen Aussagen werden im Einzelnen getroffen? Welche Thesen (d. h. begründete Einschätzungen) werden vom Autor aufgestellt? Was ist die Gesamtaussage des Autors zum Thema? Wie baut der Verfasser seinen Gedankengang auf?
4. Schritt: Antworten finden	Überlegt, welche Antworten der Autor auf die Leitfragen (s. Schritt 1) gibt.
5. Schritt: Überprüfen	Überprüft, ob die Argumentation des Autors eurer Meinung nach einsichtig begründet und in sich schlüssig ist. Überprüft dies mit euren Kenntnissen zum Sachverhalt. Vergleicht die Position mit der anderer Historikerinnen und Historiker. Wenn die vertretenen Positionen unterschiedlich sind, müsst ihr selbst entscheiden, welche eurer Ansicht nach überzeugender ist.

M 9 Die Historikerin U. R. Blumenthal urteilt:

Durch seine Demütigung vor dem Papst zu Canossa errang Heinrich einen Teilerfolg: Der Papst verzichtete auf ein sofortiges Eingreifen in Deutschland
5 und Heinrich, der mit seinen Getreuen absolviert [vom Bann losgesprochen] worden war, gewann dadurch Zeit, in Deutschland wieder um seine Krone zu kämpfen und um Anhänger zu werben.
10 Aber dieser politische Erfolg war teuer erkauft, denn durch seine öffentliche, spektakuläre Buße erkannte Heinrich IV. in feierlicher, überall bekannt werdender Form die päpstliche Sentenz
15 [Urteil] in allen Aspekten an. […]

(U. R. Blumenthal, Der Investiturstreit, Stuttgart (Kohlhammer) 1982)

M 10 Der Historiker K. Jordan urteilt:

Hatte die ältere Forschung in den Ereignissen von Canossa eine tiefe Demütigung für Heinrich gesehen, so hat man später vor allem den takti-
5 schen Erfolg des Königs betont und manchmal geradezu von einem Sieg Heinrichs gesprochen. Zweifellos bedeutete die Absolution des Königs für diesen Augenblick einen diplomati-
10 schen Erfolg. Es war ihm gelungen, eine Vereinigung Gregors mit den innerdeutschen Königsgegnern zu verhindern. Der König hatte seine Handlungsfreiheit wiedergewonnen. […]

(K. Jordan, Investiturstreit und frühe Stauferzeit. 1056–1197, München (Deutscher Taschenbuch Verlag) 91986, S. 43f.)

M 11 Der Historiker Gert Althoff urteilt aus heutiger Sicht (1998):

[…] Man kann wohl sagen, dass im Fall Heinrichs IV. und seiner zahlreichen und unterschiedlichen Gegner die mittelalterliche Gewohnheit, auf dem Ver-
5 handlungswege Kompromisse zu finden, deutlich an ihre Grenzen gelangt war. […] Zwei Hauptprobleme lassen sich noch deutlich erkennen: Zum einen gelang es nicht, Vermittler zu fin-
10 den, die über genügend Autorität verfügten, Kompromisse auch durchzusetzen. Zum anderen […] scheint Heinrich IV. häufiger als andere Herrscher die Regeln der Konfliktbeilegung miss-
15 achtet und gebrochen zu haben. Aus diesem Grund durchsetzte Misstrauen grundsätzlicher Art das gesamte Feld der Beratung und Kommunikation. […]

(Gert Althoff u. a. (Hg.), Menschen im Schatten der Kathedrale, Darmstadt 1998, S. 88)

Fürsten werden Landesherren – auch in Württemberg

Die Macht der deutschen Könige gründete sich ganz wesentlich auf ihre eigenen Mittel bzw. Besitztümer und auf ihr Verhältnis zu den Fürsten. So waren sie z. B. bei größeren Kriegszügen auf die Hilfe der Fürsten angewiesen. Seit dem 12. Jahrhundert nutzten die Fürsten diese Abhängigkeit, um selbst mehr Macht und Eigenständigkeit zu erlangen. Wer würde bei diesem Kräftemessen auf Dauer gewinnen: Kaiser oder Fürsten? Ein bedeutender Einschnitt in dieser Entwicklung ist mit dem Namen Friedrichs II. verbunden.

Aus dem folgenden Text und der Karte könnt ihr ermitteln, was das Besondere an Friedrichs Herrschaftssituation war und welche Probleme sich daraus ergaben.

Friedrich II: Wie regiere ich mein Reich?   M 1

Kaiser Friedrich II. auf dem Thron (Buchmalerei aus dem Falkenbuch, das der Kaiser selbst verfasste: „Über die Kunst mit Vögeln zu jagen")

Friedrich II., der letzte mächtige Herrscher aus dem Geschlecht der Staufer, regierte von 1212–1250. Seine Eltern, Heinrich IV. und Konstanze von Sizilien, starben sehr früh. Der junge Friedrich wuchs bei adeligen Pflegeeltern in Italien auf. Von seiner Mutter erbte er als Vierzehnjähriger die Königswürde Siziliens und Neapels. Dies fiel ihm aber keineswegs in den Schoß, vielmehr musste er seine Ansprüche kämpfend durchsetzen. Durch sein väterliches Erbe war er zudem Herzog von Schwaben und wurde 1212 als Enkel Friedrich I. zum König des Reiches und Burgunds sowie 1220 zum Kaiser gekrönt. Auf dem fünften Kreuzzug fiel ihm durch einen Vertrag mit Sultan Saladin noch das Königreich Jerusalem zu. Friedrich II. herrschte nun über ein beeindruckendes Reich oder richtiger gesagt über mehrere Reiche. Die Karte (M 1) zeigt die Größenausdehnung von Friedrichs Herrschaftsbereich, ebenso aber auch das Problem, mit einer Vielzahl unterschiedlichster Machtträger auskommen zu müssen.

Dabei wollte Friedrich in erster Linie seinen Herrschaftsanspruch durchsetzen, d. h. Nachfolger der alten römischen Kaiser zu sein. Dafür zog er sich schließlich aus Mitteleuropa in sein süditalienisches Königreich zurück.

Damit setzte er den Anfangspunkt einer besonderen Entwicklung von Königs- und Fürstenherrschaft im deutschen Reich, die andere europäische Länder so nicht mitgemacht haben. In einem Gesetz zugunsten der Fürsten von 1232 räumte er diesen weitgehende Rechte bei der Regierung ihrer Gebiete ein.

M 2 Gesetz Friedrichs II. zugunsten der deutschen Reichsfürsten von 1232

Q Im Namen der heiligen und unteilbaren Dreifaltigkeit, Friedrich II., durch Gottes gnädige Fügung Kaiser der Römer und Mehrer des Reiches, König von Jerusalem und Sizilien […]. Wir haben ihren [der Fürsten] Bitten gnädige Gewährung gegönnt, weil wir erwarten, [dadurch] […] auch uns und das Reich gebührend zu fördern.
1. […] so gestehen wir ihnen für immer zu, dass keine Burg oder Stadt auf geistlichem Gebiet […] von uns oder einem anderen [Fürsten] errichtet werden darf, ganz gleich mit welcher Begründung.
2. Neue Märkte sollen alte in keiner Weise stören. […]
4. Alte Straßen sollen nicht ohne den Willen der Benutzer verlegt werden.
5. In unseren neuen Städten soll die Bannmeile[1] beseitigt werden.

M 3 In die Zukunft geschaut …

Der Augsburger Maler und Holzschnittmeister Hans Burgkmair d.Ä. hat 1510 seine Sicht der Herrschaft in Deutschland dargestellt. Sein „Reichsadler" hat etwas mit Friedrichs II. Weichenstellung von 1232 zu tun.
Versucht es zu erklären. Dann hättet ihr eine Entwicklungslinie entdeckt, die bis heute noch Folgen hat. Als Hilfe kann das Stichwort „Bundesländer" dienen.

6. Ein jeder Fürst habe freien Gebrauch seiner Freiheiten, Gerichtsbefugnisse, Grafschaften und Zehnten, nach den Gewohnheiten seines Landes. […]
8. Ohne Zustimmung des Landesherrn darf niemand die Gerichtsstätte verlegen. […]
10. Die Bürger, die man „Pfahlbürger"[2] nennt, sollen ganz und gar vertrieben werden. […]
12. Eigenleute der Fürsten, Edlen, des Dienstadels und der Kirchen sollen in unseren Städten keinen Schutz mehr finden.
13. Eigentum und Lehen der Fürsten, Edlen, des Dienstadels und der Kirchen, das sich in den Händen unserer Städte befindet, soll zurückgegeben und darf nicht wieder weggenommen werden. […]
16. Unsere Städte sollen nicht wissentlich einen Landschädling oder gerichtlich Verurteilten oder einen Geächteten aufnehmen; bereits Aufgenommene sollen ausgewiesen werden.

17. Im Lande eines Fürsten wollen wir keine neue Münze schlagen lassen, durch welche die Münze des Fürsten im Werte gemindert werden könnte. […]

(Zit. nach: Geschichte in Quellen, Mittelalter, a.a.O., S. 568f.)

---

[1] Umland der Städte, in dem sich keine Konkurrenz der Handwerker niederlassen durfte
[2] Außerhalb der Pfähle, d.h. der Stadtmauer wohnende Personen, die das Bürgerrecht genossen und sich dadurch den Leistungen an ihren Grundherren entzogen

1. Erläutert zunächst die Bedeutung der einzelnen Artikel des Gesetzes Friedrichs II. von 1232.

2. Überlegt dann:
Was bedeutet das Gesetz für die Stellung der Fürsten und für die Königsherrschaft?

Kaiser und Fürsten: Das Verhältnis ändert sich

Kaiser Karl IV. und die Kurfürsten: links die Erzbischöfe von Trier, Köln und Mainz; rechts der König von Böhmen, der Pfalzgraf bei Rhein, der Herzog von Sachsen und der Markgraf von Brandenburg

Zur Zeit Ottos I. gab es im Deutschen Reich fünf Herzogtümer (s. S. 82). Darüber hinaus verfügten nur der König und die von ihm eingesetzten Vasallen über größere Ländereien. Zu der Zeit Friedrichs II. bot sich bereits ein ganz anderes Bild. Neben den Herzogtümern gab es eine Fülle von Grafschaften, Bistümern und Abteien, die sehr selbstbewusst über ihren Besitz herrschten. Friedrich II. bestätigte in seinem Gesetz von 1232 diesen Zustand.

Im Laufe des 13. Jahrhunderts wurden den Fürsten wichtige Rechte übertragen, die bislang dem König vorbehalten waren, z. B. das Prägen eigener Münzen und das Erheben von Markt- und Zollgebühren. So wurden sie zu fast unumschränkten Landesherren (s. S. 95). Nach dem Tode Friedrichs kam es zum Teil zu kriegerischen Auseinandersetzungen um die Königswürde. 1273 wurde Rudolf von Habsburg zum König gewählt, ein Graf, der nicht zu den großen Reichsfürsten zählte. Die deutschen Fürsten achteten darauf, dass niemand aus ihrem Kreis als König zu mächtig werden konnte. Auch die Wahlbestimmungen wurden in den folgenden Jahren verändert. 1338 legten die Reichsfürsten fest, dass ein Kaiser auch ohne Bestätigung durch den Papst gewählt werden konnte. 1356 erließ Kaiser Karl IV. ein Reichsgesetz, genannt die „Goldene Bulle", in dem die Zahl der wahlberechtigten Fürsten (sieben „Kurfürsten") und der Wahlgang genau festgelegt wurden.

M 2 Die „Goldene Bulle" von 1356

[…] Wenn nun die Kurfürsten oder ihre Gesandten in vorerwähnter Form und Weise diesen Eid geleistet haben, sollen sie zur Wahl schreiten und fortan
5 die Stadt Frankfurt nicht verlassen, bevor die Mehrzahl von ihnen der Welt oder Christenheit ein weltliches Oberhaupt gewählt hat, nämlich einen römischen König und künftigen Kaiser […].
10 […] bestimmen wir, dass, wer besagtermaßen zum römischen König gewählt worden ist, sogleich nach vollzogener Wahl, bevor er in irgendwelchen anderen Angelegenheiten oder Ge-
15 schäften aus Vollmacht des heiligen Reiches seine Tätigkeit beginnt, allen und jeden geistlichen und weltlichen Kurfürsten […] alle ihre Privilegien, Briefe, Rechte, Freiheiten und Vergüns-
20 tigungen, alten Gewohnheiten und auch Würden und alles, was sie vom Reich bis zum Tage seiner Wahl empfangen und besessen haben, ohne Verzug und Widerspruch durch seine Brie-
25 fe und Siegel bestätigen und bekräftigen soll; […]

Wir verordnen daher […], dass von jetzt an künftig auf ewige Zeiten die berühmten und großmächtigen Fürs-
30 tentümer [der weltlichen Kurfürsten] […], die Länder, Gebiete, Lehen- und Vasallitätsverhältnisse und alles andere, was zu ihnen gehört, nicht getrennt, geteilt oder unter irgendeiner Bedin-
35 gung zersplittert werden dürfen, sondern es soll, damit sie vielmehr immerdar in ihrer gänzlichen Vollständigkeit verbleiben, der erstgeborene Sohn in ihnen nachfolgen, und ihm allein soll
40 Recht und Herrschaft zustehen […].

(Zit. nach: Geschichte in Quellen, Mittelalter, a.a.0., S. 772ff.)

Die Bedeutung der „Goldenen Bulle" für das Verhältnis von Fürsten und Kaiser könnt ihr selbst herausarbeiten:

1. Beschreibt mit eigenen Worten, was in der „Goldenen Bulle" festgelegt wird.

2. Euer Urteil über die Bestimmungen:
   – Welche Vor- bzw. Nachteile ergeben sich für Fürsten und Kaiser?
   – Wer profitiert am meisten?
   – Welche Bedeutung hat die „Goldene Bulle" für das zukünftige Machtverhältnis zwischen Kaiser und Fürsten in Deutschland?

Info Ausbildung einer Landesherrschaft – das Beispiel Württemberg

Die Tatsache, dass der letzte Stauferkaiser Friedrich II. den geistlichen und weltlichen Fürsten so viele Rechte in ihren Gebieten eingeräumt hatte, sodass sie weitgehend unabhängig vom Kaiser herrschen konnten, war auch die Voraussetzung dafür, dass sich am Übergang vom Mittelalter zur Neuzeit das Territorium Württemberg zu einer eigenen Landesherrschaft entwickeln konnte.

Denkmal im Stuttgarter Schlossgarten (erstellt vom Bildhauer Paul Müller, 1881): Es zeigt Eberhard im Barte im Schoß eines Untertanen. Der Herzog soll sein Land damit gepriesen haben, dass es zwar kein Silber und nur kleine Städte habe, er sich jedoch jederzeit im Schoß der Untertanen ausruhen könne, also beliebt sei und ihnen vertrauen könne. 400 Jahre nach seinem Tod wurde dieses Denkmal aufgestellt, um an diesen für die württembergische Geschichte bedeutenden Mann zu erinnern.

Im Portal des Schlosses von Tübingen, wo Eberhard im Alter von 50 Jahren starb, ist das Wappen der Herzöge von Württemberg zu sehen. Auf dem Schild ganz links oben lassen sich die drei Hirschgeweihe des ersten württembergischen Wappens aus dem 13. Jahrhundert erkennen, rechts daneben findet sich das Wappen von Teck, darunter das von Mömpelgard, unten links die Reichssturmfahne.

„Attempto – Ich wage es!" soll der Leitspruch des ersten und wohl berühmtesten Herzogs von Württemberg, Eberhard im Barte, gewesen sein. Ihm verdankte die ehemalige Grafschaft Württemberg eine einheitliche Gesetz- gebung, bedeutende Neu- und Ausbauten wie z. B. am Stuttgarter Schloss und sogar die Gründung einer Universität in Tübingen im Jahr 1477, der heutigen Eberhard-Karls-Universität. Eberhard im Barte (1445–1496) markiert, wie auch andere seiner Zeit, den Wandel vom Mittelalter zur Neuzeit – einer Zeit, in der die mittelalterliche Lehnsherrschaft durch die Landesherrschaft abgelöst werden sollte.

Das heutige Bundesland Baden-Württemberg entstand 1952, als es auf den Gebieten der Landesherrschaften Württemberg, Baden und Hohenzollern sowie Teilen der fränkischen, kurpfälzischen und vorderösterreichischen Landesherrschaften gegründet wurde. Dies drückt sich im Wappen des Bundeslandes Baden-Württemberg aus.

Stelle in einem kurzen Vortrag dar, wie sich das Bundesland, in dem du lebst, im späten Mittelalter zu einer eigenständigen Landesherrschaft entwickelt.

Auf dem Weg zum Territorialstaat

Konrad, der erste uns durch Quellen bezeugte Württemberger (1092), nannte sich nach seiner Burg auf dem Wirtenberg bei Untertürkheim, einem heutigen Stadtteil von Stuttgart. Großen Besitz hatte er nicht. Erst als die Staufer, die die Herzöge von Schwaben stellten, im 13. Jahrhundert ausstarben, konnten seine Nachfahren, die Württemberger, nach und nach ihrer Grafschaft Gebiete hinzugewinnen, durch Kauf und Tausch, aber auch durch gewaltsame Eroberungen. Zwischen 1265 und 1504 erwarben die Württemberger neben der Burg Teck und der Stadt Kirchheim 35 Städte, Kleinstädte und Grundherrschaften sowie 14 Gerichts- und Schutzherrschaften über Klöster, die ihnen damit verpflichtet waren, im Kriegsfalle Truppen und Verpflegung zu stellen. Dafür erhielten die Klöster von den Grafen Schutz.

Graf Eberhard V., der Eberhard im Barte genannt wurde, weil er seit seiner Pilgerreise nach Jerusalem 1468 den Bart als Zeichen seiner Frömmigkeit trug, übernahm als Vierzehnjähriger die Grafschaft Württemberg-Urach. Knappe dreißig Jahre später erkannte Kaiser Maximilian I. auf dem Reichstag zu Worms die Verdienste des Grafen an: Aus Graf Eberhard V. wurde Herzog Eberhard I.

Wie funktioniert eine Landesherrschaft?

In einer Landesherrschaft hat der Landesherr die zentrale Gewalt in seinem Territorium. Als Eberhard zum Herzog geworden war, gestaltete er Württemberg zu einer Landesherrschaft um. Er schuf noch 1495 eine Landesordnung, also ein Gesetzgebungswerk, das alle Fragen zu Handel, Verkehr, Recht, Geldangelegenheiten oder Schuldenfragen regelte. Damit sicherte er seine Herrschaft, indem er für Ruhe in seinem Land sorgte. Die Landesordnung war zur damaligen Zeit vorbildlich, zumal Eberhard auf Fachleute seiner 1477 gegründeten Tübinger Universität zurückgreifen konnte.

Eberhard führte auch eine neue Verwaltung ein: Die von ihm ernannten Beamten sorgten dafür, dass die Landesordnung eingehalten wurde.

Allerdings waren Landesherren auf die Unterstützung des Adels und der Kirche angewiesen, die wiederum Mitsprache forderten. So entstanden die Landstände, die sich 1514 im Tübinger Vertrag ihre Rechte verbriefen ließen. Fortan durfte beispielsweise der Herzog nicht ohne Zustimmung der Landstände Krieg führen.

Die drei Löwen auf dem gelben Schild waren das Wappen der schwäbischen Herzöge aus dem Haus der Staufer. Die sechs Wappen über dem Schild stehen für Franken, Hohenzollern, Baden, Württemberg, die Kurpfalz und Vorderösterreich. Der Hirsch links weist wiederum auf Württemberg, der Greif auf Baden hin.

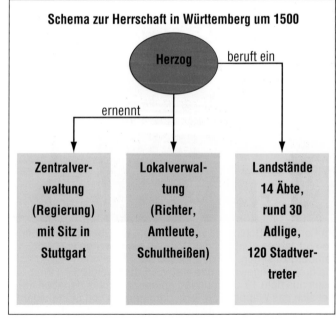

Schema zur Herrschaft in Württemberg um 1500

Herzog — beruft ein

ernennt

| Zentralverwaltung (Regierung) mit Sitz in Stuttgart | Lokalverwaltung (Richter, Amtleute, Schultheißen) | Landstände 14 Äbte, rund 30 Adlige, 120 Stadtvertreter |

Territoriale Entwicklung seit dem 13. Jahrhundert

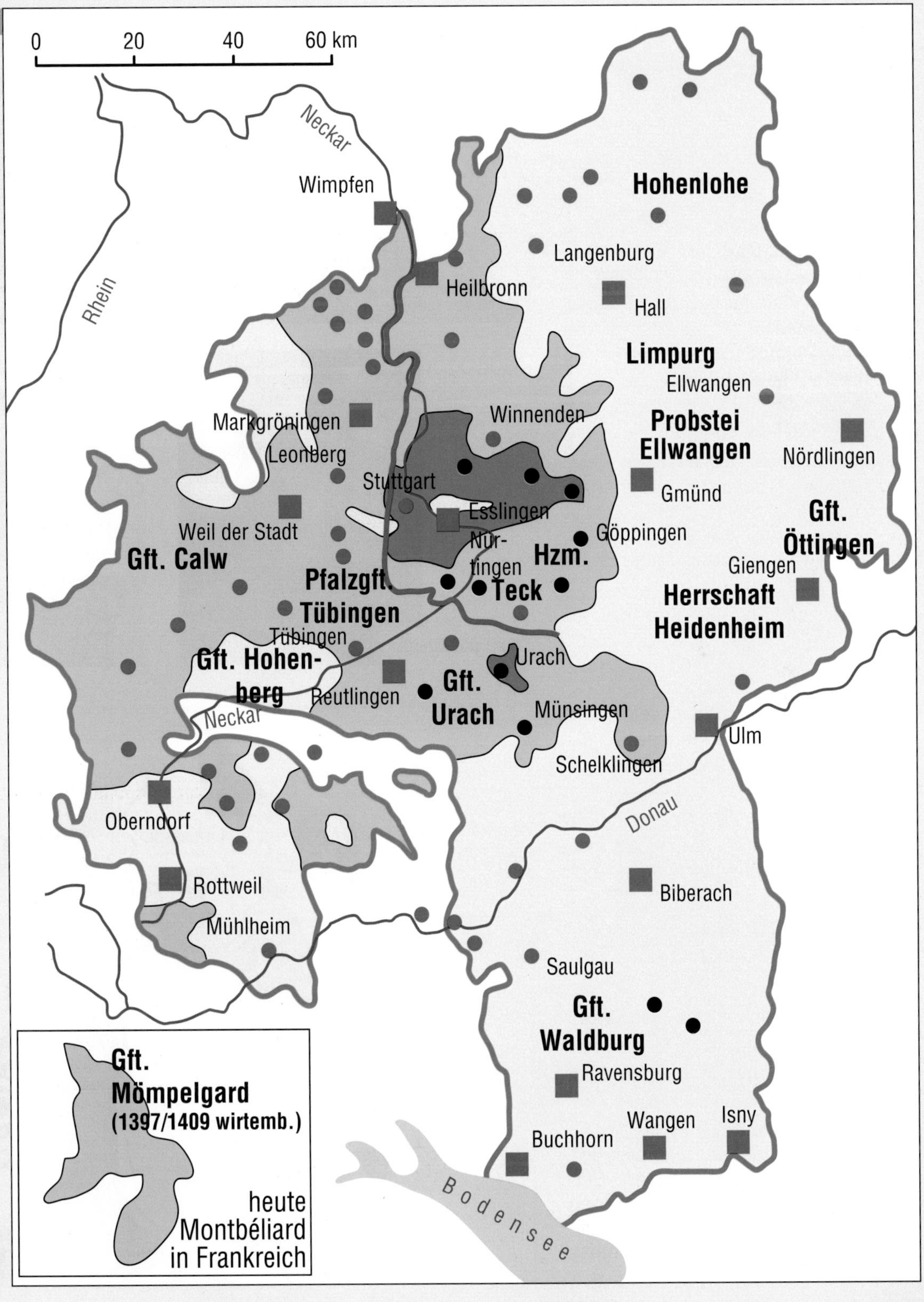

0   20   40   60 km

Neckar

Wimpfen

Rhein

Heilbronn

Hohenlohe

Langenburg

Hall

Limpurg

Ellwangen

Probstei Ellwangen

Nördlingen

Markgröningen

Leonberg

Winnenden

Stuttgart

Gmünd

Esslingen

Gft. Öttingen

Weil der Stadt

Nür-
tingen

Göppingen

Giengen

Hzm. Teck

Gft. Calw

Herrschaft Heidenheim

Pfalzgft. Tübingen

Tübingen

Urach

**Gft. Hohen-
berg**

Reutlingen

Gft. Urach

Münsingen

Neckar

Schelklingen

Ulm

Donau

Oberndorf

Biberach

Rottweil

Mühlheim

Saulgau

Gft. Waldburg

Ravensburg

Buchhorn

Wangen

Isny

Bodensee

Legende:

■ Reichsstädte, die vor 1250 entstanden sind

● andere Städte, die vor 1250 entstanden sind

● Städte, die zwischen 1250 und 1300 entstanden sind

■ Grafschaft Wirtemberg im 13. Jahrhundert

— 1442: Teilung durch den sog. Nürtinger Vertrag. Auf Betreiben der Land-stände wurde die Einheit der Grafschaft 1482 wiederhergestellt (künftig unteilbar).

Herzogtum Wirtemberg 1495

— Grenze des Königreichs Württemberg (1815)

Gft. Mömpelgard
(1397/1409 wirtemb.)

heute
Montbéliard
in Frankreich

Stopp
Ein Blick zurück

Diese Begriffe kann ich jetzt erklären:

* Landesherrschaft
* Investiturstreit
* Pfalz
* Lehnswesen
* Reisekönigtum
* Kaiserkrönung / Kaiser
* Königserhebung im Mittelalter
* Reichsinsignien

Über diese Personen kann ich viel erzählen…

Otto der Große

Heinrich IV.

Karl der Große

Friedrich II.

Dieses Bild kann ich jetzt auf der Grundlage dessen, was ich Neues gelernt habe, mit der Drei-Schritte-Methode erklären:

Betrachten

Beschreiben

Deuten

1. Was sind meine ersten Eindrücke?
2. Was ist dargestellt? Was ist im Einzelnen auf dem Bild zu sehen?
3. Warum hat der Künstler das Bild so gemalt? Was ist die Bildaussage? Haben sich meine ersten Eindrücke bestätigt? Was von meinen Ersteindrücken muss ich möglicherweise korrigieren? Wo muss ich ergänzen?

Ein Spiel: Königswahl

Die Kandidaten

Von den Kurfürsten soll ein neuer König gewählt werden. Die Macht des Königs ist geschwächt. Da die Kurfürsten den König wählen, stellen sie an die Kandidaten häufig harte Forderungen. Zur Wahl stehen zwei angenommene Kandidaten; ihre Namen kann man beliebig festlegen. Die meisten Kandidaten müssen die Fürsten mit Versprechen ködern, um ihre Stimme zu erhalten. Andererseits dürfen sie sich nicht zu nachgiebig zeigen, wollen sie nicht zur Marionette der Fürsten werden.

☞ Überzeugende Argumente für meine Wahl sind: …

☞ Argumente für ein starkes Königtum sind: …

☞ Meine kurze Wahlansprache würde so lauten: …

Der Papst

Die Kurfürsten hatten festgelegt, dass nachdem jemand von ihnen zum römischen König gewählt worden ist, er zur Übernahme des Königstitels nicht der Zustimmung des Papstes bedarf. Die Kurfürsten erklären, dass mit der Königswahl auch der Kaisertitel verliehen wird.

☞ Der Papst würde sich über diese Erklärung sehr ärgern und folgende Stellungnahmen abgeben, in der sowohl den Kurfürsten als auch den Kandidaten schwere Vorwürfe gemacht werden: …

Die Kurfürsten

Die sieben Kurfürsten setzen sich aus drei geistlichen und vier weltlichen Fürsten zusammen. Bevor sie abstimmen, wollen sie mehr über die beiden Kandidaten erfahren. Sie sind daran interessiert, einen schwachen König zu wählen, der ihnen nicht in ihre eigenen Herrschaftsgebiete hineinregiert.

☞ Folgende Fragen haben die Kurfürsten an die beiden Kandidaten: …

☞ Folgende Bedingungen an den zu wählenden König haben die Kurfürsten: …

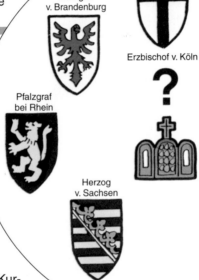

Markgraf v. Brandenburg

Erzbischof v. Köln

König v. Böhmen

Pfalzgraf bei Rhein

Erzbischof v. Mainz

Herzog v. Sachsen

Erzbischof v. Trier

Spielverlauf

A. Einteilung in fünf Gruppen:

Papstgruppe, Kurfürstengruppe, zwei Kandidatengruppen, Reportagegruppe.

B. Beratungsphase:

Bis auf die Reportagegruppe finden die anderen Gruppen ihre Spielanweisungen in den jeweiligen Feldern.

Die Reportagegruppe hat folgende Aufgaben: Sie interviewt den Papst vor der gesamten Klasse. Danach hat sie die Aufgabe, den Spielverlauf zu beobachten, um die Ereignisse am Schluss in einem Kurzbericht noch einmal vorzustellen.

C. Spielphase:

❶ Die beiden Kandidaten stellen sich vor und halten jeder eine Wahlansprache.

❷ Die Kurfürsten befragen die Kandidaten.

❸ Kurze Beratung unter den Kurfürsten.

❹ Bekanntgabe des Abstimmungsergebnisses durch einen der Kurfürsten.

❺ Kurzreportage/Kurzbericht über die Wahl.

Leben in der mittelalterlichen Stadt

M ▮ Ein Blick auf das mittelalterliche Rothenburg?

Ja und nein. Dies ist ein dreidimensionaler Stadtplan der Stadt Rothenburg ob der Tauber, wie sie heute aussieht. Aber: Wenn ihr genau hinseht, könnt ihr erkennen, dass hier vieles aus dem Mittelalter überlebt hat.

„Geht" durch das Klingentor und von dort aus auf Entdeckungsreise durch die Stadt Rothenburg zu den genannten Gebäuden:

1 Marktplatz mit altem Rathaus (um 1250) und neuem Rathaus (um 1570)
2 Ratstrinkstube (um 1570)
3 St.-Georgs-Brunnen (1608)
5 Franziskanerkirche (13.–15. Jhdt.)
6 Burgtor
12 Baumeisterhaus
19 Rossmühle (1516)

20 Spital (13.–16. Jhdt.)
22 Spitalturm (um 1400)
26 Alte Schmiede
29 Galgentor (um 1400)
31 St.-Jakobus-Kirche (1373–1471)
32 Kloster
35 Strafturm
36 Klingentor (16. Jhdt.)
38 Pulverturm

– Achtet auf die Namen der Straßen, durch die ihr geht.
– Wie alt sind die einzelnen Gebäude?
– Was meint ihr? Wozu wurden sie gebaut?
– Verraten sie etwas über die Stadtentwicklung?

Klingentor

Wehrumgang Rothenburgs

Am Beispiel dieses Stadtplans von Rothenburg kann man schon einiges darüber erfahren, wie viele Städte im Mittelalter ausgesehen haben. Möglicherweise wisst ihr ja auch darüber hinaus schon etwas über mittelalterliche Städte.

- Fasst eure ersten Eindrücke zusammen und erzählt:
  „Die mittelalterliche Stadt war von einer … umgeben. …"
- Habt ihr Fragen, die ihr zu den mittelalterlichen Städten stellen möchtet? Sammelt sie und schreibt sie auf.

Neue Städte entstehen

Städte kennen wir vom Altertum her. Es gab sie bei den Ägyptern, den Griechen und im römischen Weltreich. Die Römer waren es auch, die im heutigen Deutschland die ersten Städte gebaut haben. Als das Römische Reich zerbrach und die Römer die bis dahin von ihnen besiedelten Gebiete verließen, verfielen die Städte. Nur sehr wenige Stadtanlagen blieben erhalten. Bis zur Jahrtausendwende lebten die Menschen im europäischen Mittelalter überwiegend in verstreuten Siedlungen und kleinen Dörfern. Erst ab dem 11. Jahrhundert entstanden wieder vermehrt Städte. Zum einen wuchsen kleinere Dörfer zu stadtähnlichen Siedlungen und dann zu größeren Städten heran, zum anderen wurden neue Städte planmäßig gegründet.

Die Städte entstanden aber nicht zufällig irgendwo auf der grünen Wiese oder wo Platz war, sondern die Stadtentstehung an einem bestimmten Ort hatte schon nachvollziehbare Ursachen.

1. Mithilfe des Schaubildes M 1 kannst du erklären, an welchen Plätzen und warum wohl gerade dort bevorzugt Städte entstanden sind.

2. Schau dir die Stadtpläne M 2 und M 3 einzeln an. Notiere, was dir auffällt und beschreibe sie.

3. Welche Aussagen und Schlussfolgerungen erlauben die beiden Stadtpläne zum Thema Stadtentstehung und Stadtentwicklung?

→ **Was würdet ihr in einen Lexikoneintrag zum Stichwort Stadtentstehung und Stadtentwicklung aufnehmen?**

Fasst dazu in einem kurzen zusammenhängenden Text zusammen, was ihr auf dieser Doppelseite zum Thema Stadtentstehung erfahren habt.

M 1 Städteentwicklung anschaulich ins Bild gesetzt

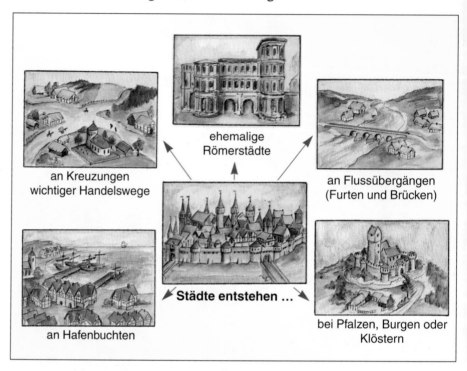

ehemalige Römerstädte

an Kreuzungen wichtiger Handelswege

an Flussübergängen (Furten und Brücken)

→ Städte entstehen ... ←

an Hafenbuchten

bei Pfalzen, Burgen oder Klöstern

Entstehung mittelalterlicher Städte: Wir werten zwei Stadtpläne aus

M 2 Das Beispiel Soest

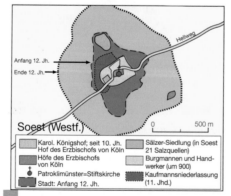

Hellweg

Anfang 12. Jh.
Ende 12. Jh.

Soest (Westf.)

0   500 m

Karol. Königshof; seit 10. Jh. Hof des Erzbischofs von Köln

Höfe des Erzbischofs von Köln

Patroklimünster=Stiftskirche Stadt: Anfang 12. Jh.

Sälzer-Siedlung (in Soest 21 Salzquellen)

Burgmannen und Handwerker (um 900)

Kaufmannsniederlassung (11. Jhd.)

M 3 Das Beispiel Regensburg

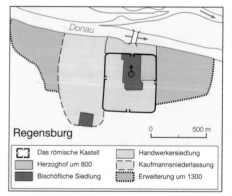

Donau

Regensburg

0   500 m

Das römische Kastell

Herzoghof um 800

Bischöfliche Siedlung

Handwerkersiedlung

Kaufmannsniederlassung

Erweiterung um 1300

Der Hellweg war eine ungeschotterte und ungepflasterte Handelsstraße, die vom Rhein (Duisburg), am Rand der Mittelgebirge (z. B. Harz) entlang, zur Elbe (Magdeburg) führte.

M 4 Städtegründungen

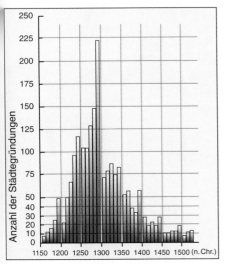

Anzahl der Städtegründungen
1150 1200 1250 1300 1350 1400 1450 1500 (n. Chr.)

Betrachten

Beschreiben **Auswerten**

1. Wozu sagt das Säulendiagramm etwas aus?

2. Welche Aussagen macht das Diagramm zum Thema im Einzelnen?

3. Welche Schlussfolgerungen kann man ziehen?

Bleiben offene Fragen?

M 5 Die Gründung Freiburgs 1120 durch Herzog Konrad von Zähringen

Q Allen lebenden und zukünftigen Geschlechtern sei bekannt, dass ich, Konrad, auf meinem eigenen Besitz Freiburg einen Markt errichtet habe im Jahre des
5 Herrn 1120. Nachdem ich Kaufleute der Umgebung zusammengerufen habe, habe ich beschlossen, diesen Markt zu begründen und einzurichten. Jedem Kaufmann habe ich ein Grundstück zum Bau
10 eines eigenen Hauses gegeben und bestimmt, dass von jedem dieser Hausgrundstücke jährlich am St.-Martins-Tag mir und meinen Nachfolgern ein Schilling Zins gezahlt werden soll. Jedes
15 Hausgrundstück soll eine Länge von etwa 100 Fuß und eine Breite von 50 Fuß haben. Es sei bekannt, was ich nach den Wünschen und Bitten der Kaufleute festgelegt habe:
20 1. Ich verspreche allen jenen, die zu meinem Markt kommen, Frieden und Schutz. Wenn einer in diesem Bereich beraubt worden ist und er nennt den Räuber, soll er den Schaden ersetzt be-
25 kommen.
2. Wenn einer meiner Bürger stirbt, soll seine Frau mit seinen Kindern alles besitzen ohne jeden Einspruch, was er hinterlassen hat.
30 3. Allen Kaufleuten der Stadt erlasse ich den Zoll.
4. Meinen Bürgern will ich keinen anderen Vogt und Priester geben, außer den, welchen sie selbst gewählt haben.
35 5. Wenn ein Streit unter den Bürgern entsteht, soll nicht von mir oder meinem Richter darüber entschieden werden, sondern nach Gewohnheit und Recht aller Kaufleute.
40 6. Jeder, der in diese Stadt kommt, darf sich hier frei niederlassen, wenn er nicht der Leibeigene irgendeines Herrn ist und diesen auch anerkennt als seinen Herrn. Der Herr aber kann
45 seinen Leibeigenen in der Stadt wohnen lassen oder aus der Stadt wegholen lassen wie er will. Wenn aber ein Leibeigener seinen Herrn verleugnet, kann der Herr mit sieben Zeugen be-
50 weisen, dass der Leibeigene ihm gehört. Dann soll der Leibeigene ihm gehorchen.
Wer aber über Jahr und Tag in der Stadt gewohnt hat, ohne dass irgendein Herr
55 ihn als Leibeigenen gefordert hat, der genießt von da an sicher die Freiheit.

(Zit. nach: H. de Buhr, Sozialgefüge und Wirtschaft des Mittelalters am Beispiel der Stadt, Frankfurt/M. (Hirschgraben) 1973, S. 17)

Methodenbox
Eine Urkunde auswerten

Mittelalterliche Urkunden sind Textquellen, in denen Rechtsvorgänge festgesetzt wurden (Landschenkungen, Gründungen, Überlassung von Vorrechten, Ordnungen für Märkte oder Zollbestimmungen u. a.). Die Grundfragen, die wir immer an schriftliche Textquellen richten, bestimmen auch die Arbeit bei der Auswertung einer Urkunde.

Wer ...	vergibt Rechte?
An wen ...	werden sie vergeben?
Was ...	wird im Einzelnen genau verfügt und festgelegt?
Warum ...	werden diese Vereinbarungen zwischen Urkundengeber und Empfänger getroffen?

1. Bearbeitet M 5 nach dem Erschließungsmodell für Urkunden.

2. Freiburg ist ein typisches Beispiel. Wir können deshalb verallgemeinern:

a) Was ist typisch für eine Gründungsstadt?

b) Wer gründet diese Städte und an welchen Plätzen werden sie gegründet?

c) Für wen sind solche Gründungen attraktiv und warum?

d) Was unterscheidet den Stadtbürger von einem hörigen Dorfbewohner in der Umgebung?

Stadtleben: Im Schutz der Mauer und Schatten der Kathedrale

Repräsentative Stadttore als Zugang, eine Mauer mit befestigten Wehrtürmen – dies signalisierte einem reisenden Kaufmann im Mittelalter, dass er an einer Stadt angekommen war. Schon sehr viel früher, aus weiter Ferne, fiel ihm ein anderes, vielleicht das markanteste Gebäude auf: die Türme von Kirchen, die alle anderen für eine Stadt typischen Bauwerke weit sichtbar überragten.

Kirchen – Bauwerke zu Ehren Gottes

Wer sich vor Augen führt, welche Großbauwerke in den letzten Jahrzehnten entstanden sind, wird ein Bild davon bekommen, was heute wichtig ist: Autobahnen, Kraftwerke, Bürohochhäuser, Brücken, Einkaufscenter usw. Diese Gebäude stehen für Beweglichkeit, Energie und Geschäfte. „Sage mir, was du baust, und ich sage dir, wer du bist", könnte man in Abwandlung eines Sprichwortes sagen.

Auch im Mittelalter wurden Großbauwerke errichtet. Dem damaligen Zeitgeist entsprechend waren es Bauwerke zur Ehre Gottes, die zunächst im romanischen, später dann im gotischen Baustil errichtet wurden.

Die Auftraggeber waren nicht nur fromm, sie sahen in den Bauwerken sicher auch die Chance Macht und Wohlstand zu demonstrieren. Wer Geld gab, durfte darauf hoffen, seinen Namen an irgendeiner Stelle zu verewigen, z. B. in einem Glasfenster. Wer kein Geld hatte, stellte seine Arbeitskraft zur Verfügung – nicht immer freiwillig, wie einige zeitgenössische Berichte andeuten.

Eine solche Baustelle war riesig und beschäftigte hunderte von Arbeitskräften, auch gut bezahlte Spezialisten wie Baumeister und Steinmetze. Die Materialien wurden oft von weit her beschafft. Aus heutiger Sicht erstaunt vielleicht am meisten die Unbekümmertheit der Zeitplanung. Die Bauzeit betrug fast immer 100 Jahre, oft sogar mehr.

Nicht im Traum hätten die Menschen daran gedacht, dass ihre Kirchen einmal Touristenattraktionen sein könnten. Sie bauten so groß und so schön wie möglich, weil sie sich Gott als Ursprung von Größe, Harmonie und Schönheit vorstellten. „Sehen und anbeten" – auf diese einfache Formel hat der französische Abt Suger den Zweck der Bauten gebracht.

Ihr seid die Experten …

Auf der folgenden Doppelseite werden zwei Baustile vorgestellt: der romanische Baustil und der gotische Baustil. Stellt die Kennzeichen beider Stilrichtungen heraus und stellt Vergleiche an.

Romanische und gotische Kirchen

Romanischer Baustil

Zwischen 1000 und 1250 entstanden überall in Europa riesige Kirchen, die in ihrer klobig wirkenden Architektur an Burgen erinnern. Das dicke, massive Mauerwerk erlaubte, die Kirchen sehr hoch zu bauen, sodass alle anderen Gebäude überragt wurden und vor allem die Kirchtürme von weither sichtbar waren. Besonders schwierig war es, diese großen Gebäude nach oben abzuschließen. Je breiter die Innenräume wurden, umso mehr Probleme bereitete eine Abdeckung mit Baumstämmen. Zudem waren solche Holzdecken extrem brandgefährdet. Nach vielen vergeblichen Versuchen fanden die romanischen Baumeister eine neue Lösung: Sie errichteten Gewölbe aus Mauerwerk. Die kreuzförmige Anordnung erwies sich als stabil genug, um das Gewicht des Daches zu tragen.

Gotischer Baustil

Im 13. Jahrhundert erlaubten neue Bautechniken noch größere und imposantere Kirchengebäude. Es gelang, den ungeheuren Druck der Decken durch außen angebrachte Pfeiler und Bogen aufzufangen. Das wuchtige Mauerwerk der romanischen Kirchen wurde jetzt nicht mehr benötigt. So entstanden relativ große Fensteröffnungen, die mehr Licht spendeten und durch Glasfenster gefüllt werden konnten. Typisch für die gotische Bauweise sind die spitzen Bogen, die den Eindruck unterstützen sollten, der Raum sei nach oben nicht geschlossen, sondern öffne sich zum Himmel. Wer heute eine gotische Kirche betritt, staunt tatsächlich über die Eleganz und die Größe des Innenraumes, der nach oben zu streben scheint. Die Wirkung auf einen Gläubigen im Mittelalter, der kleine Häuser und enge Gassen gewohnt war, muss überwältigend gewesen sein.

Typisch romanische Kirchenwand

Klosterkirche Maria Laach (Eifel, 1095 – 1180)

Typisch gotische Kirchenwand

Kölner Dom (Baubeginn im 13. Jhdt., Vollendung – nach alten Plänen – im 19. Jhdt.)

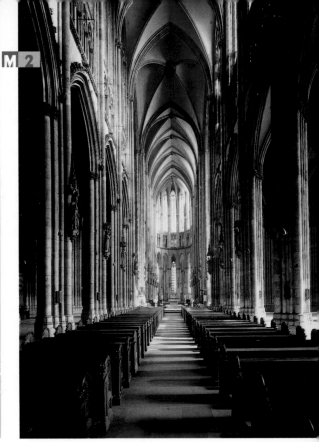

Die
Innenräume
im Vergleich

Blick jeweils vom
Eingang durch
das Mittelschiff
bis zum Altar

1. Vergleiche die Innenräume beider Kirchen. Übertrage die Tabelle ins Heft, fülle die Lücken aus.

2. Welcher Innenraum gehört zu einer romanischen, welcher zu einer gotischen Kirche?

	linke Abbildung	rechte Abbildung
Ersteindruck		
Wände		
Fensteröffnungen		
Lichtmenge		
Länge des Mittelschiffs	ca. 50 m	ca. 100 m
Höhe des Mittelschiffs	ca. 25 m	ca. 44 m

Projekt: Erkundung

Fast alle deutschen Städte haben eine oder mehrere mittelalterliche Kirchen.

1. Erkunde vor Ort:

● Liegt eine romanische oder eine gotische Bauweise vor?

● Oder finden sich Anzeichen für beide Stilrichtungen?

● Gibt es auffällige Merkmale (Fenster, Wasserspeier …)?

2. Präsentiere die Ergebnisse in der Klasse:

Eine Möglichkeit wäre eine Plakattafel mit kommentierten Fotos, die du in der Kirche gemacht hast. Du könntest auch Dias anfertigen und einen kleinen Vortrag in der Klasse halten. Besonders viel Spaß macht es, die Kirche von außen und innen zu filmen (Details nicht vergessen!) und die Aufnahmen in der Art eines Fremdenführers zu erläutern.

Tipp!
Diese Aufgabe eignet sich besonders für eine kleine Gruppe!

Wie lebten die Menschen in der Stadt?

Die weit überwiegende Zahl der Menschen im Mittelalter lernte ihr Leben lang kaum mehr als ihren eigenen Wohnort und die allernächste Umgebung der Grundherrschaft, in der sie als abhängige Bauern lebten, kennen. Über Städte und das Leben der Menschen dort erfuhren sie, wenn überhaupt, aus Mitteilungen und Berichten anderer, denn die wenigsten Hörigen bekamen eine Stadt persönlich zu Gesicht.

Die wenigen Landbewohner, die mit eigenen Augen eine Stadt und Stadtleben sahen, bestaunten zumeist die ihnen unbekannte und neue Welt der Stadt, die sich doch sehr von ihrer bäuerlichen Lebenswelt unterschied.

Wenn einer eine Reise macht, dann kann er viel erzählen!

Schlüpft in die Rolle eines Bauern, der eine Stadt kennen gelernt hat, und erzählt mithilfe eines Stichwortzettels über das mittelalterliche Stadtleben. Der Darstellungstext und die Bilder auf dieser Doppelseite liefern euch die notwendigen Informationen.

Stadtleben		
Wohnen	Arbeiten	Ernähren
–	–	–
–	–	–
–	–	–
–		
...	...	...

Alltagsleben

Mit Sonnenaufgang stand man in den Häusern der Handwerker und Händler auf. Die Häuser waren dicht aneinander gebaut, um Platz zu sparen. Zunächst waren die Häuser aus Holz (Fachwerk) gebaut mit Strohdächern. Immer wieder kam es aus Unachtsamkeit zu Bränden, bei denen häufig die ganze Stadt abbrannte. Später gingen insbesondere die reichen Leute dazu über, ihre Häuser aus Stein zu bauen. Unten in den Häusern waren die Arbeitsräume, entweder die Werkstätten der Handwerker oder die Büros und Lagerräume der Kaufleute. Die Wohnräume waren spärlich möbliert; geschlafen wurde mit der ganzen Familie in einem Raum, der auch in den reichen Familien als einziger Raum im Winter beheizt wurde. Die Fensteröffnungen waren klein und wurden im Winter mit Holzklappen oder Tierfellen verdeckt. Erst im 13. Jahrhundert lernte man aus dem Orient, dass man auch Glasscheiben einsetzen konnte; das aber war sehr teuer. Die Armen in der Stadt lebten häufig in kalten und zugigen Häusern in der Nähe der Stadtmauer; die Häuser der reichen Kaufleute waren um den Markt gebaut.

Nach Sonnenaufgang begann man den Tag mit einer einfachen Mahlzeit, meistens Milch und Getreidebrei. Die Knechte und Mägde hatten das Vieh zu versorgen, das anschließend frei auf den Gassen herumlief oder von einem Hirten eingesammelt wurde und bis zum Abend vor den Toren der Stadt weidete. Anschließend wurde in den Handwerker- und Kaufmannshäusern mit der Arbeit begonnen, wobei alle Familienmitglieder, auch die Kinder, mithalfen. Während der Handwerker mit seinen Gesellen und Lehrlingen in der Werkstatt arbeitete, übernahm häufig die Frau den Verkauf der Waren. Insbesondere an Markttagen, wenn die Bauern aus dem Umland in die Stadt strömten, war es notwendig, dass der Verkauf der Waren organisiert wurde.

Die Versorgung der Familien war eine gewaltige organisatorische Aufgabe für die Frauen. Immerhin musste durch entsprechende Bevorratung dafür gesorgt werden, dass das Essen für die gesamte Familie (mit Knechten, Mägden, Gesellen, Lehrlingen) auch in der Winterzeit bis zur nächsten Ernte sichergestellt wurde. Um Nahrungsmittel haltbar machen zu können, gab es nur die Möglichkeit des Einkochens, des Trocknens (z. B. Fisch oder Fleisch) oder des Einpökelns mit Salz. Das

Schlachten der Schweine im November wurde in ganz Europa mit großen „Fress-Partys" gefeiert, weil man anschließend bis zum April nur von den Vorräten leben musste.

Mit Sonnenuntergang wurde die Arbeit eingestellt; man versammelte sich zur Hauptmahlzeit, der Vesper. Auch hier gab es meistens Brot und Getreidebrei;

Fleisch war selten und wurde während der vielen religiös verordneten Fastenzeiten verboten, vor allen Dingen vor der Osterzeit. Häufiger griff man auf Fisch zurück, entweder auf die eingesalzenen Heringe aus der Nord- und Ostsee oder in Süddeutschland auf die Karpfen der ausgedehnten Teichwirtschaften.

Nach Sonnenuntergang wurde das Licht gelöscht, die Tore wurden geschlossen und der Nachtwächter nahm seine Arbeit in den Straßen auf. Bis zum Morgen konnte man sicher sein, dass man hinter den Mauern der Stadt geschützt war.

M 1

Festsaal einer wohlhabenden Bürgerfamilie (Rekonstruktionszeichnung)

M 3

Alltag einer Fleischerfamilie (französische Buchmalerei aus dem 14. Jahrhundert)

M 2

Wohnküche ärmerer Stadtbewohner (Rekonstruktionszeichnung)

M 4

Vorne rechts ist eine Apotheke mit den für die mittelalterliche Krankheitsbehandlung typischen Heilkräutern dargestellt; das „Reklameschild" weist auf einen stärkeren Würzwein („bo[n] lpocras") hin.

Handwerkergassen in einer mittelalterlichen Stadt

Lebenswelt Stadtgesellschaft: „Frei, aber nicht gleich"

Die Überschrift auf dieser Seite enthält ein Urteil aus heutiger Sicht über die mittelalterliche Stadtgesellschaft: „Frei, aber nicht gleich". Solche Beurteilungen geschichtlicher Vorgänge müssen sachlich einsichtig begründet und belegt sein.
Wenn ihr die Autorentexte sowie die verschiedenen bildlichen Darstellungen auf dieser und der nächsten Doppelseite bearbeitet und auswertet, könnt ihr versuchen diese Einschätzung „Frei, aber nicht gleich" zu erklären.

So könnt ihr vorgehen:

1. Notiert zunächst:
   – Welche verschiedenen Gruppen von Menschen wohnen in der Stadt?
   – Wie leben sie?
   – Welche soziale Stellung nehmen sie in der Rangfolge der Stadtgesellschaft ein?

2. Danach kann jeder von euch eine zusammenfassende Stellungnahme zu der Einschätzung über die Stadtgesellschaft aufschreiben und in der Klasse zur Diskussion stellen.

M 1

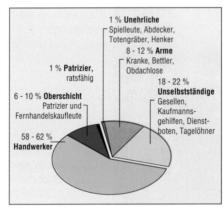

Tagelöhner und Frau (Gemälde, 15. Jhdt.)

Fassade eines Patrizierhauses in Rothenburg

M 2

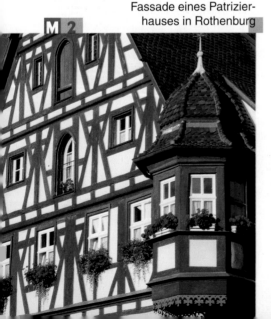

M 3 Soziale Schichtung der städtischen Gesellschaft

1 % **Unehrliche**
Spielleute, Abdecker, Totengräber, Henker

8 - 12 % **Arme**
Kranke, Bettler, Obdachlose

1 % **Patrizier**, ratsfähig

18 - 22 % **Unselbstständige**
Gesellen, Kaufmannsgehilfen, Dienstboten, Tagelöhner

6 - 10 % **Oberschicht**
Patrizier und Fernhandelskaufleute

58 - 62 % **Handwerker**

Freie Bürger

„Stadtluft macht frei." Dieser Satz wurde zwar erst in der Neuzeit geprägt, er nennt aber das vielleicht wichtigste Angebot, das die Stadt den Menschen machte – sie waren persönlich frei. Diese Freiheit galt für Menschen ganz unterschiedlicher Herkunft und Besitzverhältnisse. Da waren reiche Kaufleute und zugezogene Adelige, es gab Handwerker und Händler. Dieses Angebot lockte nicht selten verarmte Landbewohner an. Auf dem Land unterstanden die Menschen in der Regel einem Grundherrn. Sie waren „Hörige", Unfreie, wie wir erfahren haben. Wenn es ihnen gelang, in die Stadt zu ziehen, und der frühere Herr sie nicht innerhalb eines Jahres zurückforderte, dann konnten sie nach „Jahr und Tag", also nach einem Jahr und einem Tag, ihre persönliche Freiheit erlangen und sich auf Dauer in einer Stadt ansiedeln. Sie suchten sich ihren Beruf, eine feste Unterkunft; sie konnten auch in die nächste Stadt ziehen, wenn sie zum Beispiel dort bessere Chancen für sich erhofften.

Im Gegensatz zu den Menschen, die auf dem Lande wohnen, werden Stadtbewohner auch heute noch oft als „Bürger" bezeichnet. Alle Einwohner Freiburgs, die dort ihren ständigen, angemeldeten Wohnsitz haben, nennen sich und sind ohne rechtliche Unterschiede Bürger der Stadt Freiburg, die in Rothenburg Bürger Rothenburgs usw. Im Mittelalter galt diese Bezeichnung nur für Einwohner mit „vollem Bürgerrecht". Wer keine Steuern zahlte, besaß auch kein volles Bürgerrecht. In Augsburg z. B. zahlten 1512 weniger als 20 Prozent der Einwohner Steuern. Augsburg ist da keine Ausnahme. Ähnliche Prozentzahlen finden sich auch in den Steuerlisten vieler anderer Städte wieder. Das zeigt, dass nur ein kleinerer Teil der Gesamtbevölkerung im Besitz des vollen Bürgerrechts war. Und nur, wer dies besaß, durfte beispielsweise an der Wahl des Bürgermeisters oder der Mitglieder der städtischen Ratsversammlung teilnehmen (s. S. 130f.).

Die unterschiedlichen Bewohner in der mittelalterlichen Stadt hatten also auch unterschiedlich abgestufte politische Mitwirkungsrechte in ihrer Stadt.

Stadtgesellschaft in Bildern

■ Betrachte die Bilder und lies die erläuternden Texte (M 2 – M 14). Liste die unterschiedlichen Personen, die in der Stadt leben, auf und beschreibe ihren Lebensstil. Denke dabei an Kleidung, Wohnung, Tätigkeit, Arbeitsplatz und finanzielle Verhältnisse.

Tipp! Ihr könnt die Arbeit auch unter euch aufteilen!

M 4

Tanzfest im Augsburger Rathaus (um 1500)

Patrizier bildeten die führende Schicht der Stadt. Sie entstand in ihrem Kern aus den reichen Kaufmannschaftsgeschlechtern, die durch Fernhandel große Gewinne erzielten. Auch der Landadel, der in die Stadt zog, gehörte zu dieser Oberschicht. Die Patrizier machten oft nicht einmal 10 Prozent der Bevölkerung aus. Sie achteten streng darauf, dass ihre Schicht sich nicht wesentlich vergrößerte. Nur gelegentlich wurden reiche Bürger aufgenommen. Kinder sollten in der Schicht heiraten. Die Führungsschicht der Patrizier war in Gilden, wie sie ihre Interessenverbände nannten, organisiert. Sie hielten über lange Zeit das Wirtschaftsleben unter Kontrolle und bildeten die politische Führungsschicht im Rat der Stadt.

M 5

Idealisierte Darstellung einer Patrizierfamilie (15. Jhdt.)

M 6 Idealisierte Darstellung einer Handwerkerfamilie (15. Jhdt.)

M 7 Flaschenschmied (1435)

M 8 Magd und Knecht (Buchmalerei, 15. Jhdt.)

Die Handwerker stellten die größte Bevölkerungsgruppe dar. Häufig umfasste sie mehr als die Hälfte der Bevölkerung. In Nürnberg z. B. gab es im Jahre 1363 fünfzig organisierte Handwerke mit 1216 Meistern.

In den Städten lebten zahlreiche Menschen, die als niedere Bedienstete bei den Bürgern gegen geringe Bezahlung und manchmal auch Kost arbeiteten. Zu ihnen gehörten Dienstboten sowie Tagelöhner.

M 9 Tagelöhner (Buchmalerei, 1497)

M 10 Bärenführer (Holzschnitt, 16. Jhdt.)

Am Rande der Gesellschaft lebten Menschen mit „unehrenhaften" Berufen, wie Henker, Totengräber, aber auch Musikanten und Schauspieler. Bettler, aber auch Alte und Kranke waren oft auf Almosen, das heißt milde Gaben der Bürger angewiesen.

Die heilige Elisabeth von Thüringen versorgt Arme und Bettler (1530).

Der heilige Martin teilt seinen Mantel mit einem Bettler.

M 12

Juden: eine Gruppe für sich

M 14

Kleidung verrät viel über die jeweilige Person. Im Mittelalter ist Kleidung die verbreitetste Form der äußerlichen Kennzeichnung dafür, zu welcher gesellschaftlichen Gruppe jemand gehört.

So trugen Juden eine andere Kleidung als die übrigen Stadtbewohner. Sie waren schon an ihrer Kleidung für jeden als solche zu erkennen. Dies geschah nicht freiwillig, sondern wurde ihnen durch städtische Kleiderordnungen befohlen. Städte schrieben den Juden unter anderem vor, in der Öffentlichkeit einen hohen Hut und einen gelben Fleck an der Kleidung zu tragen – sichtbare Erkennungszeichen, an denen jeder die betreffende Person sofort als Juden erkennen konnte.

M 13

Jüdin aus Worms mit dem vorgeschriebenen gelben Fleck am Mantel

Die Rekonstruktionszeichnung – angefertigt nach einer alten Buchmalerei – zeigt, wie ein mittelalterlicher Jude gekleidet war.

115

Info   Alltagswelt einer ausgegrenzten Minderheit

Juden siedeln sich am Rhein an

Ein Erlass des Kaisers Konstantin vom 11. Dezember 321 an die Verwaltung von Köln ordnet an, dass Juden nicht länger die Tätigkeit des Steuereintreibers ausüben dürfen. Dieser Erlass zeigt uns zwei Dinge: Er ist ein Beweis dafür, dass es schon zur Römerzeit jüdische Gemeinden im Rheinland gab. Und er macht deutlich, dass die Juden offenbar schon damals eine Sonderrolle in der Gesellschaft einnahmen.

Erst aus dem 9. Jahrhundert n. Chr. liegen uns weitere Urkunden vor, die nachweisen, dass es jüdische Gemeinden in Deutschland gab. Diese Gemeinden befanden sich vor allem im Westen des Reiches. Besonders die Städte Köln, Mainz, Frankfurt, Worms und Speyer sind zu nennen.

Im Getto

In den Städten des Deutschen Reiches entstanden seit dem 11. Jahrhundert ummauerte Stadtviertel, die ausschließlich für Juden bestimmt waren. Damit wurde eine deutliche Trennung der Juden von der christlichen Bürgerschaft vollzogen. Das ummauerte Judenviertel bedeutete aber auch einen Schutz der Juden und stärkte ihr Zusammengehörigkeitsgefühl.

In manchen Lebensbereichen blieben die Beziehungen zwischen Juden und Christen bestehen, z. B. wenn es um Handel oder Geldverleih ging. Auch das Wissen der jüdischen Ärzte war gefragt.

Jüdische Selbstverwaltung

Innerhalb des Gettos organisierten die Juden ihr Leben eigenständig. Hier gaben sie sich eigene Gesetze und regelten alle Auseinandersetzungen unter-

Judengasse in Frankfurt

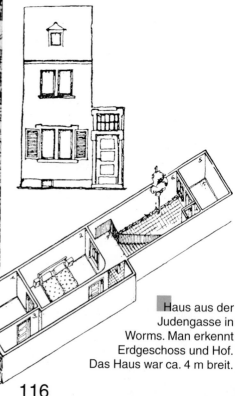

Haus aus der Judengasse in Worms. Man erkennt Erdgeschoss und Hof. Das Haus war ca. 4 m breit.

116

einander vor einem eigenen Schiedsgericht. Oberster Richter war der Judenmeister, der die Gemeinde auch gegenüber den Behörden der Stadt vertrat. Oft wurde dieses Amt vom Rabbi (Gelehrter) übernommen, der zugleich oberste Autorität in religiösen Fragen war. Der Rabbi trug auch die Verantwortung für das Hospital und die Herberge. Er sorgte für die Unterstützung der Armen.

Jüdisches Leben

Das jüdische Leben hatte zwei zentrale Bezugspunkte: die Familie und die Synagoge.

Höhepunkt der Woche war der Sabbat. Am Abend zuvor versammelte sich die Familie um den festlich gedeckten Tisch. Dieser Tag dient der Ruhe, der Besinnung auf Gottes Schöpfung und dem Gebet.

Die Synagoge war Zentrum der Gemeinde und des religiösen Lebens. Sie war zugleich ein Haus des Lernens. Schon sehr früh lernten die Kinder lesen und schreiben, um die religiösen Schriften, die Thora und den Talmud, studieren zu können. So wundert es nicht, dass Juden oft sehr gebildet waren.

Diese Bildung stand auch den jüdischen Frauen offen. Das änderte jedoch nichts daran, dass die Mehrzahl der jüdischen Frauen mit der Führung des Haushalts und der Erziehung der Kinder beschäftigt war. Aber es sind auch Quellen überliefert, aus denen wir wissen, dass Frauen als Talmudlehrerinnen, Ärztinnen oder Apothekerinnen tätig waren. Außerdem schätzen Historiker, dass etwa ein Viertel der jüdischen Geschäftsleute Frauen waren.

Juden als Experten für Handel

Besonders erfolgreich waren die Juden als Händler. Auf den großen Messen in Köln, Mainz und Frankfurt hatten jüdische Kaufleute eine führende Rolle im Handel zwischen den Städten. Jüdische Handelsverbindungen waren aber auch „international" und erstreckten sich rund um das Mittelmeer. Als Händler übten Juden also eine wichtige Funktion aus; dementsprechend waren sie geschätzt und geduldet.

Seit dem 11. Jahrhundert wuchs in Deutschland jedoch die Zahl der christlichen Kaufleute.

Überleben in der Stadt

Mit dem Beginn des 13. Jahrhunderts wurden die Berufsmöglichkeiten der Juden stark eingeschränkt. Bis dahin fand man sie als Bauern, Handwerker und Händler. Nun waren diese Berufe nur noch Christen erlaubt. Nachdem den Juden all diese Tätigkeiten untersagt worden waren, blieb ihnen weitgehend nur die Möglichkeit, ihren Unterhalt mit dem Verleihen von Geld für Zins zu verdienen.

Den Christen war es durch den Papst untersagt, Geld zu verleihen und dafür Zinsen zu nehmen. Die Juden nutzten diese Nische und wurden Experten für Geldhandel. Bürger, die Schulden machten, mussten zusätzlich zum geliehenen Geld auch Zinsen an die jüdischen Geldverleiher zurückzahlen. Die Zinseinnahmen wurden für viele Juden zum Lebensunterhalt. Zugleich machten sie sich damit aber in der Öffentlichkeit unbeliebt.

Seit dem späten Mittelalter mussten Juden in Stadt und Land immer wieder unter grausamer Verfolgung und Gewalt ihrer Mitmenschen leiden.

1. Einerseits … andererseits: Beschreibe das jüdische Leben in der mittelalterlichen Stadt und das Verhältnis zwischen Juden und Christen.

2. Der Ausschluss der Juden von vielen Berufen wurde damit begründet, dass sie keine Christen waren. Findest du andere Gründe, die zu diesem Berufsverbot geführt haben könnten?

Ein jüdischer Arzt (mit Spitzhut) behandelt einen Patienten.

Ein jüdischer Geldverleiher

117

Wie lebten Frauen in der mittelalterlichen Stadt?

Die Stadt eröffnete vielen Menschen rechtliche und wirtschaftliche Möglichkeiten, die es sonst nicht gab. Galt dies auch für Frauen? Welche beruflichen Chancen hatten sie? Wie darf man sich das Leben der Frauen in der mittelalterlichen Stadt vorstellen?

Die Antwort fällt nicht leicht, denn „die" Frau der mittelalterlichen Stadt gibt es nicht. Frauen reicher Bürger, Handwerkerfrauen und einfache Mägde oder Frauen aus unteren Schichten hatten nicht die gleichen Lebensbedingungen. In manchen Städten sorgte sogar eine Kleiderordnung dafür, dass man Unterschiede auch äußerlich wahrnahm.

> Im Folgenden findet ihr Texte, aus denen ihr erfahrt, was Historiker erforscht haben.
> Dann folgen Materialien, mit denen ihr an einigen konkreten Beispielen selbst versuchen könnt, das Leben der Frauen zu erforschen.

Was die Historiker durch ihre Forschungen herausbekommen haben

Stichwort: Recht und Politik

Auch in der Stadt unterstanden Frauen der Rechtsgewalt des Mannes. Sie waren also entweder von ihrem Vater oder von ihrem Ehemann abhängig. Von der Politik und der Verwaltung der Stadt waren sie ausgeschlossen, d. h. Ämter im Stadtrat und bei Gericht blieben den Männern vorbehalten. Selbst wenn eine Frau einem Handwerks- oder Handelsbetrieb vorstand, blieb sie doch abhängig von der rechtlichen Gewalt ihres Mannes.

M 1 Stichwort: Ehe und Familie

Das Frankfurter Gesetz von 1611 über Eheberedungen, Heiratsbriefe und Eheleute legte das Verfahren bei der Eheschließung und die Vermögens-
5 rechte in der Ehe fest. Die Werbung hatte bei Eltern, Verwandten, Vormündern oder, das Gesinde betreffend, bei der Herrschaft zu erfolgen. Persönliche Zuneigung war kein Motiv zum Heiraten.
10 Die beidseitige ‚Zugift' in Geld und Gütern wurde von den Eltern bestimmt und im Heiratsbrief festgehalten. Teile der Mitgift blieben während der ganzen Ehe persönliches Eigentum des
15 jeweiligen Partners. Die Ehe galt als ge-schlossen, wenn die kirchliche Einsegnung, das Beilager [symbolisches Zusammenlegen der Brautleute], die ‚Beiwohnung' erfolgt waren. Die Heirat in-
20 nerhalb des eigenen Standes war die Regel, ebenso – wegen der hohen Sterblichkeit – mehrmaliges Eheschließen. Die Zeugung eines Erben und die Vergrößerung des Familienvermögens galt
25 allen Ständen als Ziel der Ehe. Das Heiratsalter lag früher als heute, da Mädchen mit 12, Jungen mit 14 als bedingt volljährig galten. Doch erst mit 22 bzw. 25 Jahren durften Frauen und
30 Männer selbstständig Ehen eingehen. Das Recht über die Kinder lag voll beim Vater. Die Mutter musste beim Tod des Vaters die Vormundschaft über die eigenen Kinder beantragen und sie bei
35 einer neuen Ehe wieder abgeben.

(Frankfurt um 1600 – Alltagsleben in der Stadt, Historisches Museum Frankfurt, Texte: Almut Junker, Frankfurt/M. 1976, S. 77)

Stichwort: Arbeitswelt

Frauen der Unterschicht lebten in der Regel schlechter als Frauen von Kaufleuten und Handwerkern. Sie verdienten ihren Lebensunterhalt überwiegend als meist schlecht bezahlte Mägde.

Die beruflichen Betätigungsmöglichkeiten für Frauen in Handwerk und Handel waren von Stadt zu Stadt sehr unterschiedlich. In Köln etwa war der Textilhandel fest in den Händen von Frauen. Auch die Seidenweberei wurde in weiten Bereichen Westdeutschlands von Frauen betrieben. In den meisten Handwerken leiteten jedoch überwiegend Männer den Betrieb. Frauen waren in der Stadt in vielen Berufen tätig. Manchmal übernahmen sie nach dem Tod ihres Mannes die Geschäftsleitung. Häufig gab es auch eine Arbeitsteilung zwischen Mann und Frau, z. B. wenn im Schmiedehandwerk Frauen den Verkauf übernahmen, während wiederum im Textilbereich häufig die Frauen das Handwerk ausübten und die Männer den Verkauf der Waren organisierten.

M 2

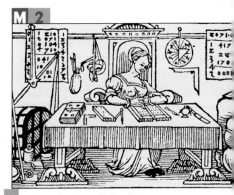

Kauffrau in ihrer Schreibkammer

1. Ihr könnt schon jetzt vergleichen:
   – wie Frauen in der Stadt lebten,
   – wie Frauen auf dem Land lebten.

2. Leben in der Stadt – ein „Fortschritt" für Frauen? Was meint ihr?

Ehe und Familie – Wir rekonstruieren das Leben von Frauen in der mittelalterlichen Stadt

M 4

In der Kinderstube eines Bürgers (um 1500)

M 3

Eine Kaufmannsfamilie (16. Jhdt.)

Diese beiden Holzschnitte aus dem 16. Jahrhundert zeigen jeweils eine Familie in ihrer Stube (Wohnraum).

1. Beschreibe Aussehen und Tätigkeit
– der Frau,
– des Mannes,
– der Mädchen,
– der Jungen.

2. Was erfahren wir über die Rolle der Frau?

1. Entwerft auf der Grundlage der Aufzeichnungen des Konrad Iselin einen Stammbaum, in dem alle Frauen und Kinder eingetragen sind.

2. Erzählt zu diesem Stammbaum, was euch auffällt.

M 5 Aus den Aufzeichnungen des Basler Bürgers Konrad Iselin

Q 1401 nahm ich am Tag des Hl. Lucia und Jodok [13.12.] Agnes zur Frau. Wir bekamen innerhalb der ersten zwei Jahre einen Sohn, Johannes, und eine
5 Tochter, Elsine. 1405 starb meine Frau am Allerheiligentag. 1406 nahm ich am 3. Tag nach St. Barbara [7.12.] Clara zur Frau.
1408 wurde meine Tochter Gretel geboren. 1410 wurde meine Tochter Agnes
10 geboren. 1411 starb meine Frau Clara am 5. Tag nach St. Lucia [18. 12.], als sie einen Sohn namens Johannes geboren hatte.
15 1412 nahm ich an Aschermittwoch [17.2.] Else zur Frau. Sie gebar mir eine Tochter gleichen Namens. Das Kind wurde 18 Wochen alt und starb an Karfreitag 1413 [21.4.]. 1414 wurde
20 mein Sohn Johannes am Agnestag [21.1.] geboren. 1418 wurde meine Tochter Agnes am Tag Mariä Himmelfahrt [15.8.] geboren. 1418 starb meine Tochter Gretel am Sonntag vor Michae-
25 lis [25.9.]. 1424 starb meine Frau Else – Gott hab sie selig – am 5. Tag nach St. Georg [28.4.].
1425 nahm ich am 5. Tag vor St. Martin [6.11.] Gretel die Ältere zur Frau, sie
30 war 23 Jahre lang Witwe gewesen.

(Basler Chroniken, Bd. 7, Leipzig 1915, S. 9f., gekürzt)

„Eine Frau denkt nach:

Wer bin ich?"

Stellt euch vor, ihr würdet in einer mittelalterlichen Stadt leben. Schlüpft in die Rolle einer Frau (s. S. 113/114) und schreibt eure Gedanken auf.

Wirtschaft in der Stadt: Markt, Zünfte und Handel

Der Markt, Zünfte, Handel und Gewerbe: Sie bildeten die Wirtschaftsgrundlage mittelalterlicher Städte und stellten die Grundpfeiler für die Versorgung, das Auskommen und den Wohlstand der Stadtbevölkerung dar.

- Wie wurde in den Städten gewirtschaftet?
- Was sind die prägenden Merkmale des wirtschaftlichen Lebens in der Stadt und ihre Auswirkungen auf die Stadtbewohner?

Dies sind die beiden zentralen Leitfragen, um die es im Folgenden geht.

Der Markt – ein Handelszentrum mit Ordnung

Der Markt war eine Besonderheit der mittelalterlichen Stadt, die sie grundlegend von den Siedlungen auf dem Land unterschied.

Der Marktplatz im Zentrum der Stadt war der Mittelpunkt städtischen Lebens. Am Markt standen das Rathaus, zumeist eine prächtige Kirche und die Häuser der reichen Kaufleute und Handwerker.

Das Beispiel Freiburgs, das wir auf Seite 105 kennen gelernt haben, macht deutlich, dass mittelalterliche Städte über besondere Vorrechte und Freiheiten verfügten, die Landbewohnern völlig unbekannt waren. Eines dieser Rechte, genau genommen das wohl wichtigste Stadtrecht, war das Recht, einen Markt abhalten zu dürfen. Die Stadtbewohner lebten von Handel und Gewerbe. Es war der wöchentlich abgehaltene Markt, der das Leben in der Stadt maßgeblich bestimmte. Hier boten die Handwerker der Stadt, die ansässigen Kaufleute und Fernhändler sowie Bauern aus dem Umland, sofern sie Überschüsse produzierten, ihre Waren zum Verkauf an. Schon sehr früh trat hier Geld als Zahlungsmittel an die Stelle des Tauschhandels von Waren. Wichtig war, dass für Verkäufer und Käufer nachprüfbar geregelt wurde, dass der Wert des gezahlten Geldes auch dem Warenwert entsprach, sodass niemand übervorteilt oder benachteiligt wurde.

M 1 Markt in einer mittelalterlichen Stadt (Rekonstruktionszeichnung)

Die Rekonstruktionszeichnung – sie ist auf der Grundlage von Quellen und Funden entstanden – versucht das Markttreiben in einer mittelalterlichen Stadt zu veranschaulichen.

1. Beschreibe, was du alles darauf entdeckst und welchen Gesamteindruck das dargestellte Marktgeschehen auf dich macht.
2. Überlege, was für einen geordneten und geregelten Ablauf des Marktes notwendig ist. Notiere praktische Vorschläge, die du dafür hast.

Tipp! Wenn ihr dabei zu mehreren zusammenarbeitet, gibt es mehr gute Ideen und Einfälle.

Wie wird in einer mittelalterlichen Stadt für Ordnung auf dem Markt gesorgt?

Wenn viele Menschen zusammenkommen, um Handel zu treiben, sind Regeln für den Umgang miteinander und den Ablauf der Geschäfte notwendig und hilfreich. So erließen die Stadtbehörden im Mittelalter Marktordnungen, die dafür sorgen sollten, dass das Marktgeschehen ruhig, friedlich und geordnet ablief. Für die Einhaltung der Bestimmungen sorgte in größeren Städten eine eigens dafür eingerichtete Marktpolizei mit einem Marktvogt als Oberaufseher an der Spitze.

M 2 **Marktordnung Herzog Heinrichs I. von Niederbayern für Landshut, 1256**

Q 1. Wir verbieten, Schwerter und Dolche innerhalb der Stadt zu tragen.
2. Wucherer, Vorkäufer[1] und Preisabredungen verbieten Wir bei einer Strafe von 5 Pfund[2] und erklären sie überdies für rechtlos.

3. Wir ordnen an, dass 2,5 Pfund Rindfleisch für 1 Pfennig verkauft werden, ebenso das Hammelfleisch oder 3 Pfund Ziegenfleisch. Die es anders halten, sollen der Stadt 6 Schilling und dem Richter 60 Pfennig zahlen.

4. Wir ordnen bezüglich derjenigen, die Waren in die Stadt bringen, an, dass außerhalb des öffentlichen Marktes kein Kauf stattfinden darf. Wer gegen diese Gebote verstößt, soll der Stadt 6 Schillinge und dem Richter 60 Pfennige geben. Hat er kein Geld, so wird ihm die Hand abgeschlagen.

5. Wir ordnen an, dass zwei gute und mittelgroße Würste für 1 Pfennig abgegeben werden sollen, sie dürfen nur aus reinem Schweinefleisch sein. Von krankem Fleisch dürfen keine gemacht werden. Wer dagegen verstößt, soll 1 Pfund zahlen und für die Dauer eines Jahres vom Handwerk ausgeschlossen werden.

6. Finniges[3] und minderwertiges Fleisch darf nur 7 Fuß vom Fleischmarkt entfernt verkauft werden, desgleichen das Fleisch für die Juden. Wer das übertritt, soll 5 Pfund zahlen und ein Jahr lang dem Fleischmarkt fernbleiben.

7. Wir bestimmen, dass zwei Brote jeder Art, wohl geknetet, gesalzen und gesiebt, für 1 Pfennig verkauft werden sollen. Gerste darf nicht mit Semmelroggen vermischt werden. Brezeln dürfen nur aus Weizenmehl gemacht werden. Wer das dreimal übertritt, soll 1 Pfund zahlen und für ein Jahr von seinem Handwerk ausgeschlossen werden.

8. Wir bestimmen, dass die Bürger einen Eimer italienischen Wein (ca. 60 Liter) für 5 Schillinge ausschenken. Den besten Frankenwein soll man für 75 Pfennige ausschenken, die mittlere Sorte für 55 Pfennige. Ein Eimer Bier sollen sie für 18 Pfennige öffentlich verzapfen. Wer selbst braut, soll den Eimer für 15 Pfennige abgeben.

9. Lotterbuben jeder Art, fahrende Schüler mit langen Haaren lassen Wir in der Stadt nicht zu.

(Zit. nach: Quellen zur Wirtschafts- und Sozialgeschichte mittel- und oberdeutscher Städte im Spätmittelalter, hg. von Gisela Möncke, Darmstadt (Wissenschaftliche Buchgesellschaft) 1982, S. 49f.)

---

[1] Vorkäufer sind Leute, die Preisabsprachen vor Eröffnung des Marktes treffen.
[2] Das Pfund wurde in Bayern in 8 Schillinge zu je 30 Pfennigen unterteilt.
[3] finnig: durch eine bestimmte Tierkrankheit verdorben

Die meisten Menschen im Mittelalter konnten weder lesen noch schreiben. Rechtliche Bestimmungen und der Inhalt solcher Urkunden wie dieser wurden deshalb den Beteiligten durch öffentliches Vorlesen bekannt gemacht.

1. Lest die Marktordnung laut vor.

2. Anschließend sucht sich jeder von euch drei Vorschriften aus, stellt ihre inhaltlichen Aussagen in eigenen Worten kurz vor und versucht den Mitschülerinnen und Mitschülern zu erklären, welchen Sinn sie jeweils haben sollten.

3. Wie beurteilt ihr diese städtischen Marktregelungen?

Zum Beispiel:

So könntet ihr beginnen …

> Solche Marktordnungen wie diese erfüllen ihren Zweck, weil …

> Die Marktordnung ist aber streng …

> Die Marktordnung ist gerecht und notwendig für alle, denn …

Vergleicht dabei mit euren eigenen Vorschlägen, die ihr für die Marktordnung entwickelt habt, und bezieht sie in eure Urteile mit ein.

Gemeinsam arbeiten – Handwerker und Zünfte

Arbeiten in der Stadt – das hieß für die überwiegende Mehrheit der in der Stadt lebenden Menschen, im Handwerk oder im Handel tätig zu sein. Damals wie heute gilt, dass für fast alle Berufe eine Ausbildung erforderlich ist. Dies ist in vielen Fällen eine Lehre. Angenommen, ihr wollt einen Lehrberuf erlernen und euch selbstständig machen. Dann liegt ein langer Berufsweg vor euch: dreijährige Lehrzeit, mehrjährige berufspraktische Erfahrung und

Bewährung als Geselle sind die Voraussetzung für die Ablegung der Prüfung zum Handwerksmeister. Ohne „Meisterbrief" und Eintragung in die „Handwerksrolle" sind trotz einiger Lockerungen auch heute noch in zahlreichen Handwerksberufen eine anerkannte Berufsausübung und die Eröffnung eines eigenen Betriebs nicht zulässig. Zuständig dafür, dass alles ordnungsgemäß abläuft, sind die „Handwerkskammern". Sie sind eine

überörtliche Organisation, in der sich die Handwerker zusammengeschlossen haben, um ihre beruflichen und wirtschaftlichen Interessen gemeinsam nach außen zu vertreten.

> Warum ist das heute so? Seit wann gibt es eine solche Organisation des Handwerks? Ein Blick in die Geschichte der mittelalterlichen Städte erklärt den heutigen Zustand.

M Handwerkeralltag

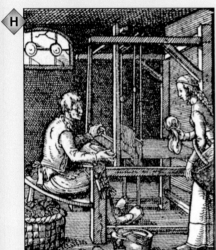

1. Auf diesen Abbildungen – es handelt sich um Nachbildungen alter zeitgenössischer Stiche und Holzschnitte – könnt ihr einiges über die tägliche Arbeit der Handwerker erfahren. Beschreibt, was ihr entdeckt und was euch auffällt. Richtet eure Aufmerksamkeit auf die abgebildeten Personen, ihre Tätigkeit, die Einrichtung der Werkstatt, die Art und Weise, wie gearbeitet wird.

2. Vergleicht die abgebildeten Arbeitsabläufe mit der Arbeit auf dem Land.

Zünfte – eine starke Gemeinschaft

Die meisten Berufsgruppen in den mittelalterlichen Städten schlossen sich zusammen, um ihre Interessen als Geschäftsleute und Bürger in der Stadt besser vertreten zu können. Diese Zusammenschlüsse nannte man Zünfte (bei den Handwerkern) oder auch Gilden (bei den Kaufleuten).

Die einzelnen Zünfte verabredeten Regelungen zur Organisation ihres Handwerkszweigs: die Zunftordnungen. Solche Zunftordnungen sind Rechtsurkunden.

Auf dieser Doppelseite findet ihr zwei derartige Vereinbarungen. An beiden Quellen lässt sich beispielhaft erarbeiten, wie Zünfte entstanden, welche Ziele und Aufgaben sie hatten und was sie im Einzelnen regelten.

M 1 Eine Zunft wird gegründet

Q Kund und zu wissen sei, es haben Reinzo, Wilderich und Everold und die übrigen Handwerksgenossen in frommer Hoffnung auf ein ewiges Leben im
5 Jahre 1149 eine Bruderschaft der Decklakenweber gebildet. Danach sollen: 1. alle Decklakenweber innerhalb der Mauern, einheimische oder fremde, sich der Ordnung dieser Bruderschaft
10 unterwerfen. 2. Wer sich dem widersetzen wollte, soll mit der Strenge des Gerichts unter Verlust seines Vermögens zu Unterwerfung und Gehorsam gezwungen werden. 3. Die Hand-
15 werksgenossen haben aus ihrem Bruderschaftsvermögen den Schleierwebern einen Betrag zur Verfügung gestellt und haben mit Steinen und Holz eine Marktstätte mit trockenlegen hel-
20 fen. Diese Verkaufsstelle soll beiden Teilen gemeinsam gehören.

(Zit. nach: M. Rumpf, Deutsches Handwerkerleben, Stuttgart (Kohlhammer Verlag) 1955, S. 83f.)

M 2 Aus der Zunftordnung der Krämer (Kleinhändler) von Zürich, 1330

Q In Gottes Namen, Amen. Es sei allen zu wissen, dass wir, die Krämer von Zürich, nach des Bürgermeisters und der Bürger zu Zürich gutem Rat und
5 Geheiß, eine Zunft und Gesellschaft gebildet haben, unserem Handwerk zur Förderung und der Stadt Zürich zum Nutzen und zur Ehre, wie im Folgenden geschrieben steht:
10 1. Man soll jährlich zweimal, an Johannistagen zur Sonnenwende und nach Weihnachten, einen Zunftmeister wählen. [...]
2. Wer in diese Zunft aufgenommen
15 werden will, es sei Mann oder Frau, der soll ein Ehrbarer und aus dem Berufe sein und namentlich keine Zwietracht in die Zunft bringen. Dünkt es dem Zunftmeister und den sechs Bei-
20 sitzern, dass die Aufnahme erfolgen kann, so hat er der Zunft 25 Pfund zu geben [...].

---

1. Lies die beiden Quellen genau durch. Du weißt, wie man mit Urkunden fachgerecht umgeht (s. S. 105). Bei der „Was-Frage" solltest du bei diesen beiden Quellen in zwei Schritten arbeiten:

1. Schritt ⟶ **2. Schritt**

Formuliere zunächst die wesentlichen Bestimmungen der beiden Vereinbarungen, die hier als Beispiel dienen, in deinen eigenen Worten.

Z.B.: „Die Decklakenweber sollen anderen Webern Geld leihen, um den Marktplatz herzurichten."

In einem zweiten Schritt verallgemeinerst du.

Z.B.: „Die Aufgabe einer Zunft konnte es also sein, anderen Zünften zu helfen, also sozial zu handeln, wie wir das modern ausdrücken würden."

Abschließend könnt ihr auch die Seitenüberschrift erläutern. Geht von folgenden übergeordneten Ordnungsbegriffen aus:
– wirtschaftliche Aufgaben,
– gesellschaftliche (soziale) Aufgaben,
– politische Interessenvertretung.

Verfahrt so mit allen anderen Bestimmungen, die ihr in den beiden Quellen findet.

2. Wenn ihr die beiden Quellen auf diese Weise ausgewertet habt, könnt ihr nicht nur darstellen, wie das in den beiden untersuchten speziellen Fällen aussah, sondern auch, welche Ziele und Aufgaben Zünfte ganz allgemein und überall hatten.

Wenn ich damals gelebt hätte und Handwerker gewesen wäre ...

So beurteile ich das Zunftwesen aus meiner heutigen Sicht ...

3. Will ein Geselle in diesem Beruf Meister werden, der soll zunächst drei Jahre gelernt und zwei Jahre als Knecht Lohn empfangen haben.

4. Es soll auch kein Krämer mehr als einen Lehrknecht nehmen bei Strafe […].

6. Es darf niemand irgendeine Ware oder Sache auf dem Markt zu Zürich verkaufen, der nicht zur Zunft gehört. […]

8. Ein Krämer, der hier wohnhaft ist und einen festen Verkaufsplatz hat, der soll nicht auch noch mit seinem Kram an der Kirche stehen oder in die Häuser gehen.

9. Wenn ein Fremder in die Stadt kommt, darf er nicht länger als zwei Wochen seine Ware anbieten. […]

15. Die Witwe eines Zunftgenossen darf so lange das Zunftrecht behalten, wie sie Witwe bleibt. Nimmt sie einen Mann, der nicht zur Zunft gehört, muss der sich vorschriftsmäßig in die Zunft einkaufen. […]

21. Wenn ein Zunftgenosse stirbt, aber so arm ist, dass er nicht bestattet werden kann, dann soll man ihn […] dort bestatten, wo er es begehrt.

22. Stirbt jemand aus der Zunft in fremdem Lande, so soll man ihm eine Messe stiften und zum Opfer gehen. […]

(Zit. nach: K. Gatz, Kauffahrer, Krämer und Handelsherren, Hannover 1949, S. 128f.)

Übrigens …

Eine solche Vorgehensweise nennen die Geschichtsforscherinnen und -forscher „exemplarisch arbeiten". Allgemeine, für eine Vielzahl von Fällen gültige Aussagen werden aus typischen Beispielen abgeleitet.

Hier ist etwas durcheinander geraten! Kannst du die Zunftzeichen den Handwerksberufen richtig zuordnen?

Wie wird man Handwerker?

Ihr habt schon an mehreren Beispielen gesehen, dass das Leben in der Stadt anders war als auf dem Land. Das galt auch für die Tätigkeit der Handwerker. Anders als auf dem Land wuchsen sie nicht automatisch in den Beruf hinein, sie mussten eine Lehre machen. Die Lehrzeit dauerte drei bis fünf Jahre. Der Lehrling – Mädchen konnten nur wenige Lehrberufe ergreifen – war oft erst zwischen zehn und zwölf Jahren alt. Er lebte im Haus des Meisters, gemeinsam mit dessen Kindern, den unverheirateten Familienangehörigen und den Gesellen. Sie bildeten zusammen eine enge Arbeits- und Lebensgemeinschaft. Der Lehrling hatte eine neue Familie.

Zunftzeichen

Jede Zunft hatte sich ein Zeichen zugelegt, an dem man das Handwerk, das sie vertrat, erkennen konnte. Diese Zunftzeichen hingen vor jeder Werkstatt.

M 3

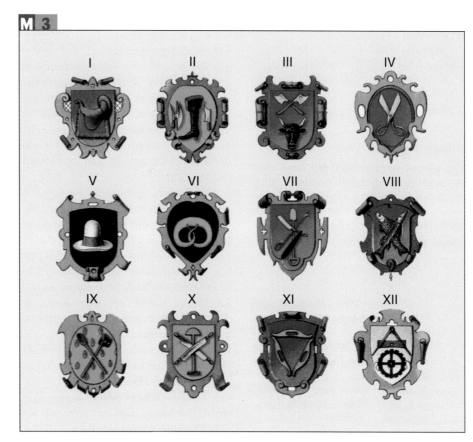

?	Müller	?	Metzger	?	Bäcker (Beck)	?	Schneider
?	Sattler	?	Fischer	?	Hutmacher	?	Weber
?	Bierbrauer	?	Schuhmacher	?	Barbier	?	Gerber

Welche Chancen hatten Frauen im Berufsleben?

Wir untersuchen Beispiele

M 1 Gewerbe mit erwerbstätigen Frauen in Hamburg, 1340–1400

Gewerbe	Zahl der Gewerbetreibenden	davon Frauen
Gänsehöker	38	35
Grützmacher	9	1
Schlachter	171	1
Schuhmacher	93	1
Wandbereiter	15	1
Wollweber – allg.	2	1
– schmales Tuch	12	12
Leineweber – allg.	8	7
– breites Werk	14	6
– schmales Werk	17	11
Apotheker	11	1

Erläuterungen:

Die Weber werden nicht nur nach dem verarbeiteten Material, sondern auch nach der Breite der hergestellten Tuche unterschieden. Für breiteres Tuch brauchte man einen größeren Webstuhl.

(Nach: P. Ketsch, Frauen im Mittelalter, Nr. 143, S. 133)

1. – Beschreiben: Wozu will die Tabelle (M 1) etwas sagen (Thema, Problemfrage)?
   – Untersuchen: Welche Aussage macht sie zum Thema, zur Problemfrage?
   – Auswerten: Kann man die Aussage erklären? Lassen sich Schlussfolgerungen ziehen?

2. Erläutert, was mit den einzelnen Regelungen des „Amtsbriefes" (M 2) bezweckt werden soll.

3. Kann man die Kölner Garnmacherinnen als „selbstständig" bezeichnen? Nehmt Stellung.

M 2 Amtsbrief der Kölner Garnmacherinnen vom 14.4.1397

Q § 1 Zum Ersten, welche Person oder Magd das Garnamt in Köln lernen will, die soll vier Jahre dienen […], damit sie lerne Kaufmannsgut zu machen und zu bereiten. Und sie soll in den vier Jahren nicht mehr als zwei Frauen dienen. […] Und sie soll sogleich dem Amt sechs Schilling für ihren Eintritt geben.

§ 2 […] Welche Frau oder Tochter ein Lehrmädchen gedingt hat, wie es vorgeschrieben ist, die soll das dem Amt innerhalb von acht Tagen mitteilen und den Namen des Mädchens einschreiben lassen, damit man allezeit klar weiß, dass das Mädchen ihre Zeit gedient hat, wenn es sich später niederlassen will, um ihr Amt selbstständig auszuüben.

§ 3 Weiterhin, wenn eine Person ihre vier Jahre gedient hat und sich […] niederlassen will, um selbstständig zu arbeiten, so sollen die Frauen, die darauf vereidigt worden sind, ihre Arbeit prüfen, ob es Kaufmannsgut ist oder nicht. Ist es dann solche Arbeit, dass man den Kaufmann damit beliefern kann, so darf sie ihr Amt betreiben und gibt sofort zwei Gulden, bevor sie das Amt beginnt und sich damit niederlässt. Und wenn eine im Amt geboren ist, so soll sie nur die Hälfte zahlen.

§ 5 Und welchem Mann seine Frau stirbt, der Mann darf das Amt mit seinem Gesinde weiter ausüben.

(Zit. nach: P. Ketsch, Frauen im Mittelalter, Nr. 200, S. 177f.)

Dürfen die Weberinnen in Heilbronn weiter ihr Handwerk ausüben?

M 3 Im Jahre 1509 beschweren sich die Heilbronner Leineweber beim Rat der Stadt: Der Wollweber Jörg Bermenter und seine Frau hätten mehr Tücher produziert als die Vorschrift erlaubt. Bermenter und seine Frau erheben mit folgender Eingabe Widerspruch:

Q Und es ist weiter vorgebracht worden, dass meine Ehefrau das Leinenwerk treibt und ausübt. Darauf antwortete ich: Das stimmt. Sie hat es in ihrer Jugend gelernt und hat damit auch ihren Vater und ihre Mutter während deren Krankheit und im Alter unterhalten und ernährt, und es ist ihr nie verboten worden. Nun hat sie einen Mann, nämlich mich, geheiratet und mich dieses auch gelehrt […]. Da nun meine Frau das ihrige [Handwerk treibt], das sie gelernt und von Jugend an ohne Widerspruch ausgeübt hat, glaube ich kaum, dass jemand so schlechten Sinnes ist, dass er es als unrechtens und strafbar empfindet und erachtet, wenn sie mir, was billigerweise geschieht, hilft, meine kleinen Kinder ehrlich zu ernähren. Denn es ist nicht bekannt, dass jemals in Heilbronn einer Frau solches verboten worden ist.

(Urkundenbuch der Stadt Heilbronn, Bd. 3, bearbeitet von Moritz von Rauch, Stuttgart (Kohlhammer) 1916, S. 162f.)

M 4 1511 fordern die Wollweber den Rat auf, den Leinewebern zu verbieten wollenes Tuch herzustellen. Daraufhin fordern die Leineweber den Rat auf, sie wie bisher auch wollenes Tuch machen zu lassen, da sie sonst ihre Familien nicht mehr ernähren können. Andernfalls …

Q … sollte der Rat bestimmen – so erheische die Notdurft, dass man allen Frauen, die sonstige Handwerker als Ehemänner haben, verbiete, daneben noch das Weberhandwerk auszuüben, und den Nonnen, wie in anderen Städten, die Lohnarbeit verbiete.

(Zit. nach: P. Ketsch, Frauen im Mittelalter, Nr. 200, S. 178f.)

Stellt euch einmal vor: Die Klasse soll den Streit in Heilbronn (M 3/M 4) klären. In einer gespielten Ratsversammlung sollt ihr über den Antrag der Heilbronner Leineweber entscheiden. So könnt ihr vorgehen:

Schritt 1: Ein oder mehrere Schüler tragen die Position der Heilbronner Wollweber vor und begründen sie.

Schritt 2: Ein oder mehrere Schüler tragen die Position des Jörg Bermenter und seiner Frau vor und begründen sie.

Schritt 3: Ein oder mehrere Schüler tragen die Position der Heilbronner Leineweber vor und begründen sie.

Schritt 4: Der Rat verhandelt den Fall. In der Ratsversammlung haben alle Beteiligten das Rederecht. Möglichst viele Schüler nehmen Stellung zu den beiden Eingaben und begründen ihre Meinung.

Schritt 5: Findet gemeinsam eine Lösung des Streits. Schreibt eure Entscheidung mit Begründungen auf.

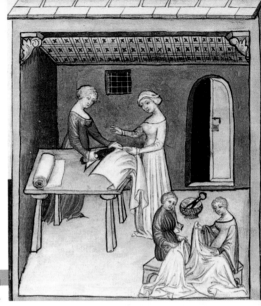

Frauen schneiden Leinen zu
(italienische Buchmalerei, um 1385).

M 5 Natürlich hat auch der „richtige" Rat von Heilbronn eine Entscheidung getroffen:

Q Wenn ein Wollweber eine Frau hat, die Leinenes weben kann und will, die darf es tun, doch in einem gesonderten Raum. Dazu darf sie aber weder einen Knecht noch eine Magd dingen, anstellen, gebrauchen, noch in irgendeiner Weise halten.

(Urkundenbuch der Stadt Heilbronn, a.a.O., S. 164)

1. Was beabsichtigt der Heilbronner Rat mit seiner Entscheidung? Was bedeutet diese Entscheidung für die Weberinnen in Heilbronn?

2. Vergleicht mit eurer Entscheidung und nehmt Stellung.

Diskussion:

Thema: Rollenerwartungen

Wenn es um das Verhältnis und die Stellung von Männern und Frauen in der heutigen Gesellschaft geht, dann sind hitzige, zumeist auch sehr einseitig geführte Diskussionen an der Tagesordnung. Nicht wenige Menschen haben fest gefügte Vorstellungen über die Rollenverteilung und Aufgabenzuweisung von Frau und Mann. Solche Vorstellungen nennen wir Rollenerwartungen. Wo kommen sie her? Wie entstehen sie? Sind sie berechtigt? Vielleicht sogar geschichtlich gewachsen? Oder aber wollen Männer ohne Grund nur eine Vorrangstellung behaupten, wenn sie sagen, dass das schon immer so war? Spannende und für das Miteinanderumgehen der beiden Geschlechter ganz entscheidende Fragen.

Sammelt stichwortartig eure Vorstellungen über die Rolle von Frauen in der heutigen Gesellschaft, so wie ihr sie seht, erwartet, empfindet.

Welche Stellung (Rolle in der Familie, im Beruf, in der Gesellschaft) hat eurer Meinung nach die Frau in der mittelalterlichen Stadt?
Vergleicht! Stillstand, Neues, Fortschritt … ?

Tipp! Wenn ihr diese Diskussion führen wollt, geht am besten so vor: Setzt euch in Gruppen zusammen, klärt eure Vorstellungen zu Antike und Gegenwart und diskutiert anschließend in der Gesamtgruppe über die Frauen in der mittelalterlichen Stadt.

Stellt noch einmal zusammen, was ihr über das Frauenbild in der Antike erfahren habt.

Städte handeln europaweit: zum Beispiel die Hanse

In der zweiten Hälfte des 20. Jahrhunderts wurde die Europäische Union gegründet und seit dem Jahr 2002 gibt es den Euro als gemeinsames Zahlungsmittel. Vor 600 Jahren existierte aber bereits ein europäischer Markt. Die Fernhandelskaufleute in ganz Europa hatten Verbindungen untereinander, bestellten ihre Waren in Venedig, London oder Danzig. Manche Kaufleute schlossen sich zu Handelsgesellschaften zusammen und besaßen nach heutigen Maßstäben ein Milliardenvermögen. Im Nord- und Ostseeraum vereinigten sich über 100 Städte zur Hanse, einer Städtehandelsgesellschaft, die mit ihrer „Hauptstadt" Lübeck den gesamten Handel beherrschte und mit Kaiser und Königen verhandelte.

Handelsgesellschaften entstehen

Aus den wenigen Karawanen wagemutiger Kaufleute des 9. bis 11. Jahrhunderts entwickelte sich im Zuge der vielfältigen Stadtgründungen ein umfangreiches Netz von Handelsbeziehungen in ganz Europa. So riskant und eventuell auch verlustreich der Handel über weite Entfernungen sein konnte, so attraktiv waren die hohen Gewinnspannen. Viel Geld wurde in den Städten nur mit dem Fernhandel verdient. Auch wenn Räuber, Schiffbruch durch Sturm, gierige Adelige durch Überfälle und hohe Zollbarrieren riesige Hindernisse auftürmten, der glückliche Ausgang eines Geschäftes z. B. mit Gewürzen konnte aufgrund der hohen Gewinnspannen viele Verluste ausgleichen.

Dabei spielten Sprachen, Dialekte, Herrschaftsbereiche und kriegerische Auseinandersetzungen von König und Adel keine Rolle: Nationalstaaten und Ländergrenzen waren unbekannt, ein dichtes Handelsnetz zog sich bald über Europa hin. Die Produktionsüberschüsse aus dem westlichen Europa durch Verbesserung der Produktionstechniken, z. B. im Bereich Textilgewerbe, wurden im östlichen Europa verkauft. Nordeuropa setzte seine Überschüsse in Form von Salz, Heringen und Pelzen ab. Venedig und Genua nutzten ihre Handelsbeziehungen im Mittelmeer, um die gefragten Waren aus dem Orient mit enormen Gewinnspannen in Mitteleuropa anzubieten. Für einen Kaufmann in Nürnberg war es selbstverständlich, dass er persönlich in Venedig seine Beziehungen hatte; Kaufleute aus Lübeck verhandelten mit Partnern in Nowgorod und Flandern. Venezianische Kaufleute erschienen auf den Verkaufsmessen in Frankreich und berichteten ihren Handelsherren über die Preislage in Frankreich und England, um anschließend entsprechende Geschäfte zu tätigen.

Im Nord- und Ostseebereich schlossen sich Kaufleute zusammen, um gemeinsam Fahrten zu organisieren, aber auch um gegenüber den ansässigen Machthabern Recht und Sicherheit zu erwirken. Solche Kaufmannszusammenschlüsse nannte man Hanse. Die Hanse übernahm den gesamten Handel im Nord- und Ostseeraum. Eigene Niederlassungen wurden in London, Flandern und in Schweden und Russland errichtet. Wichtigster Handelsort und Umschlagplatz war Lübeck (damals mit 25.000 Einwohnern eine Großstadt). In Nürnberg fand der Austausch zwischen dem norddeutschen Handelsgebiet und dem oberdeutschen Handel statt, der mit dem Italien- und Orienthandel zusammenhing (Venedig). Ein anderer Strom des Handels zwischen den nördlichen und den südlichen Handelsräumen bewegte sich über das reiche und mächtige Köln durchs Rheintal und nach Süden über die schweizerischen Alpenpässe nach Mailand und Genua. Erfolg versprechend war der Handel immer dann, wenn er mit dem Schiff über See oder auf Flüssen betrieben wurde.

Francesco Datini (etwa 1335–1410) errichtete von Florenz aus ein riesiges Handelsimperium und gilt als einer der erfolgreichsten Kaufleute seiner Zeit.

M 1 Transportmittel und -wege

Im Nahverkehr, beim Warentransport vom Dorf zum Markt, spielte die Menschenkraft eine große Rolle.

Packtier

Handelszüge, Karawanen von Tragtieren, transportierten Handelsgüter auch dort, wo Wagen nicht mehr fahren konnten. In Europa wurden Packpferde und Packesel verwendet. Im Gebirge setzte man Maultiere als Tragtiere ein.

Frachtwagen: Tragfähigkeit 2 – 2,5 t, Geschwindigkeit bei guten Straßenverhältnissen ca. 4 km/Stunde. Ein Transport von Frankfurt/Main nach Prag dauerte 20 – 24 Tage. Die Straßen ließen ein Befahren oft nur in trockenen Zeiten zu.

Die Flüsse waren die wichtigsten und am stärksten befahrenen Verkehrswege. Binnenschiffe wurden durch Wind und Segel, flussabwärts auch durch die Strömung, stromauf durch Treidler und Treidelpferde bewegt.

Kogge: Hochseeschiff der Hanse; gedrungener, hochbordiger Schnellsegler mit 1 – 3 Masten; bis zu 30 m lang und 7 m breit, oft mehr als 3 m Tiefgang; Tragfähigkeit 140 – 300 t; Strecke Lübeck – Danzig in ca. 4 Tagen (Fuhrwerk ca. 14 Tage).

Zum Vergleich:
Tragfähigkeit eines LKW (z. T. mit Hänger): 20 – 50 t; Tragfähigkeit eines Güterwaggons der Eisenbahn: 17 – 50 t; Tragfähigkeit eines Güterzuges von 40 Waggons: bis 2 000 t.

1. 200 Tonnen Ware müssen von Danzig nach Lübeck transportiert werden. Wie würdest du als Kaufmann entscheiden? Wäge alles Für und Wider ab und begründe deine Entscheidung.

2. Du möchtest als Vertreter der Hanse Kaufleute einer Stadt davon überzeugen, in eine Handelsgemeinschaft wie die Hanse einzutreten. Wie würdest du argumentieren?

3. Ihr könnt auch ein kleines Rollenspiel vorbereiten: Hanse-Vertreter ↔ skeptische Kaufleute.

M 2 Handelswege und Herkunft der wichtigsten um 1470 im Fernhandel umgesetzten Güter

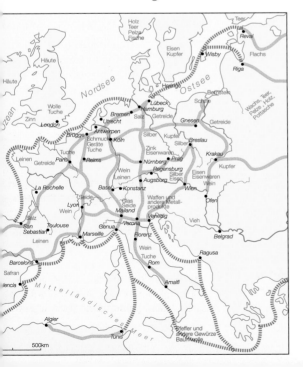

M 3 Handelsgüter der Ravensburger Gesellschaft

Herkunft	Waren	Bestimmungsorte
Niederlande	flandrisches Tuch, Mützen	Spanien, Frankfurt, Wien
Mailand	Metallwaren, Waffen, Pelze, billige Tücher	Spanien, Deutschland, Wien, Antwerpen
Genua	Perlen, Schmuck, Seide, Muskat, Nelken, Pfeffer, Kamelhaare	Deutschland, Frankreich, Niederlande
Venedig	Seide, Baumwolle	Köln, Flandern
Spanien	Safran, Reis, Zucker, Südfrüchte, Farbwaren, Rohwolle, Pelze, Leder	Italien, Deutschland, Niederlande, Genua, Mailand
Lyon	Hanfstoffe	Spanien
Nürnberg	Spielwaren	Italien
Bodenseeraum	Leinewebwaren (Barchent)	ganzes Abendland

Stadtherrschaft: Wer regiert die Stadt?

Rathaus der Stadt Markgröningen

Diese Frage könnt ihr mithilfe der Materialien untersuchen. Zum Auswählen:

- Ihr bearbeitet die einzelnen Materialien alle gemeinsam nacheinander und diskutiert eure Auswertungsergebnisse. Behaltet dabei die Leitfrage im Blick und den jeweiligen Zeitraum, auf den ihr euch bezieht.
- Ihr bereitet zu diesem Thema einen kleinen zusammenfassenden Gruppenvortrag vor.
  - Auch hier empfiehlt es sich, zunächst die zum jeweiligen Material gestellten Arbeitsaufgaben zu bearbeiten.
  - In einem zweiten Schritt müsstet ihr dann, was ihr im Einzelnen herausgefunden habt, zusammenstellen und für einen Kurzvortrag ordnen. Einer oder mehrere im Team tragen vor.

Hier im Rathaus tagt der Stadtrat; hier ist der Amtssitz des Stadtoberhaupts, der Bürgermeisterin oder des Bürgermeisters; hier arbeiten die städtischen Behörden. Dorthin gehen wir, wenn wir z. B. einen neuen Personalausweis brauchen, Grundstücks- oder Hausbauangelegenheiten klären müssen oder Ähnliches. Heute verwalten die Städte sich selbst. Als Bürger wählen wir unser Stadtoberhaupt und die Mitglieder des Stadtrates.

Für die Entstehung und Entwicklung dieser modernen städtischen Ordnung haben die mittelalterlichen Städte sozusagen Pate gestanden. Auch hier regelten die Bürger ihre Angelegenheiten weitgehend selbst, allerdings nicht von Anfang an. Alle Städte hatten zunächst einen Stadtherrn, dem sie unterstanden. Dies konnte ein Adeliger, ein Bischof oder sogar der König sein. Seit dem 11. Jahrhundert kam es oft zu Auseinandersetzungen zwischen den Bürgern und ihren Stadtherren. Wohlhabende, selbstbewusste Bürger forderten vermehrt Mitbestimmung in Fragen der Regierung der Stadt. Als Folge dieser häufig mit Gewalt geführten Auseinandersetzungen gelang es den Bürgern schrittweise, sich von der alleinigen Vorherrschaft ihrer Stadtherren zu befreien und selbst die Macht in den Städten zu übernehmen.

M 1 Streit zwischen Stadtherr und Bürgern – das Beispiel Köln

Über die Vorgänge in der Bischofsstadt Köln im Jahre 1074 berichtet der Mönch Lampert von Hersfeld:

Q Der Erzbischof feierte Ostern zu Köln, mit ihm der Bischof zu Münster […]. Als dieser sich zum Aufbruch rüstete, wurden des Erzbischofs Bediensteten beauftragt, für seine Reise ein passendes Schiff zu besorgen. Diese sahen sich um, beschlagnahmten das Schiff eines reichen Kaufmanns […], ließen die Waren herauswerfen und befahlen, es für
10 die Zwecke des Erzbischofs auszurüsten. Als die Schiffsknechte sich weigerten, drohte man ihnen mit Gewalt, […]. Jene berichteten, so schnell sie konnten, dem Schiffsherrn und fragten ihn, was
15 zu tun sei. Er hatte einen erwachsenen Sohn, der an Kühnheit und Kraft hervorragte und sehr beliebt und geschätzt war. Dieser raffte seine Knechte und junge Leute aus der Stadt zusammen,
20 stürmte zum Schiff und verjagte die Knechte des Erzbischofs. […] Als man dem Erzbischof meldete, dass die Stadt durch einen schweren Aufstand erschüttert werde, […] drohte er voller
25 Zorn, die aufständischen jungen Männer bei nächster Gerichtssitzung mit der gebührenden Strafe zu züchtigen. Die Vornehmen schmieden unnütze Pläne, das ungeduldige Volk, auf Umsturz bedacht, ruft die ganze vom Teufelsgeist
30 ergriffene Stadt zu den Waffen. […] Am Nachmittag gegen Abend stürmten sie aus allen Teilen der Stadt zum Palast des Erzbischofs, greifen ihn, der dort
35 auf einem belebten Platz mit dem Bischof von Münster speiste, an, schleudern Speere, werfen Steine, töten einige seiner Begleiter, prügeln und verletzen die Übrigen und schlagen sie in die
40 Flucht. […] Der Erzbischof muss fliehen, erscheint aber nach vier Tagen mit einem Heer vor der Stadt […].

(Lampert von Hersfeld, Chronik a. 1074)

1. Fasse die Ereignisse (M 1) in deinen eigenen Worten knapp zusammen.
2. Welche Haltung vertritt der Verfasser der Quelle? Belege an Textbeispielen.
3. Vervollständige den Bericht: Wie reagiert wohl der Stadtherr und wie begründet er sein Vorgehen? Verfasse eine Verteidigungsrede der Bürger.

Wie endete der Streit in Köln?

1122 muss der Erzbischof nachgeben: Die reichen Kaufleute richten einen städtischen Rat als Vertreter der Bürgerschaft ein. Die Stadt erhält im Laufe der Zeit eine eigene Verfassung und Selbstverwaltung mit dem Bürgermeister an der Spitze. Entscheidende Rechte, wie das Recht der Verteidigung, Gericht abzuhalten, Münzen zu prägen, Zölle zu erheben usw., gehen auf die Stadt über. Seit dem 14. und 15. Jahrhundert können auch besitzende Handwerksmeister Ratsherren werden.

Ich erkläre die städtische Ordnung:

1. Welche Gruppen und Personen gibt es?
2. Welche städtischen Einrichtungen gibt es?
3. Welche Gruppen dürfen mitbestimmen?
4. Wer hat viel, wer hat wenig, wer hat eventuell gar keine Macht?
5. Welche Veränderungen gibt es im 14. und 15. Jahrhundert in der Stadt? Wer regiert? Schaue dir dazu auch das Schaubild (M 2) an.

M 2 Wer regiert die Stadt (14./15. Jahrhundert)?

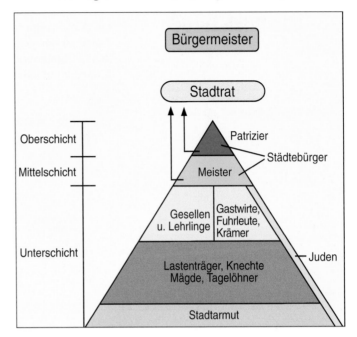

M 3a Augsburg 1368

Q Im Jahre unseres Herrn 1368, da kam eine große Menge bewaffneter Leute auf dem Rathausvorplatz zusammen und forderte die Einführung einer zünftischen Verfassung für die Stadt. [...] Sie versprachen, mit Gottes Hilfe alles friedlich zu regeln, und verlangten das Buch, in dem das Stadtrecht aufgezeichnet war, das Stadtsiegel sowie die Schlüssel zur Sturmglocke. [...] Dann gingen alle, die Reichen und die Armen, auf den Rathausvorplatz hinaus und schworen dort, dass die Stadt eine zünftische Verfassung bekommen solle.

(Zit. nach: Die Chroniken der deutschen Städte, Bd. 4, Göttingen 1965, S. 21f.)

1. Berichte, was sich in Augsburg abspielt (M 3a). Auch Einzelheiten sind wichtig!
2. Vergleiche mit dem Fall Köln (M 1).
3. Versuche den Begriff „zünftische Verfassung" zu erklären.

   Tipp! Das Bild (M 3b) hilft dabei!

   a) Welchen Vorgang hat der Buchmaler bildlich dargestellt?
   b) Warum ist dieses Bild wohl in das Ratsbuch aufgenommen worden? Begründe deine Meinung.

Malerei aus dem Ratsbuch der Stadt Augsburg: Sechs Zunftvertreter betreten das Ratszimmer, in dem die Patrizier eine Ratssitzung abhalten.

M 3b

Stopp
Ein Blick zurück

Stadt im Mittelalter – multimedial präsentiert

Mit dem Programm Power Point bietet sich die Möglichkeit, die Ergebnisse eurer Arbeit zu den einzelnen Themenbereichen dieses Kapitels über die Stadt im Mittelalter multimedial zu präsentieren, da ihr Text-, Bild- und Ton-Elemente zu einer Einheit kombinieren könnt.

Diese Begriffe kann ich jetzt erklären:

* Stadt
* Markt
* Bürger/Bürgertum
* Patrizier
* Zunft
* Hanse

Methodenbox
Präsentieren mit Power Point

Zu Anfang muss erst eine leere Präsentation geöffnet werden, je nach Programmversion sollte euch nach dem Start folgender Anblick erwarten:

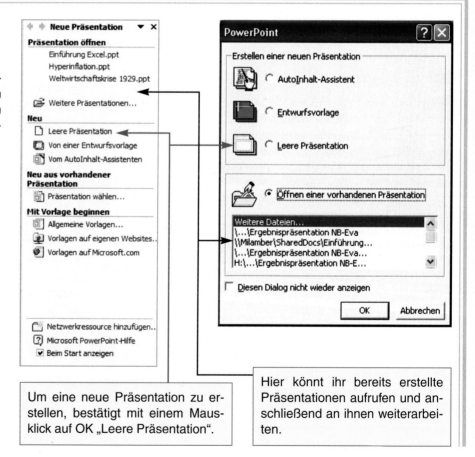

Um eine neue Präsentation zu erstellen, bestätigt mit einem Mausklick auf OK „Leere Präsentation".

Hier könnt ihr bereits erstellte Präsentationen aufrufen und anschließend an ihnen weiterarbeiten.

In 4 Schritten zur Präsentation:

1. **Schritt:** Das Programm stellt nach dem Öffnen einer neuen Präsentation eine Reihe von vorgefertigten Layouts zur Verfügung. Schaut euch die verschiedenen Entwürfe an, vielleicht passt eine genau zu euren Vorstellungen? Ansonsten wählt einfach ein leeres Layout.

2. **Schritt:** Auf dem leeren Blatt könnt ihr nun Bilder, Texte usw. einfügen, indem ihr im Menü unter *Einfügen* das Entsprechende auswählt. Die so entstandenen Text- und Grafikfelder lassen sich beliebig anordnen. Es gibt nun bei der Gestaltung zwei Fragen zu klären:
   a) Was soll mit den Elementen auf einer Folie passieren?
   b) Wie soll der Übergang von einer Folie zur anderen ablaufen?

3. **Schritt:** Die Organisation der einzelnen Elemente auf der Folie geschieht über den Menüpunkt *Benutzerdefinierte Animation* im Menü *Bildschirmpräsentation*.

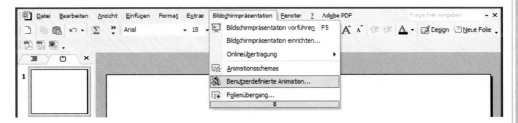

Nach Auswahl dieses Punktes kann eingestellt werden, in welcher Reihenfolge die Felder erscheinen, wie sie erscheinen sollen und vieles mehr.

Hat man einen passenden Hintergrund gefunden, kann man ihn hiermit für alle Folien übernehmen.

4. **Schritt:** Der Übergang von einer Folie zur anderen erfolgt auch im Menü *Bildschirmpräsentation*. Hier wird der Punkt *Folienübergang* gewählt. Es lässt sich einstellen, wie der Übergang erfolgt. Beispielsweise können Folien von verschiedenen Seiten eingeblendet werden.

Tipps!

- Neue Folien erhält man schnell mit der Tastenkombination *Strg + M*.
- Klickt man mit der rechten Maustaste auf eine Folie, kann man den Hintergrund einstellen. Dabei bietet Power Point eine Reihe von Fülleffekten, die für eine ansprechende Optik sorgen.
- Im Internet finden sich kostenlose Kurzanleitungen für verschiedene Versionen von Power Point. Eine Suche über eine der gängigen Suchmaschinen sollte schnell zum Ziel führen.
- Sehr effektiv lässt sich auch mit Masterfolien (*Einfügen – Neuer Folienmaster*) arbeiten, auf denen dann ein einheitliches Layout vorstrukturiert werden kann.
- Mit der Taste *F5* kann man sich seine bisherige Arbeit im Ergebnis anschauen.

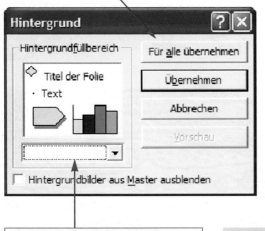

Hier klicken für Fülleffekte!

Bildschirmpräsentation oder Beamerpräsentation: beides geht

Aufbruch
in die Neuzeit

Wie endet eine geschichtliche Epoche?

Das Mittelalter, so habt ihr am Anfang dieses Buches erfahren, umfasst eine Zeitspanne von etwa 1000 Jahren. In der Zeit um 1500 treten Entwicklungen und Ereignisse in Europa ein, die unterschiedlich sind, aber in ihrer Vielfalt den Übergang vom Mittelalter zur Neuzeit einleiten.

- Welche Veränderungen lassen uns vom Ende des Mittelalters sprechen?

- Warum beginnt eine neue Zeit?

Der Zeichner des Holzschnittes mit dem Namen Flammarion (französischer Wissenschaftler) hat versucht, seine Gedanken zu dieser Frage in einem Bild auszudrücken. Er nannte es:

„Die Durchbrechung des mittelalterlichen Weltbildes"

Entstanden ist das Bild im Jahr 1888, also fast 300 Jahre, nachdem der Wandel vom Mittelalter zur Neuzeit eingesetzt hatte.

- Betrachtet den Menschen und seine Umgebung auf diesem Bild:

  - Was lässt der Mensch hinter sich, was interessiert ihn jetzt?

  - In welchem Verhältnis standen Erde, Sonne, Mond und Sterne in der alten Zeit?

  - Wie hat der Zeichner die alte und die neue Zeit dargestellt?

- Was erzählt euch diese Zeichnung zum Thema:

„Aufbruch in die Neuzeit"?

Lernstationen zum Thema „Aufbruch aus dem Mittelalter"

Station 1:
Wissenschaft

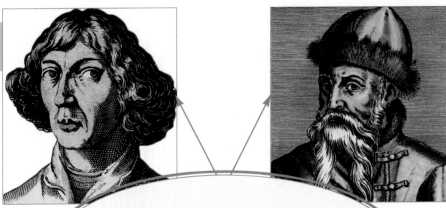

Station 2:
Buchdruck

**Vier Themenbereiche
zur Auswahl**

Vorschläge für eine Präsentation findet ihr
bei den einzelnen Stationen.

Station 3:
Handel

Station 4:
Kunst

Das Ende des Mittelalters wurde durch zahlreiche Entwicklungen und Ereignisse eingeleitet. Auf den folgenden Seiten werden vier dieser Veränderungsprozesse in einzelnen Lernstationen vorgestellt.

Dieses Material kann man auf verschiedene Art und Weise bearbeiten, besonders gut eignet es sich zur Bearbeitung in Gruppen. Dazu müsst ihr euch für eine der Lernstationen entscheiden.

- Schaut euch zunächst die Themenstichworte zu den Lernstationen an und tragt zusammen, ob ihr schon etwas über die einzelnen Themenbereiche wisst.

- Entscheidet dann, welche Lernstation ihr bearbeiten möchtet.

Methodenbox
Arbeitsteilige Gruppenarbeit

Thema: **Stationen des Aufbruchs aus dem Mittelalter**

Arbeitsteilige Gruppenarbeit: Was ist das?

Man teilt die Arbeitsmaterialien so in der Klasse auf Schülergruppen auf, dass jede Gruppe einen bestimmten Teil des Stoffgebietes bearbeitet. Dieses Vorgehen hat den Vorteil, dass ein notwendiges Stoffpensum schneller bearbeitet werden kann. Zudem hat man die Möglichkeit, sich selbst ein Arbeitsthema unter mehreren auswählen zu können. Ein möglicher Nachteil ist, dass nicht alle Schülerinnen und Schüler die gleichen Informationen zur Verfügung haben, die für die Bearbeitung des Gesamtthemas notwendig sind. Um diesen Nachteil auszugleichen, ist es bei arbeitsteiliger Gruppenarbeit besonders wichtig, dass jede Gruppe eine gute Präsentation vorbereitet, die den anderen Gruppen die notwendigen Kenntnisse vermittelt.

Welche Regeln machen sie erfolgreich?

1. Regel: Friedlicher Verlauf der Gruppenbildung	Schaut euch die vier Teilgebiete (S. 138–147) an und bildet die Gruppen so, dass alle Themen mit etwa gleich großer Schülerzahl besetzt sind. Dabei ist Freiwilligkeit angenehmer als Zwang, aber man sollte auch einmal bereit sein, in eine andere als die ursprünglich bevorzugte Gruppe überzuwechseln.
2. Regel: Konzentrierte Lesephase am Anfang	Zuerst einmal solltet ihr euch die Arbeitsaufträge für den von euch ausgewählten Themenbereich genau ansehen und dann jeder für sich die Materialien durchlesen. Notiert euch Dinge, die ihr beim ersten Lesen nicht verstanden habt, damit ihr sie gemeinsam in der Gruppe klären könnt.
3. Regel: Gemeinsame Besprechung des Arbeitsablaufes in den Gruppen	Die eigentliche Gruppenarbeit beginnt mit einer gemeinsamen Besprechung der Aufgabenstellung. Zu den einzelnen Materialien gibt es jeweils spezielle Fragen. Nach der Organisationsphase beginnen die Gruppen zügig mit der Bearbeitung und achten darauf, dass sie in der vereinbarten Zeit ein Ergebnis vorweisen können.
4. Regel: Gleichberechtigte Mitarbeit aller Gruppenmitglieder	Erfolgreiche Gruppenarbeit zeichnet sich dadurch aus, dass alle Gruppenmitglieder in die Arbeit einbezogen sind. Niemand wird ausgeschlossen, niemand reißt die Arbeit an sich. Die Ergebnispräsentation wird sorgfältig vorbereitet. Dabei können einzelne Gruppenmitglieder unterschiedliche Aufgaben übernehmen.
5. Regel: Teamorientierte Durchführung der Ergebnispräsentation	Einen Vortrag zum Themengebiet halten, Folien für den Tageslichtschreiber erstellen, eine Power Point-Präsentation vorbereiten, Diskussionsrunden planen und moderieren – das sollte in den präsentierenden Gruppen von verschiedenen Gruppenmitgliedern übernommen werden. Achtet bei der Präsentation darauf, dass ihr die Aufmerksamkeit des Publikums herstellt, dass ihr möglichst frei mit Blickkontakt zur Großgruppe sprecht und dass ihr sicherstellt, dass eure wichtigen Ergebnisse bei den übrigen Teilnehmern angekommen sind.
	Diese fünf Regeln lassen sich auf jede Art von Gruppenarbeit anwenden.

Ein Wissenschaftler zerstört das mittelalterliche Weltbild – Nikolaus Kopernikus

Bildnis des Nikolaus Kopernikus (1473–1543)

Es ist das Jahr 1543. Nikolaus Kopernikus, ein angesehener Mathematiker und Astronom, liegt im Sterben. Erst vor kurzem hat er seine wichtigste wissenschaftliche Entdeckung unter dem Titel „Über die Kreisbewegung der Himmelskörper" veröffentlicht. Dieses Buch wird der Beginn eines umwälzenden Prozesses sein, der für die Wissenschaften das Ende des Mittelalters und den Beginn der Neuzeit markiert. Was verbirgt sich aber so Revolutionäres hinter dem auf den ersten Blick recht unscheinbaren Buchtitel? Warum veröffentlicht Kopernikus seine schon vor geraumer Zeit gewonnenen Erkenntnisse erst, als er seinen Tod kommen sieht?

Ist die Erde der Mittelpunkt der Welt?

1473 wurde Nikolaus Kopernikus in Polen geboren. Er genoss eine umfassende Ausbildung in Mathematik, Astronomie, Medizin und Rechtswissenschaft, unter anderem in Italien – praktizierte als Leibarzt und Sekretär des Bischofs von Ermland in Heilsberg und fand dann eine Anstellung als Domherr im Frauenburger Dom. Sein eigentliches Interesse galt aber der Sonne und den Sternen, die er intensiv beobachtete und deren Bewegungen er erforschte.

Kopernikus war mit der herrschenden Lehrmeinung groß geworden, wonach die Gestirne sich um die Erde drehen und die Sonne von Osten nach Westen über den Himmel wandert. Im Mittelpunkt dieses Planetensystems steht die Erde still im Mittelpunkt; Sonne, Mond und Sterne drehen sich um die Erde. Dieses geozentrische Weltbild (von griech.: gäa = Erde und kentron = Mittelpunkt) geht bereits zurück auf den griechischen Philosophen Aristoteles und wurde von dem griechischen Astronomen Ptolemäus im 2. Jahrhundert nach Christus ausgearbeitet. Diese Sichtweise entsprach auch – und das war ein gewichtiges Argument – der offiziellen Lehre der Kirche, die aus der Bibel den Satz ableitete: „Die Erde ist der Mittelpunkt des Planetensystems!" Wollte Kopernikus etwa an diesem Glaubenssatz zweifeln?

Das wissenschaftliche Forschen und Fragen hatte im Mittelalter weitgehend stagniert: Man hatte den überlieferten Autoritäten zu glauben, und auch die Verurteilung der Neugier durch den Kirchenvater Augustinus (354–430) trug zu diesem Stillstand und der Autoritätshörigkeit bei. Doch Kopernikus ließ sich seine Neugier und seine eigenen Überlegungen nicht nehmen. Er wollte nicht mehr alles ungeprüft glauben, was die offizielle Kirchenlehre ihm vorschrieb. Er studierte die griechischen Schriften, er beobachtete selbst den Himmel und stellte eigene mathematische Berechnungen an. Seine so gewonnenen Erkenntnisse verglich er mit den gängigen Erklärungen. Dabei kam er zu dem überraschenden Ergebnis, dass das ptolemäische Weltbild nicht zutreffen konnte.

Er war überzeugt: Nicht die Sonne dreht sich um die Erde, sondern die Erde dreht sich um die Sonne, wobei sie sich nochmals um die eigene Achse dreht. Die Erde ist ein beweglicher Planet. Die Sonne ist das Zentrum (heliozentrisches Weltbild, von griech.: helios = Sonne).

Kopernikus wusste um die Brisanz seiner Erkenntnis: Der Mensch, nach dem Verständnis der Bibel die Krone der Schöpfung, sollte auf einer Erde leben, die lediglich ein Stern unter anderen ist. Der Mensch war plötzlich nicht mehr als ein winziges Staubkorn im All – bedeutete dies nicht eine ungeheure Kränkung seines Selbstverständnisses und musste dies nicht auch eine scharfe Reaktion der Kirche hervorrufen? Drohten ihm nicht Verfolgung, Folter und die Hinrichtung als Ketzer? Als die Kirche reagierte und sein Buch verbot, war Kopernikus bereits tot.

1. Zur Veröffentlichung seines Werkes schickte Kopernikus ein Widmungsschreiben an Papst Paul III. Lest die Quelle (M1) Satz für Satz und achtet auf die Art und Weise, wie Kopernikus seine Aussagen formuliert.

2. Lest dann die Quelle über die kirchliche Sicht (M 2):
– Habt ihr jetzt eine Erklärung für die merkwürdigen Formulierungen des Kopernikus?
– Welche Begründungen wählt die kirchliche Quelle zur Ablehnung seiner Theorie?

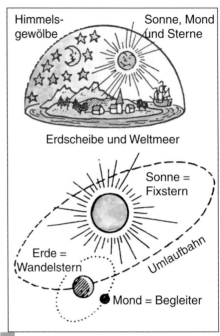

Das alte und das neue Weltbild

M 1 „Ich fing an nachzudenken ..."

Q Heiligster Vater,
ich kann mir zur Genüge denken, dass gewisse Leute, sobald sie erfahren, dass ich in diesen meinen Büchern, die ich
5 über die Kreisbewegungen der Sphären des Weltalls geschrieben habe, der Erdkugel gewisse Bewegungen beilege, sogleich erklären möchten, ich sei mit solcher Meinung zu verwerfen. […]
10 Daher machte ich mir die Mühe, die Bücher aller Philosophen, derer ich habhaft werden konnte, von neuem zu lesen, um nachzusuchen, ob nicht irgendeiner einmal die Ansicht vertreten hatte,
15 die Bewegungen der Sphären des Weltalls seien anders geartet, als diejenigen annehmen, die in den Schulen die mathematischen Wissenschaften gelehrt haben. Da fand ich denn zuerst bei Cice-
20 ro, dass Nicetas geglaubt habe, die Erde bewege sich […].
Von hier also den Anlass nehmend, fing auch ich an, über die Beweglichkeit der Erde nachzudenken.
25 Und obgleich die Ansicht widersinnig schien, so tat ich es doch, weil ich wusste, dass schon anderen vor mir die Freiheit vergönnt gewesen war, beliebige Kreisbewegungen zur Erklärung der Er-
30 scheinungen der Gestirne anzunehmen. Ich war der Meinung, dass es auch mir erlaubt wäre zu versuchen, ob unter Voraussetzung irgendeiner Bewegung der Erde zuverlässigere Deutungen für
35 die Kreisbewegung der Weltkörper gefunden werden könnten als bisher.

(Zit. nach: Karl-Heinz Neubig (Hrsg.), Renaissance und Reformation, Lesewerk zur Geschichte, Langewiesche-Brandt Verlag/Ebenhausen 1962, S. 134ff.)

M 2 „Eine Beleidigung für den Glauben ..."

Diese Antwort stammt aus einem Brief von 1615 des Roberto Bellarmin, jesuitischer Kardinal:

Q Wenn man behaupten will, die Sonne stehe wirklich im Mittelpunkt der Welt und bewege sich nur um sich selbst, ohne von Osten nach Westen zu
5 laufen, und die Erde stehe am dritten Himmel und bewege sich mit der größten Schnelligkeit um die Sonne, so läuft man damit große Gefahr, nicht nur alle Philosophen und scholasti-
10 schen Theologen zu reizen, sondern auch unseren heiligen Glauben zu beleidigen, indem man die Heilige Schrift eines Fehlers überführt. […]
Ich füge noch hinzu, dass derjenige,
15 welcher geschrieben hat: die Sonne geht auf, und sie geht unter und kehrt zu ihrem Ort zurück, Salomo ist, der nicht nur von Gott inspiriert sprach, sondern auch der weiseste unter allen
20 Menschen und sehr gelehrt in allen menschlichen Wissenschaften und in der Kenntnis der geschaffenen Dinge war und all diese Weisheiten von Gott hatte, weshalb es nicht wahrscheinlich
25 ist, dass er etwas behauptet haben sollte, was im Widerspruch stünde zu etwas, was als wahr erwiesen oder erwiesen werden könnte.

(Zit. nach: Jean Pierre Verdet, Der Himmel – Ordnung und Chaos der Welt, übers. von Urs und Justus Schmitt-Ott, in: Abenteuer Geschichte, Bd. 16, Ravensburg 1991, S. 175ff.)

Präsentationsvorschlag

1. Ein nachgestelltes Interview vorspielen:

„Wie war das damals, Herr Kopernikus?"

Tipps zum Vorgehen:

Bearbeitet die Materialien zu Kopernikus mithilfe der Arbeitsanweisungen. Wenn ihr dies getan habt, könnt ihr auf der Grundlage der erworbenen Kenntnisse zur Person des Nikolaus Kopernikus ein Interview nachstellen zu den Problemen, die er hatte, und zu seinen Leistungen.
Das Interview lässt sich inhaltlich (Fragen und Antworten) gut zu mehreren vorbereiten und einüben, um es dann vor der Klasse vorzuspielen.
Eine Folie, die altes und neues Weltbild als Schaubild vergleichend vorstellt, ist dabei sehr hilfreich für die Zuhörer.

2. Ein Kreisgespräch organisieren zur Frage:

„Selbst denken und sich nicht von anderen bevormunden lassen": Ist das heute eine Selbstverständlichkeit oder noch immer eine aktuelle Forderung?

„Der Mann des Jahrtausends" – Johannes Gutenberg

Er war kein Rockstar, kein erfolgreicher Wissenschaftler und schon gar nicht stellte er als Sportler Rekorde für die Ewigkeit auf und doch gilt Johannes Gutenberg für viele Menschen als „Mann des Jahrtausends". Diese besondere Auszeichnung verdankt er einer Erfindung, die er um das Jahr 1450 machte: dem Buchdruck.

● Warum war diese Erfindung so bedeutsam?

Dieser Frage könnt ihr mithilfe der folgenden Materialien nachgehen.

Internet-Tipp!
Mehr zum Thema Gutenberg:
www.Gutenberg.de

Bildnis des Johannes Gutenberg
(1397–1468)

M 1 Ein Zeitzeuge berichtet über die neue Kunst

Q In dieser Zeit wurde in Mainz jene wunderbare und früher unerhörte Kunst, Bücher mittels Buchstaben zusammenzusetzen und zu drucken,
5 durch Johannes Gutenberg, einen Mainzer Bürger, erfunden und ausgedacht. Nachdem er beinahe sein ganzes Vermögen für die Erfindung dieser Kunst aufgewendet hatte, voll-
10 brachte er […] endlich mit dem Rate und den Vorschüssen des Johannes Fust die angefangene Sache. […]
Sie erfanden die Kunst, die Formen aller Buchstaben des lateinischen Alpha-
15 betes zu gießen […]. Aus ihnen gossen sie wiederum eherne und zinnerne, zu jeglichem Drucke geeignete Buchstaben; solche hatte man früher mit den Händen geschnitzt. […]

(Abt Tritenius von Ponheim (1462–1516), Annalen des Klosters Hirsau zum Jahre 1450; zit. nach: Quellen zur Geschichte des Mittelalters, hrsg. von G. Guggenbühl und Hans C. Huber, 5. Auflage Zürich 1972, S. 347f.)

Was ist das Besondere an Gutenbergs Bibel?

1454 hat Gutenberg es endliche geschafft. Nach dreijähriger Druckzeit veröffentlicht er 180 völlig identische Bibeln, jede zweibändig mit einem Seitenumfang von 1282 Seiten. Im Mittelalter wäre ein Mönch alleine mit der Abschrift einer Bibel über Jahre beschäftigt gewesen – ein zeitaufwändiges und damit teures Verfahren. Bücher konnten sich somit nur wenige Reiche leisten. Zwar kannten schon die Chinesen lange vorher den Buchdruck in Form von Holztafeln, auf die Schriftzeichen geschnitzt waren. Gutenberg aber schuf den Druck mit beweglichen Einzelbuchstaben, die immer wieder verwendet werden konnten. Die 48 noch erhaltenen Bibeln zählen heute zu den schönsten gedruckten Büchern der Welt.

M 2 Was verrät ein Blick in Gutenbergs Werkstatt?

Der Buchdruck in einer Druckerei führte auch dazu, dass die Arbeitskräfte sich spezialisierten (M 2):
– Wo(raus) entnehmen die Setzer die Einzelbuchstaben?
– Wer ist damit beschäftigt, die Buchseite zusammenzustellen?
– Wo färbt der Drucker die Druckvorlage mit dem neu entwickelten Druckerballen ein?
– Wie wird die neue Druckerpresse bedient?
– Wer überwacht den Gesamtablauf der Arbeit?

Druckerei (Kupferstich, zweite Hälfte des 16. Jahrhunderts)

Wie sehr veränderte die neue Technik das Leben der Menschen?

Die Erfindung des Buchdrucks wurde schnell zu einem großen Geschäft, von dem allerdings Johannes Gutenberg nicht mehr profitierte. Er hatte sich für die Entwicklung seiner Erfindung so sehr verschuldet, dass er 1457 unwiderruflich zahlungsunfähig wurde. Sein früherer Kreditgeber, der Mainzer Geschäftsmann Johannes Fust, drängte ihn aus dem Geschäft und übernahm die Werkstatt, nachdem sich die Gewinnchancen der Erfindung deutlich abzuzeichnen begannen. Der Erfinder selbst lebte von einer kleinen Rente weiter, die ihm der Erzbischof und Kurfürst von Mainz gewährte.

Gutenbergs Erfindung ermöglichte eine erheblich verbilligte Herstellung von Büchern, sodass sich mehr Menschen Bücher leisten konnten und die Nachfrage stark anstieg. Schon kurze Zeit nach Gutenberg kosteten gedruckte Bücher nur noch ein Zehntel so viel wie handgeschriebene Bücher. Ein Zeitzeuge charakterisierte die Auswirkungen so: „Das Buch, früher nur Eigentum von Reichen und Königen, findet sich jetzt überall, sogar bei den Armen".

Schnell verbreiteten sich auch die neuen Druckerwerkstätten. Venedig, Paris, Lyon, Florenz, Leipzig, Mailand, Straßburg, Köln, Augsburg, Nürnberg und andere deutsche Städte wurden zu Zentren der Buchdruckerkunst.

Mit der Ausweitung des Buchdrucks wuchs die Kenntnis des Schreibens und Lesens, auch deutscher Texte. Man schätzt, dass um 1500 gut die Hälfte der Einwohner größerer Städte lesen und schreiben konnte. Das gedruckte Wort erreichte um ein Vielfaches mehr Leser als die früheren Handschriften. Es informierte, belehrte, beeinflusste immer mehr Menschen. Bücher antiker oder moderner Schriftsteller erschienen in großer Zahl. Ohne die Erfindung des Buchdrucks hätten weder die Gedanken der Renaissance (s. S. 146/147) noch die neuen Erkenntnisse in den Naturwissenschaften ihre Verbreitung finden können. Auch der Staat profitierte von der „beinahe göttlichen Kunst", denn seine Gesetze und Bekanntmachungen erreichten nun rasch und unmissverständlich die Bürger. Flugblätter – Vorläufer der heutigen Zeitungen – erschienen und informierten über alle wichtigen Neuigkeiten.

Präsentationsvorschlag

1. Folien-/bildgestützte Kurzvorträge

Vortrag 1: Das Neue an Gutenbergs Erfindung

Vortrag 2: Auswirkungen der neuen Technik

2. Ein Klassengespräch über die Folgen des Internets vorbereiten und moderieren:

„Hat Gutenbergs Erfindung ausgedient?"

Mögliche Diskussionspunkte:

– Wird das Internet die Gesellschaft ähnlich stark verändern, wie Gutenbergs Erfindung es getan hat?

– Wird es in Zukunft überhaupt noch Bücher geben?

– Hat der technische Fortschritt, den das Internet gebracht hat, nur positive oder auch negative Seiten?

– Beginnt bei euch selbst: Wie wirkt sich das Internet auf die Schule bzw. auf euren Alltag aus?

– Weitere Fragen …

Und heute: Gutenberg ist tot, es lebe www.Gutenberg.de?

Die Erfindung der Schrift leitete eine große Veränderung für die Menschen ein. Von nun an besaßen sie eine Geschichte, die überliefert werden konnte.

Die Erfindung der Buchdruckerkunst war eine zweite revolutionäre Entwicklung. Von nun an entstand eine neue Epoche in der menschlichen Kommunikation.

Heute leben die Menschen in der Zeit des Internets. Diese neue Technik hat dazu geführt, dass über Computer alle Informationen weltweit zur Verfügung stehen, vorausgesetzt man besitzt die Fähigkeit, die neuen Medien zu nutzen.

Internet-Arbeitsplätze heute

Neue Wege im Handel – Die Fugger in Augsburg und die Medici in Florenz

Das Beispiel des Jakob Fugger

Augsburg, den 30. Dezember 1525

Mit 66 Jahren stirbt der Kaufmann und Bankier Jakob II. Fugger. Er ist ein Bürger der Stadt, entstammt also keinem Adelsgeschlecht und doch gilt er als der reichste Mann Europas. Wie konnte es einem Bürger gelingen, so ungeheuer reich zu werden?

Ein Vorfahre Jakobs hatte sich 1367 in Augsburg als Weber niedergelassen. Dieser und seine Söhne nutzten erfolgreich die verkehrsgünstige Lage der Stadt zum Handel mit Tuchen. In einem nächsten Schritt erweiterten sie das Geschäft zum internationalen Handel mit Gewürzen, einem Luxusprodukt, das immense Gewinne erzielte. Dazu gründeten sie in Augsburg eine Handelsgesellschaft mit einem zentralen Handelshaus und Niederlassungen in den Städten und Ländern, aus denen sie Waren bezogen und in die sie Waren verkauften. Handelsgesellschaften hatte es schon früher gegeben. Doch neu war, dass das Handelshaus der Fugger im Besitz einer Familie war und nicht aus dem Zusammenschluss vieler Einzelunternehmer bestand. Hierdurch konnte das Unternehmen seine Geschäfte schneller und leichter abwickeln – ein entscheidender Wettbewerbsvorteil.

Als Jakob das Geschäft übernimmt, geht er neue Wege. Er erweitert den Geschäftsbereich um das Verleihen von Geld. Als Bankier gelingt es ihm, deutsche Fürsten und Kaiser zu seinen Kunden zu machen. Jakob Fugger kontrolliert bald spanische und andere europäische Bergwerke und erreicht so für seine Handelsgesellschaft eine Monopolstellung; das bedeutet, dass sie das einzige Unternehmen in diesem Bereich ist. Als Monopolist kann er die Preise diktieren, da es keine Konkurrenten gibt. Fernhandel, Bergbau und Bankgeschäfte machen ihn zum reichsten Mann Europas und zum wichtigsten Repräsentanten einer Wirtschaftsform, die man Frühkapitalismus nennt.

Den Höhepunkt seines Einflusses gewinnt Jakob Fugger 1519, als er den Habsburger Karl V. bei der Wahl zum deutschen König und Kaiser mit einer großen Geldsumme unterstützt. Jakob Fugger erhält so Einfluss auf die Politik im riesigen Reich Karls V. und genießt dessen besonderen Schutz. Doch zunehmend macht sich auch Kritik an seinem Geschäftsverhalten breit.

Jakob Fugger „der Reiche" (1459–1526) stiftete seiner Heimatstadt die erste Sozialsiedlung der Welt, die Fuggerei (erbaut 1516–19). Noch heute wird sie von bedürftigen Augsburger Bürgern fast umsonst bewohnt.

Internet-Tipp!

Mehr zum Thema Fugger:
www.regio-augsburg.de/wwwfugger

M 1 Handelstätigkeit der Fugger

Was kennzeichnet die Kaufmannstätigkeit eines Unternehmers wie Jakob Fugger?

Auf der Grundlage der Auswertung der Materialien M 2–M 6 lassen sich zentrale Wesensmerkmale der von Jakob Fugger betriebenen Art des Handelns und Wirtschaftens, aber auch die kritische Sichtweise von Zeitgenossen zu dieser Wirtschaftsweise zusammentragen.

M 2 Welche Bedeutung gewinnt das Geld für Jakob Fugger?

Bericht über Gespräche Jakob Fuggers mit seinem Teilhaber Georg Thurzo, der sich 1515 aus dem Geschäft zurückzog (berichtet von Anton Fugger):

Als Herr Thurzo sich zur Ruhe gesetzt, hat er mehrmals von Herrn Jakob Fugger selig begehrt, ihm seinen Teil auszuzahlen, denn er wollte weder gewinnen noch verlieren. Auch hat er allweg besorgt, man werde uns einmal alles nehmen, was wir da haben. Wir sollten deshalb davon abstehen, hätten nun lange genug gewonnen, sollten andere auch gewinnen lassen. […] Aber Herr Jakob Fugger hat ihm allweg zur Antwort gegeben, er wäre kleinmütig, sollte nicht so kleinmütig sein; er [Jakob] hätte einen viel anderen Sinn, wollte gewinnen, dieweil er könnte.

(Zit. nach: E. Hering, Die Fugger, Leipzig 1939, S. 183)

M 3

1. Vermögenswerte des Unternehmens:

Materieller Besitz	671 000 Gulden
Bargeld	50 000 Gulden
Forderungen	1 650 000 Gulden
Debitorengelder	430 000 Gulden
in laufenden Geschäften	70 000 Gulden
Zusammen:	2 871 000 Gulden

2. Abgänge und vorhandenes Kapital:

Kredite, teilweise kurzfristig	– 870 000 Gulden
Abschreibungen, uneinbringliche Forderungen	– 36 250 Gulden
Sonst. (inkl. Rückzahlung)	+ 56 425 Gulden
Kapital im Februar 1511	– 196 791 Gulden
Zusammen:	– 1 046 589 Gulden

Vermögenswerte:	+ 2 871 000 Gulden
Abzüge:	– 1 046 589 Gulden
Gewinn von 1511-27:	**+ 1 824 411 Gulden**

Im Vergleich: Der Erlös eines Bauern für ein Schwein beträgt ca. 1 Gulden. Ein Tagelöhner verdient im Jahr ca. 20 Gulden, ein hoher Stadtbeamter ca. 150–250 Gulden.

M 4 Welche Eigenschaften sollte ein Kaufmann haben?

Vernünftig sein, ganz wohl bedächtig, schafft großen Nutz im Handel mächtig.

Der Handel begehrt solche Leut,
bei denen sei Aufrichtigkeit
5 in Wort und Werk, es wohl vernimm,
auch Herz und Mund zusammen sind.

Aus anderer Perspektive gesehen …

M 5 Martin Luther zur Entwicklung im Kaufmanns- und Handelsgewerbe, 1524

[…] Wir wollen hier vom Missbrauch und Sünden des Kaufhandels reden, so viel es das Gewissen betrifft. Diese drei Fehler, dass ein jeglicher das
5 Seine gibt, wie teuer er will, ferner borgen und Bürge werden, sind wie drei Bornquell, daraus alle Greuel, Unrecht, List und Tücke weit und breit fließt […]. Nämlich also: Es kommt ein frem-
10 der Kaufmann zu mir und fragt, ob ich solche oder solche Ware feilhabe. Ich spreche: Ja; und habe doch keine und verkaufe ihm doch dieselbige um zehn oder elf Gulden, die man sonst um
15 neun oder billiger kauft, und sage ihm zu, über zwei oder drei Tage dieselbige zu überreichen. Indessen gehe ich hin und kaufe solche Ware […] und überreiche ihm dieselbige, und er bezahlt
20 mir sie und handle also mit seinem, des anderen eigenem Geld und Gut, ohne alle Gefahr, Mühe und Arbeit, und werde reich […]. Hätte ich eine Seele damit unterrichtet und erlöset von
25 dem Schlund, so hätte ich nicht umsonst gearbeitet.

(Zit. nach: K. Aland (Hg.), Die Werke Martin Luthers, Bd. 7, Stuttgart 1967, S. 265)

Dem viel vertraut ist zu verwalten,
der solls verschwiegen bei sich halten …

Wer Glück im Handel haben will,
10 dazu lass er nit wachsen lang
den Interess[1], sonst wird ihm bang.

(Die Sprüche stammen aus der Beschreibung eines Handelshauses aus dem Jahre 1585; zit. nach: Praxis Geschichte, Heft 1/2000, S. 25)

[1] Interess = Zins

M 6 Forderungen eines Bauernführers aus Tirol, 1526

Alle Schmelzhütten, Bergwerke, Erz, Silber und Kupfer […], sofern es dem Adel und ausländischen Kaufleuten und Gesellschaften wie der Fugge-
5 rischen […] gehört, sollen […] eingezogen werden. Denn sie haben ihre Berechtigung […] verwirkt, weil sie sie mit unrechtem Wucher erlangt haben: Geld zum Vergießen menschlichen
10 Blutes; desgleichen haben sie dem gemeinen [kleinen] Mann und Arbeiter seinen Lohn mit Betrug und schlechter, überteuerter Ware gezahlt […], alle Kaufmannsware in ihre Hand gebracht
15 und die Preise erhöht und so die ganze Welt mit ihrem unchristlichen Wucher beschwert und sich dadurch ihre fürstlichen Vermögen verschafft, was nun billig bestraft und abgeschafft werden
20 sollte.

(Zit. nach: G. Franz, Quellen der Geschichte des Bauernkrieges, S. 289f.)

Der Dom von Florenz: Wahrzeichen ist die imposante Domkuppel, ein Symbol bürgerlicher Macht.

Die Medici – eine Kaufmannsfamilie in Florenz

Während des 15. Jahrhunderts entwickelte sich Florenz zum größten Stadtstaat in Europa. Als unabhängiger Staat wurde die Stadt zumeist fast ausschließlich durch eine kleine Gruppe von Kaufmannsfamilien beherrscht. Diese sehr vermögenden Familienverbände reicher Handelsleute, deren Geschäfte der Stadt hohes Ansehen und Wohlstand verschafften, führten von ihren Stadtpalästen aus regelrechte kriegerische Auseinandersetzungen um die Macht. Im 15. Jahrhundert gelang es den Medici, alle anderen reichen Familien von der Macht zu verdrängen. Die ersten Angehörigen der Medici lassen sich bereits zu Beginn des 13. Jahrhunderts als Bürger in Florenz nachweisen. Sie arbeiteten als Wollhändler, die in abhängigen Handwerksbetrieben die von ihnen benötigten Tuche produzieren ließen. Wie die Fugger in Augsburg gründeten sie zur besseren Vermarktung Handelsniederlassungen und engagierten sich im Bankgeschäft. Sie erwarben ein äußerst einträgliches Monopol im Abbau und Handel mit Alaun, einem Salz, das als Reinigungsmittel bei der Verarbei-

tung von Wolle unentbehrlich war. Noch stärker als die Fugger betätigten sich die Medici als Förderer von Kunst und Wissenschaft (Mäzene). Große Summen investierten sie in viel versprechende Architekten, Maler, Bildhauer, Schriftsteller und Philosophen. Die entsprechenden Bereiche blühten auf und die prächtigen Bauwerke und eindrucksvollen Kunstgegenstände prägen das Stadtbild von Florenz noch heute. Doch völlig selbstlos war dieses Engagement nicht. Auf diese Weise konnten die Medici für jeden sichtbar ihre Rolle als reichste und mächtigste Familie der Stadt öffentlich zur Schau stellen. Die großzügige Unterstützung von Kunst und Kultur diente somit auch ihrem eigenen Ruhm.

Als besonders großzügiger Mäzen tat sich Lorenzo de Medici (1449–1492) hervor. Wegen seiner besonderen Förderung von Malern, Architekten, Literaten und Wissenschaftlern der Renaissance erhielt er den Beinamen „il Magnifico", d. h. der Prächtige. Er entdeckte schon frühzeitig das Talent des jungen Michelangelo (s. S. 146) und holte ihn zur Ausbildung in seinen Palast.

Die Medici und Florenz: Was erzählen Zahlen über diese florentinische Familie?

M 1 Aus den Steuerlisten der Stadt Florenz, 1457

[1] Es handelt sich um eine Besteuerung des Besitzes. Der Steuersatz entspricht ungefähr 1/2 % des Vermögens, das besteuert wurde.

Zahl der Haushalte	Steuerbetrag (jährlich)
3 000 Arme, ohne Besitz,[1]	keine Steuern
5 720	unter 1 Gulden
1 689	1–10 Gulden
216	10–50 Gulden
8	50–100 Gulden
3	100 und mehr Gulden
10 636 Haushalte	

M 2 Steuerzahler nach der Höhe des Betrages

(1) Cosimo und Pierfrancesco de Medici:	576 Gulden
(2) Giovanni Benci – Erben:	132 Gulden
(3) Giovanni Rucellai:	102 Gulden
(4) Castello Quaratesi:	98 Gulden

M 3 Ausgaben der Medici für öffentliche Bauten

1391–1434:	36 000 Gulden
1434–1464:	400 000 Gulden
1464–1471:	263 000 Gulden

M 4 Schuldner der Medici

130 000 Gulden:	zu wiederholten Malen an den englischen König (zwischen 1480 und 1500) geliehen
148 000 Gulden:	Schuld der Herzöge von Burgund 1489
300 000 Gulden:	Schuld des französischen Königs 1516

M 5 Gewinne der Medici-Bank und ihrer Filialen 1435–1450

[1] Versorgung des päpstlichen Hofes mit liturgischen Gewändern
[2] Orienthandel

Florenz:	25 000	Gulden	Wollbetrieb I:	5 000 Gulden
Avignon:	8 000	Gulden	Wollbetrieb II:	5 500 Gulden
Brügge/London:	17 700	Gulden	Seidenbetrieb:	19 000 Gulden
Rom:	88 500	Gulden[1]		
Venedig:	63 000	Gulden[2]		

1452 wurde eine Filiale der Medici-Bank in Mailand, 1464 eine in Lyon gegründet. Die Woll- und Seidenbetriebe befanden sich in Florenz.

(M 1 – M 5 nach: R. de Roover, The Medici Bank, Cambridge/Mass. 1963, S. 29, 31 und 69)

Bilanz: Was haben Handelsfamilien wie die Medici und Fugger anders gemacht als ihre Vorgänger im Handel und im produzierenden Gewerbe?

Ein Holzschnitt des Künstlers Jost Amman aus dem 16. Jahrhundert, der die Tätigkeiten in einem großen Kaufmannshaus zeigt (M 7), und ein moderner Lexikonartikel (M 6) ermöglichen Antworten auf diese Frage.

M 6 Stichwort: Frühkapitalismus

Heute versteht man unter Frühkapitalismus eine Wirtschaftsform, in der jeder Mensch das Recht hat, ein privates Unternehmen zu besitzen und sein Kapital, also sein Geld, seinen Grundbesitz und seine Maschinen, so zu verwenden, wie es ihm – im Rahmen der bestehenden Gesetze – nützlich erscheint.

Die wirtschaftlichen Erscheinungsformen der beginnenden Neuzeit werden häufig als Frühkapitalismus bezeichnet. Damals bildete sich in den Städten eine neue Gruppe von Kaufleuten heraus, deren Ziel es wurde, mit dem An- und Verkauf von Waren einen möglichst hohen Gewinn in Geld zu erzielen. Allmählich wurde so der Tauschhandel (= Ware gegen Ware) gegenüber dem Geldhandel (= Ware gegen Geld) in den Hintergrund gedrängt. Die bekanntesten Kaufleute dieser Art sind im italienischen Florenz die Familie der Medici und im deutschen Sprachraum die Familie der Fugger. Über den wirtschaftlichen Erfolg eines Unternehmens entschied nicht mehr in erster Linie der Stand, sondern das unternehmerische Geschick des Einzelnen.

Parallel zu dieser Entwicklung im Handel entwickelte sich das Bankwesen, das seinen Ursprung in den oberitalienischen Städten hat. Geld wurde jetzt im großen Stil gegen Zinsen verliehen, Konten wurden eingerichtet und ganz allmählich begann der bargeldlose Zahlungsverkehr. Noch heute erinnern zahlreiche Begriffe italienischen Ursprungs an die ersten mittelalterlichen Vorläufer der modernen Banken: Kredit, Konto, Giro usw.

Der Fortschritt im frühkapitalistischen Handel kannte nicht nur Gewinner. Unzählige Handwerker, Gewerbetreibende und Kaufleute mit kleinen Betrieben konnten bei den Geschäften der großen Handelsgesellschaften nicht mithalten. Sie verloren ihre Selbstständigkeit und mussten nach lohnabhängiger Arbeit bei den großen Handelsgesellschaften nachsuchen. Viele bisher versorgte Mägde, Knechte, Lehrlinge und Gesellen standen plötzlich auf der Straße und bildeten mit ihren vormaligen Meistern eine Masse billiger Arbeitskräfte, für die der frühkapitalistische Fortschritt zu sozialem Abstieg und materiellem Elend geführt hatte.

(nach: Meyers Jugendlexikon, Mannheim/Leipzig/Wien/Zürich, 4. Auflage 1998)

Präsentationsvorschlag

Ein Kurzporträt anfertigen:

Fugger oder Medici – Wählt eine der beiden Familien aus und stellt sie vor.

Darauf solltet ihr achten:

– Informationen auf das Wichtige und Wesentliche konzentrieren.
– Die Informationen gut durchdacht, geordnet und gegliedert anbieten.
– So formulieren, dass es für den, der informiert werden soll, leicht lesbar ist.
– Dokumentation (z. B. Wandplakat oder PC-gesteuerte Dokumentation) übersichtlich anlegen und optisch ansprechend gestalten.

145

Ein Künstler lässt das Mittelalter hinter sich – das Beispiel Michelangelo

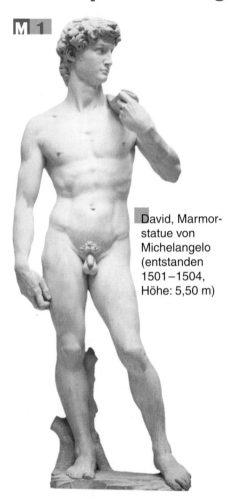

M 1

David, Marmorstatue von Michelangelo (entstanden 1501–1504, Höhe: 5,50 m)

Florenz im Sommer 1452

Am frühen Morgen schleicht sich der 17-jährige Michelangelo durch die leeren Straßen der Stadt. Sein Ziel ist die Leichenhalle des Klosters Santo Spirito. Er muss unentdeckt bleiben, denn in der Halle will er tote menschliche Körper sezieren, d.h. aufschneiden und in ihren Einzelheiten untersuchen. Bislang verbieten die religiösen Gesetze das Sezieren von toten Menschen.

Michelangelo tut dies trotzdem, weil er genau sehen will, was unter der Haut verborgen ist: wie die Muskeln funktionieren, wie eine Hand, ein Arm aufgebaut sind, wie die Sehnen und Adern verlaufen. Nur mit diesem Wissen glaubt er, sein Ziel erreichen zu können – die detailgetreue Wiedergabe des menschlichen Körpers in Farbe und Stein.

Michelangelo wollte damit etwas Neues, was das Mittelalter so nicht kannte. Dabei hatte er selbst in einer Malerwerkstatt eine Ausbildung zum Künstler erhalten, die noch ganz von den alten Traditionen geprägt war. Schon bald machte sich jedoch bei ihm Unzufriedenheit mit dem Althergebrachten breit: Sollte man hölzern wirkende Püppchen malen oder Menschen so schaffen, wie sie in ihrer Natürlichkeit tatsächlich waren? Als Vorbild dienten ihm dabei die Kunstwerke der alten Griechen und Römer. Staunend stand er vor diesen Werken und fragte sich, warum diese so wundervoll aussehen, so als würden sie atmen, sich bewegen, als pulsiere das Blut unter der Haut?

Michelangelo nutzte das, was er in der Leichenhalle erforschte, meisterhaft. Mithilfe seines ungewöhnlichen Talents schuf er in der Malerei und in der Bildhauerkunst Werke, die ihn zum bedeutenden Künstler der Geschichte machten. Dabei kümmerte sich Michelangelo keineswegs um die gängigen Vorstellungen der bis dahin herrschenden religiösen Kunst des Mittelalters: Er malte keine Heiligen in wallenden Gewändern, in starren Haltungen, mit einer schematisierten, steif und aufgesetzt wirkenden Mimik und Gestik. Er schuf Bilder, die auf eine radikale Art und Weise neu wa-

Michelangelo (1475–1564)

ren. Nackt, wie von Gott erschaffen, stellte er die Menschen dar. Er veränderte den Raum, verflocht die Körper miteinander und zeigte die Menschen in ihren ungewöhnlichen Gefühlsausbrüchen zwischen Hoffnung und Angst. Auch in dem Bereich, in dem er viel mehr als in der Malerei zu Hause war, nämlich in der Bildhauerei, hat Michelangelo die im Jahrhundert zuvor aufgestellten Regeln übertreten (s. M 1).

Als Bildhauer, Maler und Architekt wollte er sich nicht länger seinen Auftraggebern – den Fürsten, Landesherrn und Päpsten – unterordnen. Unabhängig entwickelte er seinen ganz persönlichen künstlerischen Ausdruck. Er sah den Künstler als den außergewöhnlichen Menschen, der aus seiner eigenen Kraft heraus seine Zeit prägt. Konflikte mit den Herrschenden waren geradezu vorprogrammiert, doch mithilfe seines Könnens, seiner Zähigkeit und seines Dickkopfs setzte er sich durch.

Michelangelos neue Kunst orientierte sich an antiken Vorbildern. Er wurde neben Leonardo da Vinci, Raffael, und Albrecht Dürer zu einem der berühmtesten Vertreter der Kunstepoche, die Renaissance genannt wird.

Internet-Tipp!

www.michelangelo.com/buonarotti.html
(mit Hinweisen zur Biographie und weiteren Links zum Thema)

Kunstwerke im Vergleich

M 2

Laokoon-Gruppe (2./1. Jahrhundert v. Chr.)

M 3

Diese Madonna mit Kind stammt
aus dem Mittelalter (um 1200).

M 4

Michelangelo:
Der schlafen-
de Gefangene
(um 1513,
Höhe: 2,29m)

M 5 **Leonardo da Vinci: Was ein
Maler alles können muss**

Q Es ist notwendig, dass der Maler,
um ein guter Darsteller der Glied-
maßen in den Stellungen und Gesten
bei nackten Körpern zu sein, die Anatomie der Sehnen, Knochen, Muskeln
und Fasern kenne, damit er bei den
verschiedenen Bewegungen und
Kraftanstrengungen wisse, welche
Sehne und welcher Muskel der Ursprung dieser Bewegung sei, und also
nur diesen Muskel deutlich und ange-
schwollen mache und nicht alle am
ganzen Körper, wie manche es tun, die,
um als großartige Zeichner zu erscheinen, ihre nackten Gestalten hölzern
und ohne Anmut machen, sodass sie
eher einem Sack voller Nüsse als einem
menschlichen Äußeren gleichen, oder
eher einem Bündel Rettiche als mus-
kulösen nackten Körpern.

(Zit. nach: Leonardo da Vinci, Philosophische Tagebücher,
hg. v. G. Zamboni, Hamburg 1985, S. 85)

M 6 **Stichwort: Renaissance**

Kulturgeschichtliche Epoche von etwa
1350 bis Anfang des 16. Jahrhunderts,
die […] die Lösung des Menschen aus
der mittelalterlichen Ordnung brachte.
5 Das französische Wort ‚Renaissance‘
bedeutet ‚Wiedergeburt‘, gemeint ist
die Wiedergeburt der Antike. Geburts-
land der Renaissance war Italien. […]
Die *Bildhauerkunst* nahm antike For-
10 men wieder auf, so die Porträtbüste
und das Reiterstandbild; ferner entstanden Rundfiguren mit anschauba-
rer Seiten- und Rückenansicht.
In der *Malerei* wurde mithilfe der ma-
15 thematischen Konstruktion der Zent-
ralperspektive räumliche Tiefe erzielt.
Neben der neuen Vorstellung vom Porträt eines bestimmten unverwechsel-
baren Menschen entwickelte sich, aus-
20 gelöst durch ein neues Naturgefühl,
die Landschaftsmalerei. Bedeutende
Renaissancemaler waren in Italien
Sandro Botticelli, Leonardo da Vinci,
Raffael, Michelangelo, Tizian, in
25 Deutschland mit einigen seiner Werke
Albrecht Dürer sowie Hans Holbein
der Jüngere.

(nach: Meyers Jugendlexikon, Mannheim/Leipzig/Wien/Zü-
rich, 4. Auflage 1998)

Präsentationsvorschlag

Einführender Kurzvortrag:
Renaissance, eine neue Zeit – Der
Künstler Michelangelo als Beispiel für
ein neues Denken und Handeln.

Folienpräsentation:
Vorgestellt und erläutert werden Renaissancekunstwerke, die typisch
sind für den neuen Stil in der Bildhauerei und der Malerei.

Tipp! Vielleicht entscheidet ihr euch
auch für eine Vorstellung der Arbeitsergebnisse als **Power Point-Präsentation** (s. S. 132).

Stopp
Ein Blick zurück

In diesem Kapitel habt ihr einiges über die Zeitepoche der Renaissance erfahren und auch typische Renaissancekunstwerke kennen gelernt.

Betrachten, erste Eindrücke notieren

Beschreiben

Deuten

Erläutert, inwiefern dieses Gemälde von Holbein ein typisches Renaissancekunstwerk darstellt.

Diese Begriffe kann ich jetzt erklären:

* Neuzeit
* Neues Weltbild
* Renaissance
* Frühkapitalismus
* Fugger
* Buchdruck
* Medici und Florenz

M 1

Die Gesandten, Gemälde von Hans Holbein d.J., 1533 (Öl auf Holz, 207 x 210 cm)

Ein Thema – Zwei Bilder

Das kommt mir aber doch bekannt vor ....

Die drei Stände der Christenheit: Lehrstand, Wehrstand und Nährstand (Gemälde von Barthel Bruyn d.Ä., entstanden zwischen 1530 und 1540)

M 2

Bildvergleich: Zwei Aufgaben zur Auswahl.

1. Schaut euch das Gemälde von B. Bruyn genau an. Vergleicht seine Bilddarstellung mit dem euch bekannten Holzschnitt (s. S. 24).
   – Was fällt euch auf? Notiert wichtig erscheinende Gemeinsamkeiten und Unterschiede.
   – Versucht das Gemeinsame und die Unterschiede zu erklären.

2. Der Maler B. Bruyn hat vermutlich in der Werkstatt des Meisters von St. Severin in Köln gearbeitet. Wir wissen von ihm, dass er häufiger religiöse Auftragsarbeiten übernommen hat. Auch bei diesem Bild könnte es sich durchaus um eine Auftragsarbeit gehandelt haben.
   Entwerft ein Gespräch:
   Der vermeintliche Auftraggeber (ein gebildeter Geistlicher) bespricht bei der Auftragserteilung mit dem Maler Bruyn das geplante Gemälde und die von ihm gewünschte Bildbotschaft.

(Idee nach: Geschichte lernen, Heft 79, S. 46)

Aufbruch in ferne Länder

Vespucci, Amerigo wurde am 9. März 1451 oder 1454 in Florenz geboren. Er erkannte auf seinen vier Entdeckungsreisen (1497–1504) im Auftrag sowohl der portugiesischen als auch der spanischen Krone, dass das mittel- und südamerikanische Küstengebiet einem eigenen Erdteil angehört, 1507 benannte der deutsche Kartograph Martin Waldseemüller auf seiner Globus- und Weltkarte diesen erstmalig verzeichneten Kontinent nach dem Vornamen Vespuccis „Amerika". Vespucci starb am 22. Februar 1512 in Sevilla.

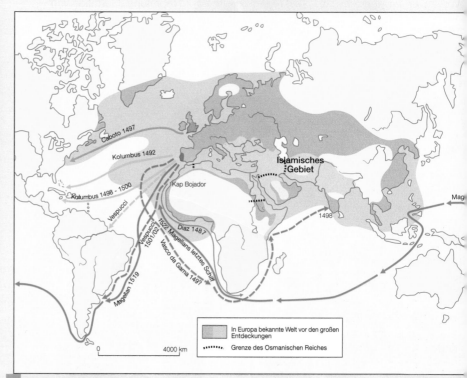

Europäische Entdeckungsfahrten

„Jungfrau Maria, Schutzherrin der Seefahrer" (Gemälde von Alejo Fernandez aus dem Jahre 1505).
Dargestellt als Madonnenfigur breitet die Mutter Gottes schützend ihren Mantel über eine sie umgebende Gruppe von Menschen aus. Es handelt sich um den Entdecker Christoph Kolumbus und seine Begleiter. Die Seefahrer danken ihrer Schutzgöttin auf Knien dafür, dass sie sie auf ihren Entdeckungsfahrten über den Ozean beschützt hat.

Diaz, Bartolomeu wurde um 1450 in Portugal geboren und starb am 29. Mai 1500 nahe dem Kap der Guten Hoffnung. Der portugiesische Seefahrer umsegelte 1487/88 die von ihm Kap der Stürme genannte Südspitze Afrikas. Er begleitete 1497/98 Vasco da Gama auf dessen erster Indienfahrt; anstelle von Diaz hatte da Gama den Auftrag zu dieser Entdeckungsreise vom portugiesischen König Emanuel I. erhalten. Bei einer weiteren Reise nach Indien 1500 ging er mit dem von ihm befehligten Schiff unter.

Vasco da Gama, Dom wurde 1468 oder 1469 in Sines an der portugiesischen Atlantikküste geboren. Der Seefahrer wurde 1497 ausgesandt, um Indien auf dem Seeweg zu erreichen, was ihm 1498 mit seiner Landung im vorderindischen Calicut gelang. Der ersten Indienfahrt schloss sich eine weitere in den Jahren 1502–1504 an. 1524 wurde Vasco da Gama als Vizekönig nach Indien zurückgesandt, wo er im Dezember desselben Jahres in Cochin verstarb.

Theodor de Bry: Die Insel Domenicaei (Kupferstich aus dem 16. Jahrhundert). De Brys Kupferstich zeigt das Schicksal von Indianern, die mit Perlen zu einem europäischen Schiff gekommen sind, um zu handeln.

Caboto, Giovanni (auch John Cabot) erblickte um 1450 in Genua das Licht der Welt. Der italienische Seefahrer erhielt 1496 von dem englischen König Heinrich VI. ein Patent für die Suche eines Westwegs nach Ostasien. 1497 stieß er auf seiner Fahrt auf die Ostküste Nordamerikas, als dessen Wiederentdecker er gilt. Caboto verstarb um 1499.

Kolumbus, Christoph wurde 1451 in Genua geboren und starb am 20. Mai 1506 im spanischen Valladolid. Der Italiener suchte im Auftrag der spanischen Krone einen Seeweg nach Indien und entdeckte auf seiner Fahrt am 12. Oktober 1492 Amerika. Der ersten Entdeckungsfahrt schlossen sich drei weitere Fahrten nach Amerika an. Bis zu seinem Tod glaubte Kolumbus allerdings, Indien entdeckt zu haben.

Magellan, Fernando wurde um 1480 in Sabrosa geboren. Der portugiesische Seefahrer verfolgte das Ziel, im äußersten Süden der Welt eine Ost-West-Passage zu entdecken und bot seine Dienste dem spanischen König an. Karl I. bewilligte ihm fünf Schiffe. Am 13. Dezember 1519 erreichte Magellan die Bucht von Rio de Janeiro, am 21. Oktober fand er den Eingang in die nach ihm benannte Magellanstraße, am 6. März 1521 erreichte er die Maranen und am 16. März die Philippinen, wo er im Kampf mit der einheimischen Bevölkerung am 27. April 1521 fiel. Seinem Nachfolger Juan Sebastián Elcano gelang die Rückreise nach Spanien über den Indischen Ozean und das Kap der Guten Hoffnung. Diese erste Weltumsegelung bewies die Kugelform der Erde.

Zu neuen Ufern

Zu Beginn der Frühen Neuzeit, also im ausgehenden 15. und beginnenden 16. Jahrhundert, brachen zahlreiche Seefahrer in ferne Länder auf, um die Welt zu entdecken. Getrieben von dem Verlangen, einen Seeweg nach Indien zu erschließen, stieß der wohl bekannteste dieser Entdeckungsreisenden, Christoph Kolumbus, 1492 auf die so genannte „Neue Welt": Amerika.

Der Kulturkontakt, den die europäischen Entdeckungen mit sich brachten, steht im Mittelpunkt des folgenden Kapitels. Dabei wird den Entdeckungsfahrten des Christoph Kolumbus besondere Aufmerksamkeit geschenkt.

- **Was sind die zentralen Merkmale und Gründe dieser Entdeckungsreisen der Europäer?**

- **Welche unmittelbaren Folgen zogen die Entdeckungen nach sich?**

- **Was sind die weiter reichenden Probleme, die dieser Aufbruch der Europäer in ferne Länder mit sich brachte?**

Diese Leitfragen stehen im Mittelpunkt der Beschäftigung mit dem Entdeckungszeitalter, das frühneuzeitliche Künstler wie Fernandez und de Bry in Bilder umgesetzt haben.

> **Was erzählen euch die beiden Bilder zum Thema: „Aufbruch in neue, ferne Welten"?**

Warum gingen die Europäer auf Entdeckungsreise?

Kolumbus war nicht der erste Fremde, der in Amerika an Land ging. Man nimmt heute an, dass Amerika schon 40000 Jahre lang besiedelt war, bevor er kam. Auch weisen Funde darauf hin, dass bereits die Wikinger um das Jahr 1000 in Nordamerika gelandet waren. Der Ausdruck „Entdeckung Amerikas durch Kolumbus" schildert seine Tat aus einer sehr speziellen europäischen Sichtweise. Wie aber war es möglich, dass um das Jahr 1500 herum die Europäer plötzlich begannen, eine ihnen bis dahin unbekannte Welt erforschen zu wollen?

Das Denken ändert sich

Über eine lange Zeit hatten die Menschen in der Überzeugung gelebt, dass die Erde eine Scheibe sei. Spätestens ab dem 13. Jahrhundert begannen Gelehrte an dieser Auffassung zu zweifeln und bis in das 15. Jahrhundert hinein hatte sich die Auffassung von der Kugelgestalt der Erde weitgehend durchgesetzt. Es war nur die Frage offen, wie groß die Erdkugel sei und wie lange man von Europa westwärts bis nach China oder Indien segeln müsse. 1492, im Jahr der Entdeckung Amerikas, entwarf der Nürnberger Martin Behaim den ersten Erdglobus.

Eine Voraussetzung für das Zeitalter der Entdeckungen war also eine neue geistige Grundeinstellung. Die Menschen waren immer weniger bereit blind zu glauben, was die herrschende Lehre ihnen vorschrieb. Sie wollten die Welt mit eigenen Augen erkennen und durch eigene Taten erforschen, auch wenn viele von ihnen dafür mit Misstrauen und Verfolgung rechnen mussten.

Technische Erfindungen helfen

Die Abbildung M 1 zeigt, wie klein die Schiffe damals waren und wie waghalsig das Abenteuer gewesen sein muss, das die Entdecker auf sich genommen haben. Allerdings hatte sich die Schiffsbautechnik gegenüber dem früheren Standard erheblich verbessert. Die neuen Schiffe waren länger, stabiler und besaßen größere Segelflächen. Zwei Geräte halfen dabei, den Standort eines Schiffes genau zu bestimmen und den richtigen Kurs einzuhalten. Das eine war der Kompass und das andere das Astrolabium, ein Gerät, mit dem die Seefahrer mithilfe der Gestirne den Breitengrad berechnen konnten, auf dem sich ihr Schiff befand.

M 1 Ein Vergleich: modernes Tankschiff und Schiffe des Kolumbus

M 2 **Neues Denken:** Hier seht ihr den ersten Globus, den so genannten Erdapfel, den Martin Behaim 1492 in Nürnberg entwickelt hat.

M 3 **Neue Technik:** Dieser Kompass aus der Zeit um 1500 ist eine der technischen Entwicklungen, die die Entdeckungsreisen möglich machten.

Suche nach Reichtum und neuen Wegen

Die Suche nach Reichtum war eines der wichtigsten Motive für den Aufbruch der Europäer in unbekannte Länder. In Europa herrschte großer Mangel an Geld und Edelmetallen wie Gold und Silber. Mit besonderem Interesse verfolgte man das Ziel, einen Seeweg nach Indien zu finden, denn seit dem 14. Jahrhundert brachten italienische Kaufleute von dort kostbare Waren mit, darunter edle Seidenstoffe, Edelsteine und Gewürze. Der Transport der Waren war allerdings teuer und gefährlich. Oft führte der Weg durch Kriegsgebiete. 1453 spitzte sich die Situation zu, da die Türken Konstantinopel erobert hatten und so den Landweg nach Indien und China blockierten. Sie verlangten als Zwischenhändler von den italienischen Kaufleuten hohe Abgaben.

Den Portugiesen war diese Schwierigkeit ein Dorn im Auge und sie hofften, mit der Entdeckung des Seewegs nach Indien dieses Problem überwinden zu können. Zunächst konnte man sich den Seeweg nach Indien nur entlang der afrikanischen Küste vorstellen. Im Januar 1488 gelang dem Portugiesen Bartolomeu Diaz als Erstem die Umschiffung der Südspitze Afrikas.

Bei der Suche nach dem Seeweg nach Indien war zwischen Portugal und Spanien eine heftige Konkurrenz ausgebrochen. Jede Nation wollte die Erste sein, um sich den größten wirtschaftlichen und politischen Vorteil zu sichern. So war die Rivalität zwischen den damals führenden Seefahrernationen Spanien und Portugal auch eine der Triebfedern für die Entdeckung einer neuen Welt durch die Europäer.

Nachdem 1492 die letzte islamische Herrschaft in Granada gefallen war, erklärte sich das spanische Königspaar Isabella und Ferdinand bereit, die Pläne des italienischen Seefahrers Christoph Kolumbus zu unterstützen, einen westlichen Seeweg zu den Gewürz- und Goldschätzen des Ostens zu suchen.

Streit um die Aufteilung der Welt

Als Kolumbus von seiner ersten Reise nach Spanien zurückkehrte, sorgten seine Neuigkeiten für erneuten Streit zwischen Spanien und Portugal. Es ging um die Frage, wem die neuen Gebiete gehören sollten. Spanien beanspruchte das entdeckte Land für sich. Portugal meldete ebenfalls Besitzansprüche an. Da ließ sich Papst Alexander VI. dazu drängen, einen senkrechten Strich auf der Weltkarte zu ziehen und so die Erde in zwei Herrschaftsgebiete aufzuteilen (s. Karte). Alle Länder westlich dieser Linie sollten Spanien gehören, alle Länder östlich davon Portugal. Die Linie wurde noch einmal verschoben und 1494 im Vertrag von Tordesillas endgültig festgelegt. Mit einem Strich durch die Weltkarte hatte man so die neue Welt zwischen Portugal und Spanien aufgeteilt.

Die Linie des Papstes durchschnitt Südamerika, von dessen Existenz man ja noch nichts wusste, von Nord nach Süd. So geriet später der Ostteil Südamerikas unter portugiesische Herrschaft und die übrigen Teile kamen zu Spanien. Es ist also kein Zufall, dass heute in Brasilien Portugiesisch gesprochen wird und in den übrigen Ländern Spanisch.

M 4

---

1. Um die Themenfrage, warum die Europäer auf Entdeckungsreisen gingen, beantworten zu können, solltet ihr zunächst den Text lesen und die Bilder betrachten. Haltet dann eure Antwort fest, indem ihr die folgende Übersicht in euer Heft übertragt und entsprechend ausfüllt.

Voraussetzungen und Ziele der Entdeckungsreisen der Europäer	
technisch-wissenschaftliche Voraussetzungen	
wirtschaftliche Interessen	
politische Interessen	

2. Welche Welt kannten die Europäer, bevor Kolumbus losfuhr? Beschreibt sie mithilfe der Karte auf Seite 150.

3. Tragt zusammen, was ihr über Christoph Kolumbus wisst und was der Text über ihn aussagt. Haltet eure Ergebnisse in Form eines Steckbriefes fest.

Internet-Tipp!
www.indianerwww.de/indian/m_kolumb.htm
de.wikipedia.org/wiki/Christoph_Kolumbus

Wir entdecken die neue Welt mit den Augen des Kolumbus

M 1

Noch heute können wir die Entdeckung Amerikas nachvollziehen, so wie Christoph Kolumbus sie erlebt hat. Das verdanken wir dem Bordbuch, das er sorgfältig über den gesamten Verlauf seiner Reise geführt hat. Wir wissen nicht genau, ob die Tagebucheintragungen des Kolumbus immer objektiv die Wahrheit wiedergeben. Es kann durchaus sein, dass Kolumbus übertrieben hat und sich selbst in ein positives Licht stellen wollte. Hinzu kommt noch, dass das Original des Bordbuches verschollen ist und wir auf Kopien angewiesen sind. Wir können aber sehr genau sehen, wie der Europäer Kolumbus aus seiner persönlichen Sicht die Ankunft in der neuen Welt erlebt hat und wie er die Menschen dort sah. Wenn wir uns in seine Situation hineinversetzen, müssen wir immer daran denken, dass er bis zum Ende seines Lebens davon überzeugt war, in Indien gelandet zu sein. Dass er tatsächlich der Entdecker Amerikas war, hat Kolumbus nie erfahren.

Die erste Landung des Kolumbus (Holzstich von Theodor de Bry aus dem Jahre 1594)

M 2 „Land in Sicht!"

Freitag, den 12. Oktober 1492:

Q Um zwei Uhr morgens kam das Land in Sicht, von dem wir etwa acht Seemeilen entfernt waren. […] Wir legten bei und warteten bis zum An-
5 bruch des Tages, der ein Freitag war, an welchem wir zu einer Insel gelangten, die in der Sprache der Indianer ‚Guanahani' hieß. Dort erblickten wir sogleich nackte Eingeborene. Ich
10 begab mich […] an Bord eines mit Waffen versehenen Bootes an Land. Dort entfaltete ich die königliche Flagge […]. Unseren Blicken bot sich eine Landschaft dar, die mit grün
15 leuchtenden Bäumen bepflanzt und reich an Gewässern und allerhand Früchten war.

Ich rief die beiden Kapitäne und auch die anderen, die an Land gegangen
20 waren, ferner Rodrigo d'Escobedo, den Notar der Flotte, und Rodrigo Sanchez von Segovia [den Vertreter des Königshauses] zu mir und sagte ihnen, sie sollten durch ihre persönli-
25 che Gegenwart als Augenzeugen davon Kenntnis nehmen, dass ich im Namen des Königs und der Königin, meiner Herren, von der gesamten Insel Besitz ergreife […].
30 Sofort sammelten sich an jener Stelle zahlreiche Eingeborene der Insel an. In der Erkenntnis, dass es sich um Leute handle, die man weit besser durch Liebe als mit dem Schwerte ret-
35 ten und zu unserem heiligen Glauben bekehren könne, gedachte ich sie mir zu Freunden zu machen und schenk-

te also einigen von ihnen rote Kappen und Halsketten aus Glas und noch
40 andere Kleinigkeiten von geringem Wert, worüber sie sich ungemein erfreut zeigten. Sie wurden so gute Freunde, dass es eine helle Freude war. Sie erreichten schwimmend un-
45 sere Schiffe und brachten uns Papageien, Knäuel von Baumwollfäden, lange Wurfspieße und viele andere Dinge noch, die sie mit dem eintauschten, was wir ihnen gaben, wie
50 Glasperlen und Glöckchen. Sie gaben und nahmen alles von Herzen gern – allein mir schien es, als litten sie Mangel an allen Dingen […].

(Zit. nach: Christoph Columbus, Bordbuch – Briefe – Berichte – Dokumente, ausgewählt und eingeleitet von Ernst G. Jakob, Bremen o.J., S. 88ff.)

M 3 Die „Indianer"

Q Freitag, den 12. Oktober 1492:

Sie müssen gewiss treue und kluge Diener sein, da ich die Erfahrung machte, dass sie in Kürze alles, was
5 ich sagte, zu wiederholen verstanden; überdies glaube ich, dass sie leicht zum Christentum übertreten können, da sie allem Anschein nach keiner Sekte angehören. Wenn es
10 dem Allmächtigen gefällt, werde ich bei meiner Rückfahrt sechs dieser Männer mit mir nehmen, um sie euren Hoheiten vorzuführen, damit sie die Sprache [Kastiliens] erlernen […].

15 **Samstag, den 13. Oktober:**

Ich beobachtete alles mit größter Aufmerksamkeit und trachtete herauszubekommen, ob in dieser Gegend Gold vorkomme. Dabei bemerkte
20 ich, dass einige von diesen Männern die Nase durchlöchert und durch die Öffnung ein Stück Gold geschoben hatten. Mithilfe der Zeichensprache erfuhr ich, dass man gen Süden fah-
25 ren müsse, um zu einem König zu gelangen, der große, goldene Gefäße und viele Goldstücke besaß […].

Sonntag, den 14. Oktober:

Sollten eure Hoheiten den Befehl er-
30 teilen, alle Inselbewohner nach Kastilien zu schaffen oder aber sie auf ihrer eigenen Insel als Sklaven zu halten, so wäre dieser Befehl leicht durchführbar, da man mit einigen
35 fünfzig Mann alle anderen niederhalten und zu allem zwingen könnte […].

Dienstag, den 6. November:

Diese Leute kennen keine Arglist und
40 sind wenig kriegerisch. Männer und Frauen gehen nackt umher, wie sie Gott erschaffen hat. Allerdings tragen die Frauen ein Baumwolltuch um ihre Lenden, aber das ist auch al-
45 les. Sie sind sehr ehrfürchtig. Ihre Hautfarbe ist nicht sehr dunkel […]. Ich bin überzeugt, erlauchteste Fürsten, dass alle diese Leute gute Christen würden, sobald fromme und
50 gläubige Männer ihre Sprache beherrschen werden. Deshalb hoffe ich zu Gott, dass eure Hoheiten sich baldigst dazu verstehen werden, derartige Männer hierher zu senden, um
55 so große Völker zu bekehren und dem Schoß der Kirche einverleiben zu können […].

Donnerstag, den 10. Januar:

Pinzón [Schiffskapitän unter Kolum-
60 bus] […] ließ vier Indianer und zwei Mädchen mit Gewalt an Bord schleppen. Ich erteilte den Befehl, diese Eingeborenen zu kleiden und dann wieder an Land zu setzen, damit sie zu
65 ihren Siedlungen zurückkehrten. Nur so kann man euren Hoheiten dienen, da Männer und Frauen euren Hoheiten gehören, handle es sich um die Bewohner dieser oder anderer In-
70 seln […].

Donnerstag, den 14. Februar:

Auf der Rückreise gerieten die Schiffe in schweren Sturm […]. Ich hätte das Ungemach mit größerem Gleich-
75 mut ertragen, wenn es sich dabei nur um meine Person gehandelt hätte […]. Was mich aber mit unsäglichem Schmerz erfüllte, war der Gedanke, dass der allmächtige Herrgott in sei-
80 ner Gnade mir unerschütterlichen Glauben an mein Unternehmen eingegeben und zum Siege verholfen habe, um jetzt […] dies alles durch meinen Tod zuschanden werden zu
85 lassen […].

(Quelle: s. M 2)

Christoph Kolumbus (Gemälde von Sebastiano de Piombo)

1. Versetzt euch in die Rolle von Kolumbus und beschreibt, wie der Europäer seine Ankunft in der neuen Welt am 12. Oktober 1492 erlebt hat.

2. Erarbeitet anhand der Quellen, wie der Europäer Kolumbus die Ureinwohner beschreibt.

3. Über die beschriebenen Indianer könnt ihr nur Vermutungen anstellen: Was könnten die Gründe für ihr Verhalten sein?

Methodenbox

Umgang mit historischen Karten

Thema:
Welche Vorstellungen hatte Kolumbus von der Westroute nach Indien?

M 1 Die Ebstorfer Weltkarte (um 1230)

Eine historische Karte: Was ist das?

Eine historische Karte ist eine (geografische) Karte, die in einer vergangenen Zeit angefertigt wurde. Sie kann für uns eine wichtige Informationsquelle sein, weil sie zeigt, welchen Wissensstand die Menschen früher vom Aussehen der Erde hatten. Historische Karten dürfen nicht mit Geschichtskarten verwechselt werden. Eine Geschichtskarte, zum Beispiel diejenige über die großen Entdeckungen auf Seite 150, wird in der Gegenwart angefertigt, um Ereignisse und Prozesse in der Vergangenheit darzustellen.

Hier seht ihr zunächst eine Weltkarte aus dem 13. Jahrhundert, die noch ganz das mittelalterliche Denken widerspiegelt (M 1). Die Erde ist hier eine Scheibe, in deren Mittelpunkt die Stadt Jerusalem liegt. Die Form der Landmassen soll an den Leib Christi erinnern.

Die Karte M 2 ist eine historische Karte in einer modernen, gut lesbaren Version. Das Original stammt von dem Florentiner Paolo Toscanelli, der als einer der ersten Kartografen von der Kugelgestalt der Erde ausging.

Ein Vergleich der Ebstorfer Weltkarte von 1230 mit der Toscanelli-Karte von 1474 kann verdeutlichen, wie sehr sich die Vorstellung von der Welt im Übergang vom Mittelalter zur Neuzeit gewandelt hat.

Historische Karten deuten: Wie macht man das?

1. Schritt: Genaues Betrachten

Historische Karten wirken auf den ersten Blick fremdartig. Wir müssen sie eine Zeit lang betrachten, bevor wir herausfinden, was sie zeigen. Achtet beim Betrachten auf das Mengenverhältnis zwischen Wasser- und Landflächen, auf Küstenverläufe, auf angenommene Entfernungen.

Am Ende dieser Betrachtungsphase solltet ihr Antwort geben können auf die Frage:

→ *Welche Vorstellung hatte man damals von der Gestalt der Erde?*

2. Schritt: Rückschlüsse ziehen auf die Denkweise und die Kenntnisse der Menschen damals

Historische Karten geben uns einen Eindruck von der Denkweise und den Kenntnissen in früherer Zeit. Wir können uns zum Beispiel gut vorstellen, warum Kolumbus davon überzeugt sein konnte, den Weg nach Indien im Westen zu finden. Schließlich fehlte in den Karten, die ihm zur Verfügung standen, der gesamte amerikanische Kontinent. Auch die Ebstorfer Weltkarte verrät uns viel über die Kenntnisse der mittelalterlichen Menschen vom Aussehen der Erde.

→ *Was erzählen uns historische Karten über die Menschen in der früheren Zeit?*

3. Schritt: Antworten formulieren auf Untersuchungsfragen

In der Regel betrachten wir eine historische Karte vor dem Hintergrund eines bestimmten Interesses oder einer bestimmten Fragestellung. Abschließend solltet ihr darauf eine Antwort formulieren:

→ *Was sagt uns die historische Karte zu unserer Fragestellung (siehe Thema)?*

Diese drei Schritte könnt ihr auf jede historische Karte anwenden.

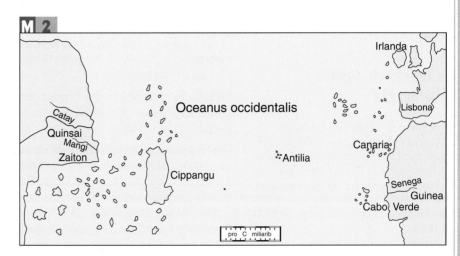

Die Originalversion dieser Karte des Paolo Toscanelli von 1474 stand Kolumbus bei seinen Planungen zur Verfügung. Allerdings waren in seiner Umgebung nur wenige andere Menschen von der Richtigkeit, vor allem von den angegebenen Entfernungen der Toscanelli-Karte überzeugt.

In einem Brief schrieb Toscanelli an Kolumbus:

„Ich lobe Eure Absicht nach Westen zu fahren, und ich bin überzeugt, wie Ihr auf meiner Karte bereits gesehen habt, dass der Weg, den Ihr nehmen wollt, gar nicht so schwierig ist, wie man denkt […].“

Diese historische Karte stammt aus dem Jahre 1529. Sie enthält die Route des Kolumbus. Außerdem lässt sich hieran ermitteln, wie sich der geografische Kenntnisstand in der kurzen Zeitspanne seit Toscanelli wiederum verändert hat.

Der Zusammenprall der europäischen mit der indianischen Kultur – der Fall Peru

In den Jahren nach Kolumbus wurde der neue Kontinent in einem für damalige Verhältnisse geradezu rasanten Tempo von den Europäern erschlossen, erobert und dauerhaft besiedelt.

Welche Folgen zogen die Entdeckungen für die Entdeckten nach sich?
Dieser **Leitfrage** könnt ihr hier und auf der folgenden Doppelseite am Beispiel der Eroberung des Inkareiches in Peru nachgehen.

Die folgenden **Arbeitsfragen** sollen euch helfen, die oben genannte Themenfrage abschließend beantworten zu können:
1. Wie stellt der Augenzeuge Celso Gargia die Eroberung dar (M 1, M 3)?
2. Wie kommentiert später der aus Belgien stammende Illustrator Theodor de Bry die Geschehnisse (M 4–M 6)?
3. Warum hatten die Europäer so wenig Mitleid mit den Indianern (M 7–M 10)?

Das Tagebuch des Fray Celso Gargia

Der Autor des folgenden Berichtes war ein Augustinermönch, der sich als „Heidenbekehrer" dem spanischen Eroberer bzw. Konquistador Francisco Pizarro angeschlossen hatte. Die Textauszüge beginnen mit der Schilderung der dritten Reise Pizarros nach Peru zwischen 1531 und 1533.

M 1

Q Januar 1531: Start zur Eroberung
Als Pizarro zur Eroberung Perus aufbricht, besteht seine Streitmacht aus 189 Mann und 27 Pferden. [...] Nach
5 der Erflehung des Segens des Himmels für diesen Kreuzzug gegen die Ungläubigen geht Pizarro mit seiner Mannschaft an Bord der Schiffe. Anfang Januar 1531 sticht er in See.

Erste Kämpfe
10 In Tumbez [Stadt in Peru] wurde Pizarro [...] gastfreundlich aufgenommen. In dieser angenehmen Lage, in der Friede herrschte, raubten drei Spanier die Frauen angesehener Bewohner der Stadt Tumbez. Durch diese Gewalttätigkeit außer sich gebracht, ergriff die Bevölkerung die Waffen und wagte einen Angriff auf das Lager der
20 Sonnenkinder [so bezeichneten die Inkas die Spanier] [...]. Etwa 3000 Mann griffen an, eine wild heulende Masse von Leibern. Doch trotz ihrer Übermacht konnten sie den Spaniern wenig
25 anhaben. Diese empfingen sie mit ihren langen Piken oder streckten sie mit Ladungen aus ihren Geschützen nieder. Auch fiel es ihnen leicht, die nackten Körper ihrer Gegner in Stücke
30 zu hauen. [...]

Mai 1532:
Indianische Gastfreundschaft
Bald erreichten die Spanier das zwischen dem Meer und den Bergen gele-
35 gene, dicht besiedelte Land. Hier wurden sie überall gastfreundlich aufgenommen und mit Lebensmitteln versorgt. Wohin er kam, ließ Pizarro verkünden, dass er als Abgesandter
40 des Herrschers von Spanien gekommen sei, um die Bewohner Perus zu Untergebenen seines Herrn und Kindern der Kirche zu machen. Dagegen erhob niemand Einspruch, weil kein
45 Einziger auch nur eine Silbe von dem verstand, was die Herolde ausriefen. [...]

21. September 1532
Am 21. September 1532 brach Pizarro
50 wieder auf. Sein Heer [war erheblich verringert], da 50 Mann in San Miguel zurückbleiben mussten, um die Stadt gegen etwaige Angriffe der Indianer zu schützen. Das Ziel des Marsches
55 war allen bekannt: Es war das Lager Atahualpas. [...]

(Quelle: s. M 3, S. 159)

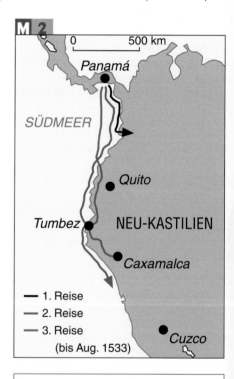

M 2

0 — 500 km

Panamá

SÜDMEER

Quito

Tumbez

NEU-KASTILIEN

Caxamalca

— 1. Reise
— 2. Reise
— 3. Reise
(bis Aug. 1533)

Cuzco

1529 wurde Francisco Pizarro vom spanischen Königshaus zum Oberbefehlshaber des Landes Peru auf Lebenszeit ernannt. Insgesamt unternahm er zwischen 1524 und 1533 drei Reisen, um ins Kernland der Inka vorzudringen.
Mithilfe dieser Karte könnt ihr seine Reiseroute verfolgen.

M 3

16. November 1532: Eine folgenschwere Begegnung

Atahualpa war der letzte freie Herrscher des Inkareiches. Er wurde nur 30 Jahre alt. Celso Gargia schildert das Zusammentreffen des Inkaherrschers mit Francisco Pizarro auf der Plaza von Caxamalca. Pizarros Beichtvater, ein Dominikanerpater, spricht Atahualpa an:

🅠 „Francisco Pizarro ist jetzt gekommen, die ihm gestellte Aufgabe zu erfüllen. Ich aber fordere euch jetzt auf, dem Irrglauben, in den ihr verstrickt seid, abzuschwören und den wahren Glauben anzunehmen. Überdies sollt ihr anerkennen, dass ihr dem spanischen Kaiser ab heute zinspflichtig seid."

Atahualpa stand wie erstarrt, nachdem der Dominikaner seine Rede beendet hatte. Dann sagte er mit einer Stimme, aus der Hass klang: „Ich werde keinem zinspflichtig sein. Ich bin der größte Fürst der Erde, niemand kommt mir gleich. Wie kann der Mann, der Papst heißt, Länder verschenken, die nicht sein Eigentum sind? Meinen Glauben werde ich nicht ablegen". […] Jetzt stand auch Pizarro auf der Plaza. Er sah, wie Atahualpa dem Mönch die Bibel aus der Hand riss und auf den Boden warf. Die Zeit war gekommen. Mit einer weißen Binde gab Pizarro das

25 vereinbarte Zeichen. Das Geschütz wurde abgefeuert. Und schon strömten die Spanier auf die Plaza. […] Völlig überrascht, erschreckt durch das Donnern der Geschütze und das Knal-
30 len der Musketen, dachten die Indianer nicht an Widerstand, sondern nur an Flucht. Doch sie wussten nicht, wohin sie fliehen sollten. Überall waren Pferde und Reiter nun ein einziges
35 furchtbares Wesen, das den Tod brachte. Einer nach dem anderen fiel, durchbohrt von den blitzenden Schwertern der Spanier. Hügel bildeten sich, die aus Toten bestanden. Atahualpa sah,
40 wie sich seine Untertanen erschlagen ließen, ohne sich zur Wehr zu setzen. Er schien das nicht zu verstehen und auch nicht zu begreifen, was geschehen war und geschah. Dann richtete
45 sich der Angriff der Spanier gegen ihn. Die Edelleute, die versuchten, ihn zu schützen, wurden von den Schwertern durchbohrt. Ein Soldat riss ihm die Borla vom Kopf. Dann zogen ihn die
50 Spanier mit sich und sperrten ihn in ein nahe gelegenes Gefängnis.

Celso Gargia berichtet weiter, dass etwa 12 000 Indianer innerhalb von nicht einmal einer Stunde ihr Leben verloren, während es kein Opfer unter den Spaniern gab. Nach der Niederlage der Indianer begannen die Spanier mit dem Bau einer Kirche. Atahualpa blieb in Gefangenschaft.

Freiheit gegen Gold

🅠 Es war Atahualpa nicht entgangen, wie sehr die Spanier das Gold liebten. Und eines Tages schlug er Pizarro einen Handel vor: seine Freiheit gegen
5 Gold, gegen viel Gold. Er verpflichtete sich, einen Raum, der 17 Fuß breit, 22 Fuß lang und neun Fuß hoch war, zur Gänze mit Gold anfüllen zu lassen und dazu noch zwei kleinere Räume mit
10 Silber. Dafür verlangte er zwei Monate Zeit.

Tag für Tag brachten indianische Träger Gold- und Silbergerät. Dennoch wuchsen die Haufen in den Räumen,
15 die bis zur Decke gefüllt werden sollten, nur langsam. […] Die indianischen Goldschmiede brauchten 34 Tage, die goldenen Geräte einzuschmelzen und in gleich schwere Barren zu formen.

29. August 1533: Tod trotz erfüllter Versprechen

Obwohl die Indianer alle Bedingungen erfüllten und das Gold lieferten, wurde Atahualpa der Prozess gemacht, an dessen Ende der Inkaherrscher zum Tode verurteilt wurde.

🅠 Atahualpa bedeckte sein Gesicht mit den Händen, nachdem er das Urteil vernommen hatte. Er hatte wohl kaum mit seiner baldigen Freilassung
5 gerechnet. Doch der Tod? Das hatte er sicher nicht geglaubt. „Ich habe dich immer gut behandelt", warf er Pizarro, der ihm das Urteil überbrachte, vor. „Ich habe meine Schätze mit dir geteilt.
10 Ich war dein Wohltäter." Dann flehte er, Tränen in den Augen, den spanischen Befehlshaber an, ihm die Freiheit zu lassen. Er werde ihm alles Gold des Reiches übergeben, versprach er.

Atahualpas Bitte blieb vergeblich. Am 29. August 1533 wurde das Todesurteil auf der Plaza in Caxamalca vollstreckt.

Sieben Jahre später …

🅠 Die Indianer waren mehr und mehr Sklaven der Spanier geworden. Sie besaßen kein Eigentum mehr und wurden ausgepeitscht, wenn sie den
5 Arbeiten nicht nachkamen, welche für sie viel zu schwer waren. Manche verhungerten, andere wurden erschlagen. Ihre Frauen waren Freiwild für die weißen Männer.

(Alle Textstellen wurden entnommen aus: Das Tagebuch des Fray Celso Gargia; zit. nach: Evamaria Grün (Hrsg.), Die Entdeckung von Peru1526–1712, Stuttgart/Wien (K. Thienemanns Verlag) 1996, S. 11–120)

Forschungs-station

Wie kommentiert Theodor de Bry die Geschehnisse?

Erzählt den Verlauf der Eroberung, indem ihr die Bilder genau betrachtet.

Bedenkt: Die Kupferstiche von Theodor de Bry wurden mehrere Jahrzehnte nach den Ereignissen angefertigt und stellen eine europäische Sichtweise des Geschehens dar. Macht deutlich, inwiefern sich dies in den Bildern niederschlägt.

M 4

3000 Eingeborene greifen die Spanier an: warum und mit welchem Ergebnis?

M 5

Begegnung zwischen Atahualpa und Pizarro: Was passiert hier?

M 6

Atahualpa wird erdrosselt, obwohl er alle Forderungen erfüllt hat: wie und warum?

Warum hatten die spanischen Eroberer so wenig Mitleid mit den Indios?

M 7 Bevölkerungsentwicklung Lateinamerikas

(z. T. geschätzt)

Jahr	Weiße	Mischlinge	Indianer	Schwarze
1492	–	–	75 000 000	–
1570	138 000	220 000	9 827 000	40 000
1650	729 000	670 000	9 175 000	835 000
1825	4 349 000	6 252 000	8 211 000	4 188 000
1988	167 794 000	198 881 000	36 970 000	34 608 000

(Nach: R. Konetzke, Die Indianerkulturen Altamerikas und die spanisch-portugiesische Kolonialherrschaft. Frankfurt 1968, S. 102ff. und: Der Fischer Weltalmanach 91, Frankfurt 1990)

Die massenhafte Vernichtung der einheimischen Bevölkerung ist nicht nur auf das brutale Vorgehen der Eroberer zurückzuführen, welche die Indianer umbrachten, versklavten und ausbeuteten. Auch die von den Europäern eingeschleppten Krankheiten, gegen welche die einheimische Bevölkerung keine Abwehrstoffe hatte, führten zum Massensterben.

Um die Indianersklaverei einzudämmen, wurden ab der Mitte des 16. Jahrhunderts Indianersklaven durch schwarze Sklaven ersetzt.

Streit um die Indianerfrage

Über die Frage, wie die Indianer zu behandeln seien, wurde in den spanischen Regierungskreisen gestritten. Wortführer in diesem Streit war neben dem Theologen und Juristen Gines de Sepúlveda, der auch den spanischen Thronfolger Philipp unterrichtete, der Bischof von Chiapa (in Mexiko), Bartolomé de Las Casas.

M 8 Sepúlveda

Q Da die Indianer ihrer Natur nach Sklaven, Barbaren, rohe und grausame Gestalten sind, lehnten sie die Herrschaft der Klugen, Mächtigen und Vortrefflichen ab, anstatt sie zu ihrem eigenen Besten zuzulassen. [...]

Der zweite Grund, den Krieg der Spanier gegen die Indios als gerecht anzusehen, ist die Ausrottung des entsetzlichen Verbrechens, Menschenfleisch zu essen.

Der dritte Grund sind die vielen unschuldigen Sterblichen, die die Barbaren alle Jahre opferten. Es galt diese Unschuldigen vor ihrem schmählichen Schicksal zu bewahren.

Viertens gilt, dass die christliche Religion bestimmt ist, sich überallhin zu verbreiten und dass die Missionare in einer Weise zu schützen sind, dass sie die christliche Heilslehre verkünden können.

(Juan Gines de Sepúlveda, Democrates segundo o de las justas causas de la guerra contra los indios, Ausgabe Madrid 1951, S. 83ff.)

M 9 Las Casas

Ich bestehe darauf, dass die Spanier sich der Ausübung solcher Exzesse [Ausschreitungen] gegen andere Völker, wenn diese auch barbarische Götzendiener und von allen Lastern befallen sein mögen, enthalten. [...] Denn es gibt keinen Unterschied mehr zwischen Mann und Frau, „Griechen und Juden, Beschnittenem und Unbeschnittenem, Barbaren und Skythen, Sklaven und Freien, weil Christus in allem ist" (Kol 3,11). [...] Da nun die Natur der Menschen in allen dieselbe ist und alle von Christus gerufen sind in derselben Weise und auch nicht auf verschiedene Weise berufen werden wollen, darf man die Indios nicht auf andere Weise zum Eintritt in die Kirche einladen als alle anderen Menschen auch.

(Zit. nach: Manuel Delgado (Hg.), Gott in Lateinamerika, Düsseldorf (Patmos) 1991, S. 109f.)

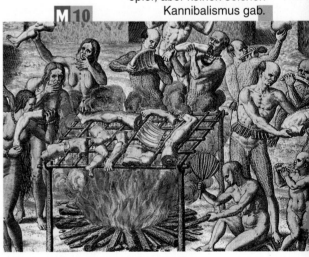

Kupferstich von Theodor de Bry, 1593: Das Bild zeigt, was viele Menschen in Europa damals glaubten. Heute weiß man, dass es bei den Inkas zwar äußerst selten Menschenopfer, aber keinen solchen Kannibalismus gab.

M 10

1. Erarbeitet, wie sich die Eroberung Lateinamerikas durch die Europäer auf die Bevölkerungszusammensetzung auswirkte.

2. Stellt heraus, wie die Europäer die Indianer sahen.

3. Diskutiert in der Klasse und begründet eure Meinung: Wer hat Recht – Selpúveda oder Las Casas?

Eine andere Sichtweise: Wer waren die Inkas wirklich?

Der Ort, den ihr hier seht, wird Machu Picchu genannt; das bedeutet „alter Gipfel". Er wurde erst im Jahre 1911 entdeckt und ist die wohl bekannteste Inka-Stätte. Man nimmt an, dass Machu Picchu in der Mitte des 15. Jahrhunderts erbaut wurde, also nicht sehr lange, bevor die Spanier in Peru eintrafen. Spanier haben diesen 2700 Meter hoch gelegenen Ort übrigens nie betreten. Es gab hier Paläste, Kultgebäude, Gärten, Brunnen, eine Stadt und kunstvoll angelegte Terrassenfelder. Vieles bleibt bis heute geheimnisvoll an diesem Ort.

M 1

Welchen Eindruck vermitteln das Foto und die Kunstwerke über die Kultur der Inkas?

Das goldene Floß und der Vogel stammen aus der Blütezeit der Inka-Kultur. Sie gehören zu den wenigen Kunstwerken, die die Plünderungen durch die spanischen Eroberer überstanden.

M 2

M 3 Fray Celso Gargia berichtet über die Inkas

Q Da und dort erzählte man Pizarro von dem Herrscher, der das Land regierte und in einem von Gold und Silber strotzenden Palast residierte, welcher auf einer Hochebene im Inneren des Landes stand. Die Spanier bezweifelten nicht, dass das wahr war. Sie hatten genug Beweise dafür gesehen, dass das Reich Peru in hoher Blüte stand: Gebäude aus Stein und Mörtel, fruchtbarer Boden, Wasserleitungen und Kanäle, künstlich angelegte Straßen, kunstvoll gearbeitete Schmuckstücke aus Gold, Silber, Perlmutt, und Bronze, Gefäße aus gebranntem Ton und – nirgendwo Hunger und Not.

(Zit. nach: Das Tagebuch des Fray Celso Gargia, a.a.O., S. 18)

M 4 Die Inkas

Als Franciso Pizarro und seine Männer im Jahre 1532 an der Küste von Peru landeten, drangen sie in ein hoch kultiviertes, wohlhabendes Reich ein, das den westlichen Teil Südamerikas beherrschte. Die Autorität der Inka reichte von Südkolumbien über Ecuador nach Peru und Bolivien bis nach Chile hinein.

Dieses Reich, das von der Hauptstadt Cuzco aus regiert wurde, haben starke und kriegerische Herrscher in jahrhundertelanger Arbeit aufgebaut. Es wurde durch ein Berufsheer und durch eine sorgfältig organisierte Bürokratie, die praktisch alle Angelegenheiten des Zusammenlebens regelte, aufrechterhalten.

Die Inka kannten zwar keine Schrift, und auch das Rad war ihnen unbekannt; sie entwickelten aber Kanalsysteme und errichteten Bergwerke. Und sie bauten auch eindrucksvolle Paläste, Tempel und Festungen. [...]

An der Spitze des Reiches stand ein oberster Herrscher, der Sapa Inka [Sohn der Sonne], der geheiligte Vertreter des Sonnengottes auf der Erde. Um diese Abstammungslinie zu erhalten, war seine erste Frau [wie dies auch bei den Pharaonen in Ägypten der Fall war] seine eigene Schwester. [...]

Die Bauern waren tributpflichtig und führten auch die von den Herrschern angeordneten Zwangsarbeiten durch. Sie errichteten Tempel, Paläste und Straßen. Gleichzeitig führten die Herrscher für ihre Untertanen aber auch ein Fürsorgesystem ein. Sie lagerten Ernteüberschüsse, die in schlechten Zeiten an die Bewohner verteilt wurden. Man nimmt an, dass die Lebensmittelproduktion der Inka besser war, als sie es heute in diesen Gebieten ist. [...]

Ein wesentlicher Faktor für das Funktionieren der Ordnung war das sorgfältig angelegte Straßensystem, das an die 16 000 km Wegstrecke hatte.

Die Inka verehrten den Sonnengott. Eines seiner Kultzentren befand sich am Machu Picchu hoch in den Anden. Dort fungierten Sonnenjungfrauen als Tempelhüterinnen.

Der Aufstieg des Inka-Reiches begann im 13. Jahrhundert von ihrer Hauptstadt Cuzco aus [...]. Bald begannen sie die Nachbarstämme anzugreifen und forderten von ihnen Tribute ein. [...] Als Pizarro eintraf, fand gerade ein Bürgerkrieg statt. Pizarro nützte diese Situation aus [...].

Viele Südamerikaner betrachten die Inka-Periode als ein goldenes Zeitalter, das mit den fremden Eroberern endete.

(Nach: Atlas der Weltwunder, Der Club, RM Buch und Medien Vertrieb GmbH, S. 216f.)

Cuzco (Darstellung aus dem 16. Jahrhundert)

Einige Forscherinnen und Forscher können einen Vortrag über die Inkas vorbereiten. Neben den Inkas existierten in Mittelamerika vor der Ankunft der Spanier auch noch die Hochkulturen der Azteken und Mayas. Auch über diese und ihr Schicksal können Forscher und Forscherinnen einen Vortrag erarbeiten. Informationen findet ihr auf den folgenden Internetseiten:
➤ www.indianer-welt.de/meso/aztek/aztek.htm
➤ www.indianer-welt.de/meso/maya/maya.htm

Stichwortzettel:
Wer waren die Inkas?

> Ausdehnung des Reiches (s. Karte S. 165)
> Organisation/Verwaltung
> Herrschaft und Religion
> Besondere Leistungen

Eine weitere Folge der Entdeckungsreisen: Europäisierung der Welt

Dem Beispiel der Spanier folgten andere europäische Nationen. So eroberten die Portugiesen 1500 das heutige Brasilien, ein Gebiet, dessen Inbesitznahme ihnen von Papst Alexander VI. bereits 1494 im Vertrag von Tordesillas zugestanden worden war. Rund hundert Jahre später beteiligten sich die Niederländer, Engländer, Franzosen und Russen am Kolonialismus, der europäischen Inbesitznahme von Gebieten auf anderen Kontinenten.

Dabei verfolgten die Europäer das Ziel, Handels- oder Siedlungskolonien zu errichten, um die eigene wirtschaftliche und politische Macht auszubauen. Auch drängten sie den Menschen in den eroberten Gebieten ihre Lebensweise auf, sodass die europäische Lebensart in weiten Teilen der Erde vorherrschend wurde. Einheimische Gepflogenheiten wurden unterdrückt und verdrängt zugunsten einer Europäisierung der Welt.

Verwaltung des Kolonialreichs

Das spanische Beispiel der kolonialen Herrschaft in Lateinamerika verdeutlicht den Vorgang der Europäisierung. Das lateinamerikanische Kolonialreich wurde vom Mutterland aus verwaltet. Zu diesem Zweck wurde 1524 ein Indienrat mit Sitz in Madrid eingerichtet, der den staatlichen Aufbau und die Organisation der Kolonien kontrollierte. Ein Fünftel aller in den Kolonien erwirtschafteten Erträge musste als Steuer an Spanien abgeführt werden.

Neben den Edelmetallen war die Plantagenwirtschaft mit Baumwolle, Kaffee, Kakao, Tabak und Zuckerrohr eine Gewinn bringende Einnahmequelle für die Spanier. Da die Europäer selbst nicht gewillt waren, die harte Arbeit auf den Plantagen zu verrichten, führten sie das „Encomienda"-System ein, das an das europäische System der Grundherrschaft angelehnt war. Die Indianer wurden dazu verpflichtet, die Arbeit auf den Plantagen zu verrichten und Steuern zu zahlen. Als Gegenleistung versprachen ihnen die Encomenderos, sie zu versorgen und sie im christlichen Glauben zu erziehen.

M 1 Europäische Kolonien bis zur Mitte des 18. Jahrhunderts

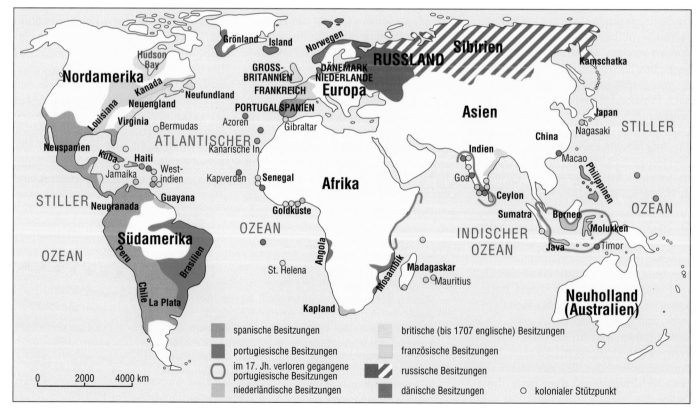

M 2 Spanischer Kolonialismus in Lateinamerika

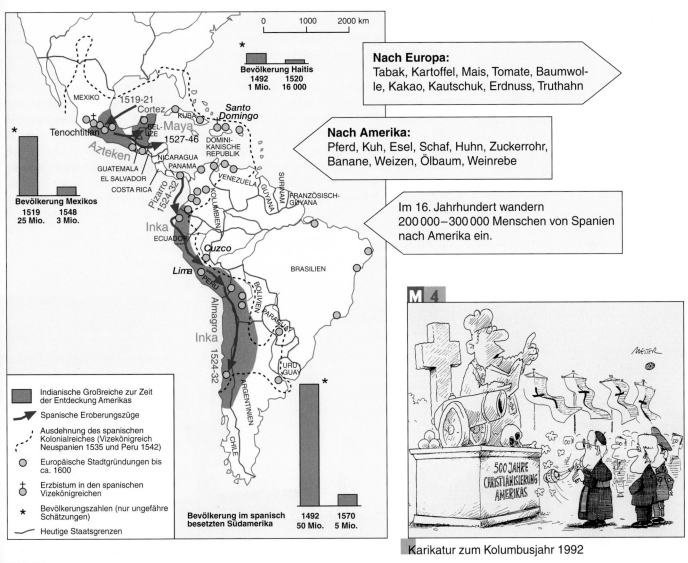

Nach Europa:
Tabak, Kartoffel, Mais, Tomate, Baumwolle, Kakao, Kautschuk, Erdnuss, Truthahn

Nach Amerika:
Pferd, Kuh, Esel, Schaf, Huhn, Zuckerrohr, Banane, Weizen, Ölbaum, Weinrebe

Im 16. Jahrhundert wandern 200 000 – 300 000 Menschen von Spanien nach Amerika ein.

Bevölkerung Haitis
1492 1520
1 Mio. 16 000

Bevölkerung Mexikos
1519 1548
25 Mio. 3 Mio.

Bevölkerung im spanisch besetzten Südamerika
1492 1570
50 Mio. 5 Mio.

Legende:
- Indianische Großreiche zur Zeit der Entdeckung Amerikas
- Spanische Eroberungszüge
- Ausdehnung des spanischen Kolonialreiches (Vizekönigreich Neuspanien 1535 und Peru 1542)
- ○ Europäische Stadtgründungen bis ca. 1600
- ✝ Erzbistum in den spanischen Vizekönigreichen
- * Bevölkerungszahlen (nur ungefähre Schätzungen)
- Heutige Staatsgrenzen

M 4

Karikatur zum Kolumbusjahr 1992

Text in Karikatur: 500 JAHRE CHRISTIANISIERUNG AMERIKAS

M 3 Dreieckshandel

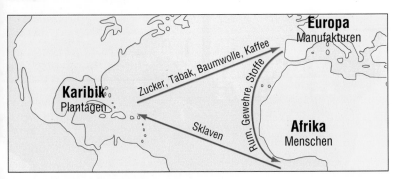

Europa
Manufakturen

Karibik
Plantagen

Afrika
Menschen

Zucker, Tabak, Baumwolle, Kaffee
Rum, Gewehre, Stoffe
Sklaven

1. Erarbeitet anhand der Materialien sowohl die positiven als auch die negativen Folgen der Kolonialherrschaft. Unterscheidet dabei zwischen den Kolonien einerseits und Europa andererseits.

2. Betrachtet die Karikatur (M 4) und überlegt, was der Priester sagen könnte. Formuliert eure Aussage in Form einer Sprechblase. Zeichnet dann eine weitere Sprechblase und schreibt in diese, was der Karikaturist mit der gesamten Karikatur aussagen möchte und was der Priester als eigentliche Wahrheit am Festtag bekennen müsste.

Stopp
Ein Blick zurück

M 1   Todesstrafe für Kolumbus

2000 Menschen beobachten die symbolische Hinrichtung.

AFP **Tegucigalpa** – Der Entdecker Amerikas, Christoph Kolumbus, ist am Montag in der honduranischen Hauptstadt Tegucigalpa wegen des 5 „größten Völkermordes in der Geschichte" symbolisch hingerichtet worden. Antonio Sanchez, Roberto Bautista und Domingo Sanches schossen auf dem Merced-Platz acht Pfeile 10 auf eine zwei Meter hohe und einen Meter breite Zeichnung von Kolumbus ab. Rund 2000 Anwesende applaudierten der Schauhinrichtung. Zuvor hatte eine Jury nach mehrmonatigen Ver-15 handlungen den Seefahrer unter anderem wegen Völkermordes, Sklavenhandels, Vergewaltigung, Entführung und Folter zum Tode verurteilt.

Kein Gehör hatte offenbar Kolumbus 20 Verteidiger mit dem Hinweis gefunden, die Delikte seien längst verjährt. Zudem habe der Entdecker die Zivilisation, die Sprache und die christliche Religion nach Amerika gebracht. Die Hin-25 richtung erfolgte auf den Tag genau 506 Jahre nach der Ankunft von Kolumbus in Amerika. Die symbolische Hinrichtung war auf Betreiben der Indianervereinigung Copin zustande gekommen. 30 Sie erwarteten von Spanien Entschädigung für die erlittenen Leiden, teilte ein Organisator mit. […] Unbeeindruckt vom Indianerprotest zum Jahrestag der Entdeckung Amerikas lud die spani-35 sche Botschaft zeitgleich zur symbolischen Hinrichtung zu einem Empfang, bei dem der an diesem Datum in Spanien begangene „Tag der Hispanität" gefeiert wurde.

(Die Welt, 14.10.1998)

Kolumbus landet in der neuen Welt. Das Foto stammt aus dem Film „1492", in dem das Leben des Kolumbus erzählt wird.

M 2

Kolumbus-Denkmal
in Barcelona

Ihr habt im Folgenden zwei Möglichkeiten, abschließend die historische Bedeutung von Christoph Kolumbus und seiner Entdeckung zu beurteilen.

Möglichkeit A:

Verfasst einen Brief an die Indianervereinigung Copin, welche die symbolische Hinrichtung von Christoph Kolumbus wegen des „größten Völkermordes in der Geschichte" veranlasst hat (M 1). Nehmt begründet Stellung zu dieser Maßnahme und verwendet in eurem Anschreiben folgende historische Grundbegriffe:

* Entdeckung
* Konquistador
* Kolonialismus
* Encomienda-System
* Europäisierung

An die
Indianervereinigung Copin
Tegucigalpa

Honduras

Sehr geehrte Damen und Herren,

mit folgendem Schreiben möchte ich Ihnen meine Meinung zu der von Ihnen durchgeführten symbolischen Hinrichtung des Christoph Kolumbus mitteilen. Ich bin der Überzeugung …

Möglichkeit B:

Entwerft ein eigenes Denkmal für Christoph Kolumbus (vgl. M 2), das eurer Meinung nach den Leistungen des Entdeckers der Neuen Welt gerecht wird. Erläutert und begründet euren Entwurf stichpunktartig.

167

Einheit zerbricht:
Die Reformation und ihre Folgen

In vielen Schulen ist die Situation gleich: Von den Schülerinnen und Schülern, die am Religionsunterricht teilnehmen, gehen die einen in den katholischen, die anderen in den evangelischen Unterricht. Warum gibt es diese Trennung zwischen evangelisch und katholisch, wo doch beide Glaubensgemeinschaften christlich sind?

Bislang habt ihr das Mittelalter als Zeit der Frömmigkeit und Einheit des Christentums kennen gelernt. Der Mönch im Kloster, die Erbauer der großen Kathedralen, all jene Menschen, die am Sonntag selbstverständlich zum Gottesdienst gingen – sie alle lebten in einer Welt, die in heute kaum vorstellbarer Weise durch einen gemeinsamen Glauben, das Christentum, geprägt war.

Seit Beginn des 14. Jahrhunderts wird die bis dahin im Bewusstsein der Menschen selbstverständliche Einheit der christlichen Welt zunehmend infrage gestellt. Seit 1517 ist es der Augustinermönch Martin Luther, der mit seinem Protest gegen Missstände in der Kirche eine Spaltung des Christentums auslöst. Seine Kritik ist theologisch begründet. Es geht ihm um die richtige Auslegung der Bibel und die Umgestal-

tung (Reformation) fragwürdiger kirchlicher Praktiken. Doch das, was er in Gang setzt, hat nicht nur religiöse, sondern ebenso politische Folgen. Die Auseinandersetzungen um die Einheit der Kirche geraten schnell auch zur Machtfrage. Religiöse und politische Motive der am Konflikt Beteiligten lassen sich nicht immer deutlich trennen. Am Ende dieser Entwicklung steht ein Europa, das die religiöse Einheit des Mittelalters verloren und neue politische Konturen erhalten hat.

1526
Reichstag in Speyer: Die Reichsfürsten wirken das Recht, in ihren Ländern im Sinne Luthers die Reformation durchzuführen. Die Landeskirchen entstehen.

1525
Bauernkrieg

1521
Reichstag in Worms: Martin Luther verteidigt seine Thesen.

1517
Martin Luther veröffentlicht 95 Thesen gegen Missstände in der Kirche.

1498
Der Kirchenkritiker Girolamo Savonarola wird auf dem Scheiterhaufen verbrannt.

1415
Der Kirchenkritiker Johannes Hus wird auf dem Scheiterhaufen verbrannt.

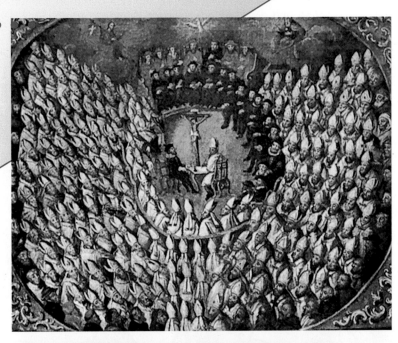

1618–1648
Dreißigjähriger Krieg

1572
Bartholomäusnacht: Verfolgung der Hugenotten in Frankreich.

1563
Konzil von Trient: Die „alte" Kirche leitet Gegenreformation und Kirchenreformen ein.

1555
Augsburger Religionsfriede: Verständigung zwischen Protestanten und „alter" Kirche.

1534
...stehung der ...likanischen ...atskirche.

...ndung eines ...ttesstaates" ...er Schweiz.

Religiöser Aufbruch

Info   Was kritisieren die Reformer?

Die Geschichte des Christentums ist auch eine Geschichte des permanenten Wandels und der Reformen. Immer wieder gelang es der römischen Kirche, diese neuen Kräfte zu integrieren oder zum Schweigen zu bringen. Im 14. und 15. Jahrhundert häufen sich Stimmen, die Missstände offen aussprechen und einen grundsätzlichen Wandel fordern. Stellvertretend für diese Stimmen sind hier Girolamo Savonarola, John Wiclif und Johannes Hus gewählt.

Verdeutlicht euch die Gemeinsamkeiten dieser drei Fälle.
Wertet dazu die folgenden Darstellungstexte aus und sammelt für jeden der Reformer in einer Tabelle:
– Was wird kritisiert?
– Wie reagiert die Kirche auf die Kritik?

Wiclif bei einer Verhandlung gegen ihn
(entstanden Ende 19. Jh.)

John Wiclif (um 1320–1384)

Wiclif war zunächst Pfarrer, dann Professor für Theologie an der Universität in Oxford. Nachdem er die Bibel intensiv studiert hatte, kam er zu der Überzeugung, dass der Reichtum und die politische Machtrolle der Kirche mit dem Grundgedanken des Christentums nicht vereinbar seien. Er vertrat die Überzeugung, dass der Papst nicht über die Gläubigen zu bestimmen habe und dass Geistliche keine Reichtümer anhäufen sollten. Auf Betreiben der reichen Mönchsorden verurteilte Papst Gregor XI. zunächst einige von Wiclifs Schriften. Später wurde Wiclifs Lehre von der Kirche als Ganzes verurteilt.

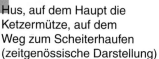

Hus, auf dem Haupt die Ketzermütze, auf dem Weg zum Scheiterhaufen (zeitgenössische Darstellung)

Johannes Hus (1365–1415)

Hus war Priester in Prag. Ähnlich wie Wiclif kritisierte er den Reichtum der Kirche und vor allem deren Anspruch, in Glaubensdingen Vorschriften und Dogmen erlassen zu dürfen. Hus sprach sich dafür aus, dass sich ein Christ vor seinem Gewissen zu verantworten habe, nicht vor der Kirche. Der Papst erließ ein Predigtverbot und einen Kirchenbann über Hus, doch König und Volk hielten zu ihm. Als er auf einem Konzil in Konstanz seine Lehre nicht widerrief, wurde Hus als Ketzer zum Tode verurteilt und auf dem Scheiterhaufen verbrannt.

Girolamo Savonarola (1452–1498)

Savonarola gehörte seit 1484 dem Dominikanerkloster St. Marco in Florenz an, dem er seit 1491 als Prior vorstand. Er war ein Gegner reicher, mächtiger Kaufmannsfamilien wie der Medici und der Borgia, die großen Einfluss auf die Kirche nahmen und sogar aus ihren Reihen Päpste stellten. Savonarola kritisierte den allgemeinen Sittenverfall sowie die Geld- und Machtpolitik der Kirche. Dabei kämpfte er vor allem gegen Papst Alexander VI. (1492–1503), ein Mitglied der einflussreichen Familie der Borgia, dessen lasterhaftes Leben er immer wieder öffentlich anprangerte und der für ihn den Inbegriff der Korruptheit und Verkommenheit der Kirche darstellte: „Siehst du ein Haupt gesund, so darfst du sagen: Der ganze Leib ist gesund; steht es aber schlecht mit dem Haupte, dann wehe dem Leibe." Savonarola orientierte sich am Vorbild der Propheten des Alten Testaments und scheut sich nicht, die Missstände in der Kirche in aller Öffentlichkeit zu benennen. Er setzte sich für einen nach christlichen Grundsätzen aufgebauten Staat ein. Papst Alexander VI. erteilte dem Kritiker zunächst Predigtverbot. Als dies nichts half, exkommunizierte er ihn und verbot ihm jegliche kirchliche Handlungen. Als Savonarola diese Exkommunikation öffentlich für ungültig erklärte, wurde er verhaftet, gefoltert und am 23. Mai 1498 gemeinsam mit seinen Ordensbrüdern Dominikus und Silvester umgebracht.

Girolamo Savonarola wird mit zwei Ordensbrüdern in Florenz erhängt und verbrannt (zeitgenössische Darstellung).

Ein Einzelner gegen die Kirche: Martin Luther

Zur Person: Martin Luther

Wer war Martin Luther?

Martin Luther stammte aus einer Familie, die es für damalige Verhältnisse zu etwas gebracht hatte. Sein Vater war Kleinunternehmer im Bergbau. Er wollte, dass Martin Jura studiert und Beamter wird.

Wie die meisten damals waren auch die Luthers fromme Menschen. Als der junge Student Martin bei einem schweren Gewitter um sein Leben bangen musste, gelobte er Mönch zu werden. Gegen den Widerstand der Eltern trat er in das Erfurter Augustiner-Kloster ein, wo er ein frommes Leben führte.

Was Martin Luther wichtig war

Als Mönch widmete sich Martin Luther intensiv dem Studium der Bibel. 1513 wurde er aufgrund seiner Kenntnisse in Wittenberg zum Professor für Theologie ernannt.

Bei seinen Studien ging es Luther vor allem um die Frage, was ein Mensch tun muss, damit Gott ihm seine Sünden vergibt und ihm barmherzig ist. Dabei kam er zu der damals geradezu revolutionären Einsicht, dass es nicht auf die religiösen „Leistungen" eines Menschen ankomme, zum Beispiel auf Geldspenden für die Kirche oder auf Wallfahrten, sondern auf den ganz persönlichen Glauben an Gott. Während seines Studiums des Römerbriefs kam Luther zu der Auffassung, dass Gott all jenen gnädig sei, die glauben und ihre Sünden und Schwächen ehrlich bereuen.

Bis heute verbinden wir viel mit dem Namen Martin Luther, denn: kaum eine Stadt ohne Martin-Luther-Straße oder Martin-Luther-Platz. Was den Kirchenkritikern Savonarola, Wiclif und Hus nicht gelungen war, nämlich ihren Anliegen dauerhaft Gehör zu verschaffen, das gelang Martin Luther.

● Warum war Luther erfolgreich?

Dies ist die zentrale Leitfrage, um die es im folgenden Kapitel geht.

Martin Luther – sein Leben im Überblick	
10.11.1483	geboren in Eisleben
1491–1501	Besuch der Lateinschule in Mansfeld, Magdeburg und Eisenach
1501–1505	Studium an der Universität Erfurt, Abschluss: Magister
1505	Eintritt in das Augustiner-Kloster in Erfurt
seit 1511	Professor an der Universität in Wittenberg
1517	Veröffentlichung von 95 Thesen gegen Missstände in der Kirche
1521	Anhörung vor dem Reichstag in Worms; Aufenthalt auf der Wartburg; Übersetzung des Neuen Testaments
1534	Herausgabe der vollständigen Übersetzung der Bibel
1546	Tod in Eisleben

Internet-Tipp!

Homepage der Luther-Seite:
http://www.luther.de

Zur Person:
Erstellt auf der Grundlage der Informationen auf dieser Seite und unter Nutzung des Internetangebots einen Steckbrief zur Person Martin Luthers.

Kritik an der Kirche:
Wie brisant sind Luthers Thesen?

Was Martin Luther kritisierte

Der Papst in Rom benötigte Geld für den Bau einer neuen Kirche, den Petersdom. So ließ er „Ablassbriefe" an die Gläubigen verkaufen. Durch den Kauf eines solchen Briefes sollte man von allen Sünden und aller Schuld befreit sein.

1517 wurden auch in der Umgebung von Wittenberg Ablassbriefe verkauft.

Luther musste erleben, dass viele Menschen der Meinung waren, man könne sich mit dem „Ablass" von seinen Sünden freikaufen, ohne diese wirklich zu bereuen. Luther protestierte beim Erzbischof von Mainz. Der antwortete jedoch nicht. Daraufhin veröffentlichte Luther eine Protestschrift, die „95 Thesen"; sie wurden aus dem Lateinischen übersetzt und im ganzen Deutschen Reich verbreitet.

1. Übertragt die Tabelle in euer Heft. Ergänzt sie, indem ihr Luthers Thesen stichwortartig zusammenfasst.

Lehre der römischen Kirche	Lehre Luthers
Die Kirche kann (auch durch einen „Ablass") Menschen von Schuld befreien.	
Nur wer vom Papst bzw. Bischof geweiht ist, darf Priester sein.	
Papst und Kirche legen fest, was richtiger Glaube ist. Nur der Papst legt die Bibel richtig aus. Der Papst irrt nicht.	

2. Vergleicht Luthers Ansichten mit denen der kirchlichen Lehre.
– Welche neuen Gedanken vertritt er?
– Warum sind seine Ansichten so brisant?

Tipp! Ihr könntet dies auch als Streitgespräch zwischen einem Vertreter der Kirche und dem anders denkenden Luther organisieren.

Luthers Thesen (Auszug)

M 1 **Q** Es irren alle Ablassprediger, wenn sie behaupten, durch den Ablass des Papstes werde der Mensch frei von aller
5 Strafe und selig. […] Es ist nicht christlich, zu predigen, dass der, der Ablassbriefe kauft, seine Schuld nicht bereuen muss. Jedem Christen, der seine Sünden
10 wirklich bereut, wird seine Schuld vergeben, und dies auch ohne Ablassbriefe. […] Man muss die Christen lehren: Dem Armen zu geben oder dem Bedürftigen zu
15 leihen ist besser, als Ablass zu kaufen.

M 2 **Q** Man hat's erfunden, dass Papst, Bischöfe, Priester und Klostervolk der geistliche Stand genannt werden. Doch allein
5 durch die Taufe werden wir allesamt zu Priestern geweiht. Daher kommt's, dass in der Not ein jeder taufen und dass ein jeder Sünden vergeben kann, was nicht möglich
10 wäre, wenn wir nicht alle Priester wären.

M 3 **Q** Sie gaukeln uns vor, der Papst könne im Glauben nicht irren. Es ist eine frevelhaft erdichtete Fabel, dass es allein das Recht
5 des Papstes sei, die Schrift auszulegen. Sie haben sich die Vollmacht selbst genommen. Sie haben auch keine Begründung aus der Schrift, dass es allein dem
10 Papst gebühre, ein Konzil zu berufen.

M 4 **Q** Also hilft es der Seele nichts, ob der Leib heilige Kleider anlegt, wie Priester und Geistliche tun; auch […], ob er leiblich bete,
5 faste, wallfahre und alle guten Werke tue. Es muss noch etwas anderes sein, was der Seele Freiheit bringt […]. Die Seele hat kein ander Ding […], darinnen sie lebe,
10 fromm, frei und christlich sei [als] das heilige Evangelium, das Wort Gottes […]. Wo sie das Wort hat, bedarf sie keines anderen Dings mehr.

M 5 **Q** Der Papst soll nicht nur sagen, du irrst, du hast falsch gelehrt, sondern den Irrtum in der Bibel nachweisen und Begrün-
5 dungen anführen […]. Wenn ich dann nicht widerrufe, dann mag mich eure Hoheit verfolgen und vertreiben.

(M1–M3 zit. nach: Martin Luther, Schriften, hg. von K. Bornkamm u. G. Ebeling, Bd. 1, Frankfurt/M. (Insel) 1982, S. 30–32, 155f. u. 161–164. M4/M5 zit. nach: H. D. Schmid, Fragen an die Geschichte, Bd. 2, S. 194f.)

1521 – Worum ging es auf dem Reichstag zu Worms?

Intitulentur libri

Ein Holzschnitt aus dem Jahr 1557: Ganz links im Raum sieht man Martin Luther; ebenfalls zugegen sind die Fürsten und Bischöfe des Deutschen Reiches, sowie – rechts hinten auf dem Thron – Kaiser Karl V.

Dargestellt ist eine historische Szene: Am 17. April 1521 wird der Mönch Martin Luther auf dem Reichstag zu Worms angehört. Luther geht an diesem Tag davon aus, dass man ihm Gelegenheit gibt, seine Position zu erläutern und zu diskutieren. Doch dazu kommt es nicht. Stattdessen fordert der Kaiser ihn auf, seine Thesen zu widerrufen. Er gibt Luther einen Tag Bedenkzeit. Am 18. April steht Luther erneut im

bischöflichen Palast und erläutert seine Lehre. Noch einmal wird er aufgefordert zu widerrufen. Luther folgt seinem Gewissen und weigert sich.

Einen Monat später wird über Luther die „Reichsacht" verhängt. Er gilt von nun an als „vogelfrei"; jeder darf ihn umbringen. Doch dazu kommt es nicht. Kurfürst Friedrich von Sachsen versteckt Luther auf der Wartburg bei Eisenach.

Das Geschehen in Worms wollen wir an dieser Stelle näher untersuchen.

Eure Forschungsfragen:

1. Welche Interessengruppen standen sich in Worms gegenüber?

2. Welche politischen Absichten waren mit dem Konflikt verbunden?

Als Forschungsgrundlage dienen euch Quellen, die im Umfeld des Wormser Reichstages entstanden sind. Wertet diese Quellen aus und notiert:

● Welche Absichten und Ziele der am Reichstag Beteiligten werden deutlich?

● Wer ist für, wer gegen Luther? Aus welchen Gründen?

● Erörtert vor dem Hintergrund eurer Ergebnisse, worin die Brisanz des Reichstags zu Worms bestand.

M 1 Aus der Anklagerede des päpstlichen Gesandten Aleander

Ⓠ Eure Majestät möge einige Artikel Martin Luthers hören, die allein würdig wären, dass man hunderttausend Ketzer darum verbrenne.

Luther sagt, dass alle Artikel des Johann Hus, die auf dem Konstanzer Konzil verdammt wurden, nicht ketzerisch seien. Weiter sündigt er wider die Geistlichkeit. Denn er sagt, dass alle Laien durch die Taufe Priester seien. Welch eine Verkleinerung des Priesterstandes würde das ergeben. In Sonderheit sündigt er wider die geistlichen Orden, da er die Gelübde verwirft und verachtet. [...]

Weil seine Irrtümer so offenbar geworden, hat die päpstliche Heiligkeit etliche seiner Artikel als ketzerisch und aufrührerisch verdammt. Aber Luther hat gegen den Beschluss des päpstlichen Stuhls an ein Konzil appelliert und glaubt, des Papstes Urteilsspruch nicht anerkennen zu müssen. Deshalb wolle eure kaiserliche Majestät im Reich gebieten, Martin Luthers Bücher alle zu verbrennen.

(Zit. nach: Deutsche Reichsakten, Jüngere Reihe, Bd. 2., Gotha 1896, S. 497–506)

M 2 Luthers Verteidigungsrede

Ⓠ In meinen Büchern wird das Papsttum und seine Lehre angegriffen und auch diejenigen, die mit ihrer falschen Lehre, bösem Leben und schlechtem Vorbild die Christenheit an Leib und Seele verwüstet haben. So ich nun widerrufen würde, so würde ich nichts anderes tun, als dass ich die Tyrannei des Papstes stärkte und solcher großen Gottlosigkeit Tür und Tor auftäte. Ich kann und will nicht widerrufen, weil weder sicher noch geraten ist, etwas wider das Gewissen zu tun. Es sei denn, dass ich mit Zeugnissen der Heiligen Schrift oder mit öffentlichen, klaren und hellen Gründen und Ursachen widerlegt werde, denn ich glaube weder dem Papst noch den Konzilen allein, weil es offensichtlich ist, dass sie
20 oft geirrt und sich selbst widersprochen haben. Gott helfe mir. Amen.

(Zit. nach: G. Guggenbühl, Quellen zur Geschichte der Neuzeit, Zürich ²1956, S. 67f.)

Porträt Luthers um 1521 (Lucas Cranach)

M 3 Bericht des päpstlichen Gesandten Aleander

Ⓠ Nicht genug wundern kann man sich über die Tatsache, dass Geistliche und Mönche aus allen Orden für Luther sind. Das Volk lässt sich blindlings
5 fortreißen, sie lassen den Glauben leichten Herzens im Stich, nur um sich für die ungeheuren Übergriffe des Papstes zu rächen. [...]

Jetzt ist Deutschland in hellem Aufruhr; neun Zehntel erheben das Feldgeschrei „Luther", und für das übrige Zehntel lautet die Losung „Tod dem römischen Hof". Alle haben die Forderung eines Konzils auf ihre Fahnen ge-
15 schrieben. Täglich regnet es lutherische Schriften. [...]

Wir sind hilflos durch die geheime Begünstigung des Kurfürsten von Sachsen und durch die wütenden Be-
20 schwerden, welche alle Fürsten beim Kaiser über uns führen. [...]

Die vier Artikel, auf die sich schließlich, so wie wir erfahren haben, die Fürsten geeinigt haben, wurden dem
25 Kaiser in deutscher Sprache übergeben. Erstens danke man ihm, dass er, was er wohl konnte, die Entscheidung nicht nach eigenem Ermessen auslegen wolle, sondern zur Wahrung der Rech-
30 te des Reiches sich mit den Fürsten in Verbindung gesetzt habe. [...] Zweitens warnten sie, doch um alles nicht das verlangte Urteil zu erlassen, weil es einen Sturm des Unwillens hervor-
35 rufen und dem Volke den längst erwünschten Anlass zum Aufruhr geben würde. [...] Schließlich baten sie den Kaiser, sie von römischer Tyrannei zu befreien, und entledigten sich dabei all
40 ihres Giftes gegen uns.

(Zit. nach: P. Kalkoff, Die Depeschen des Nuntius Aleander vom Wormser Reichstag 1521, Halle ²1897, S. 44f., 69f., 70ff.)

M 4 Erklärung Kaiser Karls V.

Ⓠ Ihr wisst, dass ich von den allerchristlichen Kaisern der deutschen Nation, den Königen von Spanien, den Erzherzögen von Österreich und den Herzögen von Burgund abstamme, die
5 alle treue Söhne der katholischen Kirche gewesen sind. Deshalb bin ich entschlossen, alles zu halten, was meine Vorfahren und ich bis zum gegenwärtigen Augenblick gehalten haben. [...]
10 Denn es ist sicher, dass ein einzelner Mönch in seiner Meinung irrt, wenn diese gegen die der ganzen Christenheit, wie sie seit mehr als tausend Jahren gelehrt wird, steht. Deshalb bin ich
15 fest entschlossen, an diese Sache meine Reiche und Herrschaften, mein Leib, mein Blut und meine Seele zu setzen.

(Zit. nach: Deutsche Reichsakten, Jüngere Reihe, Bd. 2., Gotha 1896, S. 497–506)

Folgen des Aufbruchs: Religion und Politik im Wandel

Info Die Reformation verändert Europa

Nach dem Reichstag zu Worms schienen die Konflikte geklärt zu sein. Luther war schon im Vorfeld von der Kirche als Ketzer verdammt worden. Kaiser Karl hatte ihn zudem für vogelfrei erklärt, was einem Todesurteil gleichkam. Doch die Dinge entwickelten sich anders. Luther wurde nicht umgebracht. Kurfürst Friedrich von Sachsen schützte ihn. Der reformatorische Aufbruch, den Martin Luther ausgelöst hatte, breitete sich sehr bald im Deutschen Reich aus. Aber auch in anderen Ländern fand die neue Bewegung Anhänger.

Reformation bedeutet – wörtlich übersetzt – Umgestaltung bzw. Erneuerung. Wertet die Materialien dieser Doppelseite aus und verdeutlicht euch, inwiefern der von Luther ausgelöste Aufbruch im Deutschen Reich bzw. anderen europäischen Ländern eine Umgestaltung bzw. eine Erneuerung bewirkte. Unterscheidet dabei zwischen religiösen und politischen Aspekten.

Von Worms nach Augsburg – die Reformation verändert Deutschland

Trotz der Verurteilung Luthers breitete sich das evangelische Bekenntnis in kurzer Zeit in Deutschland und Nordeuropa aus. Die vielfältigen Bemühungen Karls V., in der Folgezeit die Kircheneinheit wiederherzustellen, scheiterten. Dies hatte seine Ursache vor allem darin, dass der Kaiser die Landesfürsten aufgrund seiner außenpolitischen Probleme nicht zu einschneidenden Maßnahmen gegen die Anhänger Luthers zwingen konnte. Der Kaiser führte in dieser Zeit Krieg gegen Frankreich und die Türken und war dabei immer auf die Hilfe der Landesfürsten angewiesen. Gerade bei den Landesfürsten fand die neue Konfession jedoch ihren entscheidenden Rückhalt. Überall im Land bildeten sich evangelische Gemeinden. Sie verwalteten sich selbst, wählten ihre Pfarrer, schafften die Beichte ab und hielten nun Gottesdienst nicht mehr in lateinischer, sondern in deutscher Sprache.

Um dem neuen Glauben einen festen Organisationsrahmen zu geben, begünstigte Luther die Entstehung von Landeskirchen, deren Oberhaupt die jeweiligen Landesfürsten wurden. Diese stellten den reichen Besitz der alten Kirche unter ihre Macht. Die Inbesitznahme der Klöster und Kirchen hatte für die Landesfürsten den Vorteil der Vergrößerung ihres Territoriums und der Steigerung ihrer Einnahmen. 1531 schlossen sich die protestantischen Fürsten und Reichsstädte zur Verteidigung ihres Bekenntnisses und zur Wahrung ihrer Rechte zum Schmalkaldischen Bund zusammen. Der Versuch Kaiser Karls, den Konfessionenkonflikt militärisch zu lösen, scheiterte 1546/47: Lutherische und katholische deutsche Fürsten fürchteten um ihre Unabhängigkeit und verbündeten sich mit dem französischen König Franz I. gegen den Kaiser. Verhandlungen zwischen Fürsten und Kaiser in Augsburg brachten 1555 einen Kompromiss beider Seiten (s. S. 178f.)

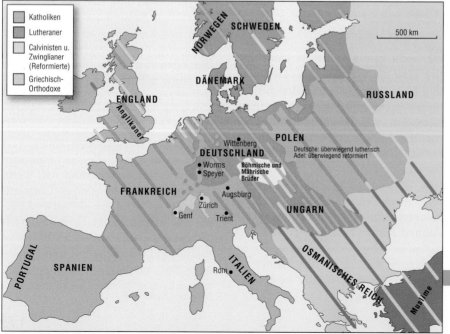

Verbreitung der Glaubensbekenntnisse 1546 in Europa

176

Reformation – nicht nur in Deutschland

Johannes Calvin
(zeitgenössisches Gemälde)

Noch ein Reformator: Calvin

1509 in Nordfrankreich geboren, lernte Johannes Calvin während seines Studiums in Paris reformatorisches Gedankengut kennen. Sein Interesse galt der Frage, wie die Herrschaft Gottes über die Menschen kommen kann. Er entwickelte eine eigene Lehre, in der er sich vor allem Gedanken über das Zusammenleben der Menschen machte. Er verfasste Ordnungen für Gemeinden. Ausdrücklich verwarf er die Meinung, die Regierung und der gesamte Bereich der Politik hätten mit dem Glauben nichts zu tun. Eine solche Auffassung schrieb er dem Einfluss des Teufels zu.

Man kann die Lehre Calvins in folgenden Thesen bündeln:

> Eine reformierte Gemeinde muss streng nach biblischem Vorbild geordnet sein.

> Auch das politische Gemeinwesen muss sich an biblischen Maßstäben orientieren.

> Vergnügungen wie Tanz, Kartenspiel oder Theaterbesuche sind sündhaft und daher zu vermeiden.

> Arbeit ist Gottesdienst.

England

Der englische König Heinrich VIII. (1509–1547) war eigentlich kein Freund der Reformation. Er geriet jedoch wegen einer Ehe in Konflikt mit dem Papst. Heinrich VIII. wollte die Hofdame Anna Boleyn heiraten. Der Papst wollte Heinrichs erste Ehe jedoch nicht für ungültig erklären. Daraufhin ernannte Heinrich einen ihm wohl gesonnenen Mann zum Oberhirten seines Landes, zum Erzbischof von Canterbury. Dieser Erzbischof erklärte Heinrichs erste Ehe für ungültig. Nun reagierte der Papst: Er schloss Heinrich aus der Kirche aus. Dieser reagierte ebenfalls: Er machte sich selbst 1534 zum Oberhaupt einer von Rom unabhängigen anglikanischen Staatskirche.

Die meisten Engländer hielten zu ihrem König, denn Heinrich war sehr beliebt. Der Papst war weit weg und galt in England wenig. Die von Heinrich gegründete Staatskirche blieb auch nach seinem Tod bestehen. Sie war protestantisch, behielt jedoch einige Traditionen der alten Kirche bei, so das Amt des Bischofs und die Form des Gottesdienstes.

Schweiz

1534 wurde Johannes Calvin von der Stadt Genf gebeten, dort die Reformation durchzuführen. So erließ der Rat der Stadt auf Wunsch Calvins eine Kirchenordnung, die das öffentliche und private Leben bis ins Kleinste regelte. Diese Ordnung war grundsätzlich demokratisch: Alle Bürger wählten den Stadtrat, der für politische Belange zuständig war. Kirchliche Belange wurden im „Rat der Prediger" erörtert. Ein aus Pfarrern und Laien zusammengesetztes „Konsistorium" überwachte und prüfte, ob die Bürger christlich lebten, also etwa Tanz, Spiel, Theater und den Besuch von Wirtshäusern mieden. Zuwiderhandlungen wurden mit Geldbußen, Ausschluss vom Abendmahl oder Gefängnis bestraft. Im „Gottesstaat" gab es keine Toleranz. Genf entwickelte sich zu einer Stadt der Ordnung und des Fleißes. Doch die von Calvin entwickelte Ordnung hatte auch ihre Schattenseite: So wurden in vier Jahren von 15 000 Einwohnern 900 verhaftet, 76 verbrannt und 58 hingerichtet.

Frankreich

In Frankreich wandten sich vor allem Adelige und Bürger den neuen Gedanken zu. Auch sie orientierten sich an der Lehre des Reformators Calvin. Die Mehrheit der Franzosen blieb jedoch der katholischen Kirche treu.

Die „Hugenotten" (Eidgenossen) – so nannten sich die Anhänger der Reformation in Frankreich – hatten großen politischen Einfluss. Am französischen Königshof sah man in ihnen eine unliebsame Opposition. Als am 24. August 1572 zweitausend Hugenotten zur Hochzeitsfeier des hugenottischen Prinzen von Navarra nach Paris kamen, hetzte die Königinmutter das Volk von Paris gegen sie auf. Viele tausend Menschen kamen in der sog. Bartholomäusnacht ums Leben. Die Hugenotten kämpften jedoch auch nach diesem Massaker weiter für ihren Glauben.

1589 kam mit Heinrich IV. ein Hugenotte auf den französischen Königsthron. Da er überzeugt war, dass er als Hugenotte nicht über ein überwiegend katholisches Frankreich herrschen könne, kehrte er zum katholischen Glauben zurück. 1598 gewährte er jedoch den 1,2 Millionen Hugenotten im „Edikt von Nantes" Glaubensfreiheit und das Recht auf eigene Gotteshäuser, Friedhöfe und Schulen.

Methodenbox

Einen historischen Sachverhalt beurteilen

Thema: Der „Augsburger Religionsfriede" – Garant für ein friedliches Nebeneinander der Konfessionen?

1530 – Reichstag in Augsburg: Der kursächsische Kanzler verliest vor Kaiser Karl V. (unter dem Baldachin) die „Augsburger Konfession", bis heute das Glaubensbekenntnis der lutherischen Kirche. Karl V. hatte 1530 versucht, eine Verständigung zwischen den Protestanten und der katholischen Kirche herbeizuführen. Ohne Erfolg. Erst 1555 kommt es zum sog. „Augsburger Religionsfrieden", den Karls Bruder Ferdinand mit den deutschen Fürsten aushandelt.

Dieser „Augsburger Religionsfriede" ist ein ganz zentrales Dokument, der Versuch einer Verständigung zwischen der lutherischen und der alten Kirche. Ein fairer Vertrag? Ein Kompromiss? Eine Einigung, die Frieden schafft?

Ein Sachurteil: Was ist das?

Schon oft habt ihr euch ein eigenes Urteil über Geschichte gebildet. Dabei seid ihr von euren eigenen Wertvorstellungen ausgegangen.

Man kann aber einen historischen Sachverhalt auch beurteilen, ohne gleich die eigenen Wertvorstellungen in den Vordergrund zu stellen. Dann geht es zunächst nicht darum, ob eine Sache „gut" oder „schlecht" ist, sondern **man fragt danach,**

→ welche Konsequenzen eine historische Tat haben könnte;

→ welche Vorteile oder Nachteile sich aus einer Tat, einer Entscheidung oder einer Einigung für die Beteiligten ergeben könnten;

→ oder man vergleicht z.B. ähnliche Sachverhalte, um Gemeinsamkeiten oder Unterschiede zu finden.

Antworten auf solche Fragen bezeichnet man als „Sachurteile".

In unserem konkreten Fall wollen wir untersuchen, ob der „Augsburger Religionsfriede" – eine 1555 getroffene Verständigung zwischen den Protestanten und der „alten" Kirche – tatsächlich das zu leisten vermag, was er vorgibt, nämlich einen Frieden zwischen den Konfessionen zu gewährleisten.

1. Notiert zunächst die verschiedenen Bestimmungen des Vertragswerks stichwortartig in eurem Heft.

2. Überlegt dann gemeinsam, welche Konsequenzen bzw. Vor- und Nachteile die einzelnen Bestimmungen haben für
   a) den Kaiser,
   b) die Fürsten und
   c) den einzelnen Gläubigen.
   Unterscheidet dabei auch zwischen religiösen und politischen Aspekten.

3. Diskutiert abschließend die Ausgangsfrage: War der Augsburger Religionsfriede geeignet, ein friedliches Nebeneinander der Konfessionen zu ermöglichen?

M Augsburger Religionsfriede (25. September 1555)

Q Wir, Ferdinand, von Gottes Gnaden Römischer König, zu allen Zeiten Mehrer des Reichs [...] gebieten, dass hinfort niemand [...] um keinerlei Ursachen willen [...] den andern befehden, bekriegen, berauben, fangen, überziehen und belagern, [...] sondern ein jeder dem anderen in echter Freundschaft und christlicher Liebe begegnen soll. [...]

Und damit dieser Frieden auch im Hinblick auf die Religionsspaltung [...] desto beständiger zwischen der Römischen Kaiserlichen Majestät, Uns, sowie den Kurfürsten, Fürsten und Ständen des Heiligen Reiches deutscher Nation aufgerichtet und gehalten werde, so sollen die Kaiserliche Majestät, Wir, sowie Kurfürsten, Fürsten und Stände des Heiligen Reiches keinen Stand des Reiches der Augsburgischen Konfession[1] wegen [...] gewaltsam überziehen [...] oder sonst gegen sein Wissen, Gewissen oder Wollen von dieser Augsburgischen Konfession, [von] Religion, Glauben, Kirchengebräuchen, Ordnungen und Zeremonien [...] auf andere Wege drängen [...].

Dagegen sollen die Stände, die der Augsburgischen Konfession zugehörig sind, jene Stände, die der alten Religion anhängen [...], gleicherweise bei ihrer Religion [...] bleiben lassen. [...]

Doch sollen alle anderen, die den beiden genannten Religionen nicht anhängen, in diesem Frieden nicht gemeint, sondern [vom Frieden] gänzlich ausgeschlossen sein.

Wo ein Erzbischof, Bischof, Prälat oder ein anderer geistlichen Standes von unserer alten Religion abtreten

würde, hat derselbe sein Erzbistum, Bistum, Prälatur oder andere Benefizien[2], einschließlich aller Einkommen, die er daraus hatte, [...] ohne Verzug, jedoch ohne Schaden für seine Ehre, zu verlassen. [...]

Da aber manche Stände [...] einige Stifte, Klöster und andere geistliche Güter eingezogen und dieselben zu Kirchen, Schulen, mildtätigen und anderen Zwecken verwendet haben, sollen auch solche eingezogene Güter, [...] deren Besitz die Geistlichen zur Zeit des Passauer Vertrags[3] oder seither nicht gehabt haben, in diesen Frieden mit einbezogen sein.

Wo aber [...] Untertanen, die der alten Religion oder der Augsburgischen Konfession anhängen, wegen dieser ihrer Religion [...] mit Weib und Kindern an andere Orte ziehen und sich niederlassen wollen, soll ihnen Ab- und Zuzug, auch der Verkauf ihres Hab und Guts gegen sehr billigen Abtrag der Leibeigenschaft und Nachsteuer, wie es überall von alters gehalten worden ist, unbehindert [...] bewilligt sein. [...]

Nachdem aber in vielen freien und Reichsstädten die beiden Religionen [...] bisher [schon] eine Zeit lang [nebeneinander] in Gang und Gebrauch gewesen sind, sollen dieselben hinfort auch so bleiben [...] und die Bürger und anderen Einwohner, geistlichen oder weltlichen Standes, dieser freien und Reichsstädte friedlich und ruhig bei- und nebeneinander wohnen [...].

Deklaration König Ferdinands vom 24. September 1555[4]:

Wir haben kraft Vollmacht Römischer Kaiserlicher Majestät, unseres lieben Bruders und Herren, [...] entschieden, [...] dass die den Geistlichen zugehörigen Ritterschaften, Städte und Kommunen, die [schon] lange der Augsburgischen Konfession anhängen und derselben Religion, Glauben, Kirchengebräuche, Ordnungen und Zeremonien öffentlich [...] und bis auf den heutigen Tag gebrauchen, [...] bis zu christlicher und endgültiger Religionsvergleichung unbehelligt gelassen werden sollen.

(Zit. nach: Lautemann/Schlenke, Geschichte in Quellen, Band 3, München (BSV) 1966, S. 204–207, 210)

---

[1] Unter „Augsburgische(r) Konfession" ist der Zusammenschluss der Reichsstände zu verstehen, die sich der Reformation in der Ausprägung Luthers angeschlossen hatten (ausgenommen sind die Anhänger Zwinglis und Calvins).

[2] Kirchenpfründe

[3] Vertrag aus dem Jahre 1552: Die Konfessionsparteien einigten sich auf die Verabschiedung eines Religionsfriedens und bis zu einer weiterführenden Regelung auf die Gewährung freier Religionsausübung für die Protestanten.

[4] Ein königlicher Erlass, der dem Vertrag vorausgeht

Was geschieht mit der „alten" Kirche?

Aufgrund der unglaublich raschen und wirksamen Verbreitung der reformatorischen Gedanken in mehreren Ländern Europas war die „alte" Kirche erheblich in Schwierigkeiten geraten.

Schon 1518 hatte Martin Luther die Einberufung einer allgemeinen Kirchenversammlung, eines Konzils, gefordert, um die Kirche zu reformieren. Sie kam aber nicht zustande.

Erst 1545 trat in Trient ein Konzil zusammen, das über die Situation des Christentums beraten sollte. Für eine alle abendländischen Christen einschließende Versammlung war es freilich zu spät. Die Protestanten nahmen nicht teil. Die Bedeutung dieses bis 1563 tagenden Konzils beschränkte sich auf die „alte" Kirche. Die konfessionelle Spaltung in Europa wurde also gefestigt.

1. Wertet zunächst die Quelle auf dieser Seite aus: Worin zeigt sich die Krise der Kirche?

2. Wie reagierte die Kirche auf die Krise? Ermittelt aus den Darstellungen auf S. 181, welche Maßnahmen
– zur Stärkung der „alten Kirche" und
– zum Kampf gegen die reformierten Kirchen
beschlossen wurden.

Das Konzil von Trient (zeitgenössisches Gemälde eines bekannten Künstlers aus dem Kloster Stans in der Schweiz). Die Konzilsväter sitzen im Halbrund um das Kreuz; vor dem Kreuz der Vertreter des Kaisers und der Protokollführer, hinter dem Kreuz haben die Abgesandten des Papstes Platz genommen.

M **Der Erzbischof von Trient beschreibt 1563 den Zustand der „alten Kirche"**

Q Wir leben ja leider in einer schlimmen Zeit und müssen es mit ansehen – ich kann es nicht ohne Tränen sagen –, dass der Kirche Gottes aus der vor
5 kurzem entstandenen schändlichen Ketzerei Luthers, zu deren Ausrottung wir ja hier zusammengekommen sind, unendlich viel Unrecht und Frevel entstanden ist: Kirchengüter werden ge-
10 raubt, Kirchengebäude dem Erdboden gleichgemacht. [...] Wenn wir die Ursache des gegenwärtigen Übels sorgfältig erforschen und alles unvoreingenommen abwägen wollen und wenn
15 jeder von uns ein unbestechlicher Richter sein will, so werden wir leicht einsehen, dass wir sozusagen vor aller Augen selber die Ursache gegeben haben. [...] Wir haben nämlich den un-
20 sterblichen Gott und das christliche Volk so sehr beleidigt, dass wir – kurz gesagt – nicht einmal im Geringsten unsere Pflicht getan haben.

(Zit. nach: Die Kirche im Zeitalter der Reformation, ausgewählt und kommentiert von H.A. Oberman, Neukirchen-Vluyn (Neukirchener Verlag) ³1988, S. 227f.)

Das Konzil von Trient reformiert die „alte" Kirche

Von 1545 bis 1563 arbeitete das Konzil, bis die Resultate der Beratungen vorgelegt werden konnten. Die Lehren Luthers, Calvins und Zwinglis[1] wurden verworfen, der alte Glaube gegen die vermeintlichen „Irrlehren" abgegrenzt und klarer formuliert. Dazu gehörten sowohl Aussagen zu den Sakramenten als auch zu Funktion und Verlauf der kirchlichen Messe. Um Missstände in der Kirche künftig zu verhindern, wurden die Rechte und Pflichten kirchlicher Würdenträger von Priestern über Bischöfe bis hin zum Papst klar abgesteckt. Die Ernennung der Bischöfe durch den Papst wurde an konkrete Regeln gebunden, bischöfliche Amts- und Aufsichtspflichten wurden festgeschrieben und die Häufung und der Kauf kirchlicher Ämter verboten. Priester sollten künftig in kirchlichen Seminaren ausgebildet werden. Sie wurden dazu verpflichtet, regelmäßig zu predigen.

Das Konzil von Trient schuf keine Ansätze zu einer Aussöhnung mit den neuen Lehren. Vielmehr forderte es auf, verlorenes Terrain zurückzugewinnen. Damit schuf es die Grundlagen für die Gegenreformation, d. h. die in der Folge z. T. durchaus erfolgreichen Bemühungen, die weitere Ausbreitung des Protestantismus einzudämmen und verlorene Gebiete zu rekatholisieren.

[1] Der Schweizer Reformator Ulrich Zwingli (1484–1531) strebte eine am Gehalt der Bibel orientierte Kirchenreform an.

1. Aufgabe gelöst? – Prüft anhand eurer Stichpunkte, inwieweit es der „alten" Kirche gelang, die selbst gestellten Ziele zu erreichen.

Ein neuer Orden kämpft für die „alte" Kirche: die Jesuiten

Die wichtigsten Träger der innerkatholischen Reform wurden die Jesuiten (der richtige Name wäre: Mitglieder der Gesellschaft Jesu, lateinisch societas Jesu, daher SJ), ein neuer Typ von Orden, der 1534 aus einem Zusammenschluss von sechs Studenten in Paris hervorging.

Ihr Anführer war Ignatius von Loyola (1491–1556). Dieser baskische Edelmann hatte nach einer Kriegsverletzung ein Bekehrungserlebnis und arbeitete von da an unermüdlich für die religiöse Erneuerung. Das Besondere an ihm war, dass seine Erneuerung entschieden mit und unter dem Papst geschehen sollte. Ferner verlangte er von jedem, der sich seiner Gesellschaft anschloss, eine große Disziplin. Der Titel seiner geistlichen Übungen (lateinisch: exercitia) lautete: „Geistliche Übungen, um über sich selbst zu siegen und sein Leben zu ordnen, ohne sich durch irgendeine ungeordnete Neigung bestimmen zu lassen".

Ignatius von Loyola

Die wichtigsten Arbeitsfelder der Jesuiten wurden Schule (vor allem in Deutschland), Mission (Indien, China, Brasilien) und persönliche Seelsorge (vor allem bei Fürsten). Man kann den Stellenwert der Jesuiten bei der innerkatholischen Reform und der Gegenreformation kaum überschätzen.

Ignatius von Loyola übergibt Papst Paul III. die Ordensregel der Jesuiten (Gemälde, 16. Jh.).

Bauernkrieg 1525: Welche Interessen verfolgten die Aufständischen?

Im Jahre 1525 kam es in Süddeutschland zu einem Aufstand der Bauern. Die Kämpfe wurden mit äußerster Härte geführt und forderten viele Tote. Letztlich gelang es den Fürsten, die Bauern niederzuschlagen. Noch nie hatte es im Mittelalter einen Aufstand von solcher Größenordnung gegeben.

1. Informiert euch mithilfe des Textes und der Karte über den Verlauf des Krieges.

2. Welche Gründe veranlassten die Bauern, einen Krieg gegen die Herrschenden zu beginnen. Erstellt eine stichwortartige Liste ihrer Forderungen (M 2).

3. Sind die Aufständischen eher auf eine friedliche Verständigung oder auf einen kriegerischen Konflikt aus?

4. Luther (M 3) und Münzer (M 4) haben verschiedene Positionen: Erläutert diese und nehmt Stellung dazu.

Bauernkrieg 1525 – Überblick

Die neuen Gedanken Luthers und Calvins und die wachsende Schwäche der Kirche blieben auch jenen Menschen nicht verborgen, die in Armut und Abhängigkeit lebten: den Bauern. Viele erhofften sich nun auch eine Veränderung ihrer Lebensverhältnisse.

Bauernunruhen hatte es im Mittelalter schon immer gegeben. Doch 1525 kam es zu einem Aufstand von ungeahnter Größe, dem sog. „Bauernkrieg".

In den Städten sahen sich Lehrlinge und Gesellen, kleine Handwerker und Gewerbetreibende, die ihre Betriebe nicht mehr halten konnten, auf der Verliererseite. Auf dem Land verweigerten die Bauern ihren Grundherren die Abgaben und lehnten sich gegen die Leibeigenschaft auf. Zwischen Thüringen und Tirol, zwischen der Pfalz und dem Salzburger Land brannten Schlösser, Klöster und Burgen, waren geistliche und weltliche Herren auf der Flucht vor aufständischen Bauern. Viele wurden umgebracht.

Mit gleicher Brutalität gingen die Heere der Adligen und Fürsten gegen die Bauern vor. Als z. B. am 15. Mai 1525 etwa 8000 aufständische Bauern bei Frankenhausen in Thüringen dem Heer des Landgrafen von Hessen und des Herzogs von Sachsen gegenübertraten, wurden etwa 5000 Bauern niedergemacht und 691 gefangen genommen, davon viele später hingerichtet.

Die Bauern erreichten ihre Ziele nicht. Sie waren den Fürstenheeren auch dann militärisch unterlegen, wenn sie in der Überzahl waren. Die Gegner verfügten über eine entscheidend bessere Bewaffnung. Zudem führten die Bauern die Auseinandersetzung eher zurückhaltend und waren schnell zu einer vertraglichen Regelung bereit. Ihre Gegner nutzten dies aus, indem sie in militärisch ungünstigen Ausgangssituationen Verträge schlossen, um dann in aussichtsreicheren Positionen wieder den Kampf zu eröffnen. Insgesamt haben zwischen 70 000 und 75 000 Bauern ihr Leben verloren.

M 1   Die Bauernkriege des Jahres 1525

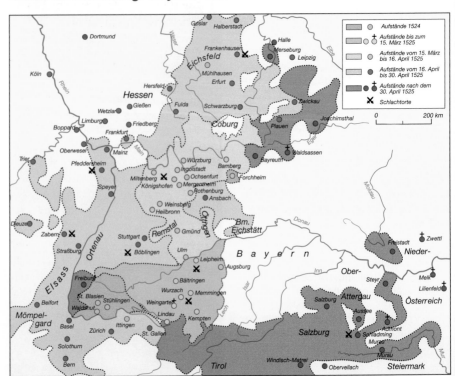

M 2 Aus den zwölf Artikeln der Bauern (Februar 1525)

Dieses von dem Memminger Kürschnergesellen Sebastian Lotzer unter dem Titel „Hauptartikel aller Bauernschaft und Hintersassen" verfasste Programm fand große Verbreitung. Auch Martin Luther bezog sich auf diese Quelle.

Zum ersten ist unser Bitt und Begehr, auch unser aller Wille und Meinung, dass wir nun fürderhin Gewalt und Macht haben wollen, dass die ganze Gemeinde ihren Pfarrer selbst erwählen soll; auch Gewalt haben, denselbigen wieder abzusetzen, wenn er sich ungebührlich verhalten sollte. Der gewählte Pfarrer soll uns das heilige Evangelium ehrlich und klar predigen, ohne allen menschlichen Zusatz, Lehre und Gebot, nichts als den wahren Glauben uns stets verkündigen. [...]

Drittens ist es bisher Brauch gewesen, dass sie uns für ihre Leibeigenen gehalten haben, was zum Erbarmen ist, wenn man bedenkt, dass uns Christus alle mit seinem kostbaren Blut erlöst und erkauft hat, den Hirten ebenso wie den Höchsten, keinen ausgenommen. Darum ergibt sich aus der Schrift, dass wir frei sind, und deshalb wollen wir's sein. Nicht, dass wir völlig frei sind und keine Obrigkeit haben wollen: Das lehrt uns Gott nicht [...].

Viertens ist es bisher Brauch gewesen, dass kein armer Mann die Erlaubnis erhielt, Wildbret, Geflügel oder Fische in fließendem Gewässer zu fangen, was uns ganz unangemessen und unbrüderlich dünkt, besonders eigennützig und dem Wort Gottes nicht gemäß. [...] Denn als Gott der Herr den Menschen erschuf, hat er ihm Gewalt gegeben über alle Tiere, über den Vogel in der Luft und den Fisch im Wasser [...].

Fünftens sind wir auch belastet und geschädigt, was die Holznutzung [des Waldes] anbetrifft, denn unsere Herrschaften haben sich die Wälder alle allein zugeeignet. Und wenn der Bauer etwas braucht, muss er es für das doppelte Geld kaufen. Hier ist unsere Meinung: Was es an Waldungen gibt – möge es Geistlichen oder Weltlichen gehören – das soll, wenn jene sie nicht gekauft haben, der ganzen Gemeinde wieder zufallen. Der Gemeinde soll es in gebührender Weise erlaubt sein, dass ein jeglicher seinen nötigen Bedarf an Brennholz und Haus umsonst nehme [...].

Sechstens wird uns eine schwere Last aufgebürdet durch die Dienstleistungen, die von Tag zu Tag mehr und täglich umfangreicher werden. Hier begehren wir, dass man ein geziemendes Einsehen darein habe und uns in dieser Hinsicht nicht so hart beschwere [...].

Zum siebenten wollen wir uns künftig von der Herrschaft keine weiteren Lasten auflegen lassen. [...] Der Herr soll uns nicht weiter zu etwas zwingen können, auch darüber hinaus keinen Dienst noch anderes von uns umsonst verlangen. Wenn aber Dienste für den Herrn nötig sind, so soll der Bauer sie willig und gehorsam erfüllen, doch zu einer Stunde und Zeit, dass es dem Bauern nicht zum Nachteil gereicht. [...]

Zum neunten müssen wir uns über die immer härteren Strafen beschweren, die schon für die kleinsten Vergehen vom Grundherrn ausgesprochen werden. Denn man stellt für sie fortgesetzt neue Strafsätze auf, und man straft nicht aufgrund des Tatbestandes, sondern setzt die Strafen fest zeitweilig mit großer Gehässigkeit, zeitweilig ganz nach Gunst. Wir wünschen uns, man möge uns aufgrund alter geschriebener Strafsatzung strafen [...].

Zum zehnten sind wir damit belastet, dass etliche Herren sich Wiesen und Äcker angeeignet haben, die der Gemeinde gehören. Dieselben werden wir wieder zurücknehmen, es sei denn, dass sie redlich erworben sind. Wenn sie aber unberechtigt genommen wurden, soll man sich gütlich miteinander vergleichen, je nach Sachlage. [...]

Zum zwölften ist unser Beschluss und endgültige Meinung: Wenn einer oder mehrere Artikel hier aufgestellt wurden, die dem Wort Gottes nicht gemäß sind, [...] so wollen wir davon abstehen, wenn man uns das mithilfe der Schrift nachweisen kann. [...]

(Zit. nach: Geschichte in Quellen, Bd. 3, a.a.O., S. 144ff.)

M 3 Martin Luther nimmt Stellung zum Bauernkrieg

Dass die Obrigkeit böse und unrecht ist, entschuldigt keine Rotterei noch Aufruhr. Denn die Bosheit zu strafen, das gebührt nicht einem jeglichen, sondern der weltlichen Obrigkeit [...]. Hieraus ist nun leicht auf alle eure Artikel geantwortet. Denn ob sie gleich alle natürlich recht und billig wären, so habt ihr doch das christliche Recht vergessen, dass ihr sie nicht mit Geduld und Gebet gegen Gott, wie christlichen Leuten gebührt, erobert und ausgeführt, sondern mit eigener Ungeduld und Frevel vorgenommen, sie der Obrigkeit abzudringen und mit Gewalt zu erzwingen, welches auch wider Landrecht und natürliche Billigkeit ist.

(Luther, Werke (Münchener Ausgabe), Bd. 4, S. 123f.)

M 4 Der thüringische Prediger Thomas Münzer zu Luthers Position

Ja, er meinet, er werde gerne seine vorgenommene Lust alle ins Werk führen, seine Pracht und Reichtümer behalten und gleichwohl einen bewährten Glauben haben, [...] und saget [...]: „Ei, man kann wohl das Evangelium predigen, Gott allein fürchten und auch die unvernünftigen Regenten in Ehren halten, wiewohl sie wider alle Billigkeit streben und Gottes Wort nicht annehmen. Ach, um Gottes Willen, man soll ihnen in allen Sachen, den guten Junkern, gehorsam sein." Ei, willkommen du Verteidiger der Gottlosen!

(Zit. nach: Geschichte in Quellen, Bd. 3, a.a.O., S. 143f.)

Streit der Konfessionen? Der Dreißigjährige Krieg

Trotz aller Bemühungen um Befriedung und Ausgleich nach den unruhigen Jahren der Reformation hielten in Deutschland auch nach dem Augsburger Religionsfrieden die Spannungen zwischen Protestanten und Katholiken an. 1618 entstand aus diesen Spannungen ein Krieg, der – im Namen der Religion – 30 Jahre andauerte.

Die Materialien der folgenden Seiten sind so gewählt, dass ihr eine „Konfliktanalyse" durchführen könnt. Dabei untersucht ihr, was den Krieg verursacht hat, wer die Beteiligten waren, welche Ziele sie verfolgten, wie der Krieg verlief und welches Resultat die Auseinandersetzungen hatten.

1. Sammelt die Ergebnisse eurer Konfliktanalyse stichwortartig in einer Tabelle. Unterscheidet, wo immer möglich, zwischen religiösen und politischen Aspekten.

Ursachen/ Motive	Beteiligte	Ziele	Verlauf	Resultat; Gewinner/Verlierer

2. Nehmt abschließend eure Tabelle als Grundlage einer Diskussion: Der Dreißigjährige Krieg – nur ein Krieg der Konfessionen?

Die Vorgeschichte

Die unterschiedliche Auslegung einzelner Bestimmungen der Vereinbarungen von Augsburg brachte häufig politischen Streit zwischen protestantischen Fürsten mit sich. Weil sich immer wieder eine Seite von der anderen bedroht fühlte, schlossen sich die gegnerischen Parteien zu Schutzbündnissen zusammen. Protestantische Fürsten bildeten unter Führung des Kurfürsten von der Pfalz 1608 die „Union", die katholischen Fürsten gründeten im Jahre 1609 als Gegenbund die „Liga" unter der Führung Bayerns. Beide Seiten stellten ein Heer auf und gingen auf der Suche nach Bündnispartnern Verbindungen mit auswärtigen Staaten ein: die „Union" mit Frankreich und den protestantischen Ständen in Österreich und Böhmen, die katholische „Liga" mit Spanien.

Im Reich verhinderte der Augsburger Religionsfriede von 1555 für fast 60 Jahre bewaffnete Auseinandersetzungen. 1618 brach in Böhmen jedoch ein offener Streit zwischen dem protestantischen Adel und dem katholischen Kaiser aus. Auch in Böhmen herrschte Religionsfreiheit. Als der katholische Kaiser Ferdinand II., der auch König von Böhmen war, das Land zu rekatholisieren begann, leisteten die protestantischen böhmischen Adligen Widerstand. Viele forderten einen eigenen König.

Als der Kaiser eine Versammlung der protestantischen Adligen verbot, entzündete sich der Zorn in Prag. Am 23. Mai 1618 stürmten böhmische Adlige und protestantische Bürger der Stadt das Stadtschloss und warfen die beiden kaiserlichen Statthalter sowie deren Sekretär kurzerhand aus dem Fenster. Diese überlebten den Sturz. Doch die Aktion war der Auslöser für einen Krieg, der 30 Jahre dauern sollte.

M 1

Prager Fenstersturz 1618: Zwei kaiserliche Räte werden von Aufständischen zum Fenster hinausgeworfen. Das war der Auslöser für den Dreißigjährigen Krieg.

Der Verlauf

Der Dreißigjährige Krieg wird unter anderem deshalb oft in zwei Phasen unterteilt, weil es spätestens seit 1630 ein neues „Motiv" für die Beteiligung am Krieg gab. Könnt ihr erklären, was sich änderte?

Erste Phase des Krieges (1618–1629)

Die böhmischen Protestanten stellten ein Heer auf, erklärten den bisherigen König für abgesetzt und bestimmten Friedrich von der Pfalz, den Anführer der „Union", zum neuen König. Ferdinand II. hingegen schloss ein Bündnis mit der Katholischen Liga und erhielt Truppen aus Spanien und vom Papst. 1620 wurden die Böhmen durch die Truppen Ferdinands und der Liga geschlagen. Der Feldherr der katholischen Liga, Tilly, drang danach mit seinen Truppen in die protestantische Pfalz ein. 1625 griff der König von Dänemark an der Seite der Protestanten in den Krieg ein. In den folgenden Jahren gelang es dem Feldherrn der katholischen Liga und dem Feldherrn der kaiserlichen Truppen, Wallenstein, die Dänen bis zur Ostseeküste zurückzudrängen.

Kaiser Ferdinand II., nun auf der Höhe seiner Macht, verfügte 1629 ein „Restitutionsedikt": Alle von den Protestanten beanspruchten Bistümer und Stifte sollten rekatholisiert werden; lediglich die lutherischen sollten wie bisher den Schutz des Augsburger Religionsfriedens genießen.

Albrecht von Wallenstein (Kupferstich von Matthäus Merian)

Zweite Phase des Krieges (1630–1648)

1630 trat auch der schwedische König Gustav Adolf in den Krieg ein, mit dem Argument, seinen „protestantischen Glaubensbrüdern" zur Seite zu stehen, vor allem aber um die Vormacht im Ostseeraum zur erlangen. Sein Heer zog siegreich quer durch das Deutsche Reich. 1632 siegte das schwedische Heer zwar über das kaiserliche Heer unter Wallenstein, aber der schwedische König kam in der Schlacht um. Wallenstein nahm Verhandlungen mit den Schweden auf, wurde jedoch 1634 auf Befehl des Kaisers abgesetzt und ermordet. 1634 trat Frankreich in den Krieg ein, um einen Sieg des Kaisers zu verhindern und damit seine eigene Position in Europa zu festigen. Bislang hatte Frankreich die Schweden mit Geld unterstützt, jetzt schickte es Truppen. Der Krieg wurde fortgesetzt, ohne dass sich eine der Parteien durchsetzen konnte.

Die Folgen waren katastrophal: Überall gingen Dörfer in Flammen auf. Soldaten plünderten und misshandelten die Menschen in Stadt und Land. Pest und Seuchen verwüsteten ganze Landstriche. Die Felder wurden nicht mehr bestellt, tausende von Bauernhöfen verlassen. 1618 hatten 17 Millionen Menschen im Deutschen Reich gelebt, 1648 waren es noch acht Millionen.

Seit 1644 wurde in Münster und Osnabrück um Frieden verhandelt. Auch die Armeen beider Parteien befanden sich inzwischen in schlechtem Zustand.

M 2

Katholischen Liga
Protestantische Union

Vereinigte Niederlande
Ravensberg
Kleve
Mark
Köln
Ebm.
Brandenburg
Kfsm.
Elbe
Ebm. Trier
Kurpfalz
Bm. Würzbg.
Ebm. Mainz
Bayreuth
Ansbach
Württ.
Rhein
Hzm. Bayern
Donau

0   200 km

Katholische Liga und protestantische Union zu Beginn des Dreißigjährigen Krieges

185

Die Folgen des Krieges

Einige Historiker beurteilen den Dreißigjährigen Krieg vor dem Hintergrund seiner unmittelbaren Auswirkungen als den ersten „modernen" Krieg. Diese These könnt ihr überprüfen.

Im Folgenden findet ihr Materialien, in denen Kampfhandlungen während des Dreißigjährigen Krieges konkret dargestellt werden. Wertet sie fachgerecht aus und erörtert die genannte These vor dem Hintergrund eurer Ergebnisse.

M 3 Die Eroberung Magdeburgs

Nachdem die Tillyschen etwa zwei oder drei Stunden in der Stadt gewesen, ist das Feuer, welches sie an unterschiedlichen Orten den Bürgern zum
5 Schrecken, damit sie keinen starken Widerstand tun könnten, angezündet, mit solcher Macht aufgegangen und [hat] so geschwind überhand genommen, dass die Soldaten an ihrer Plün-
10 derung verhindert worden, auch wegen der großen Hitze meistenteils sich wiederum aus der Stadt [haben] begeben müssen.

Weil gar ein unversehener Sturmwind
15 sich erhoben, hat das Feuer so geschwind überhand genommen, dass von 10 Uhr des Mittags bis wieder zu 10 zur Nacht die ganze Stadt durchaus abgebrannt und in Asche gelegt [war]
20 bis auf 139 Häuser, die mehrenteils am Fischer-Ufer gelegen und kleine Hütten waren, und einige wenige an dem Dom und Lieben-Frauen-Kloster, welche beiden Kirchen noch vom Feuer
25 unversehrt geblieben.

(M. Merian am 20. Mai 1631, aus dem „Theatrum Europaeum")

Kaiserliche Truppen unter dem Feldherrn Tilly beschießen Magdeburg, 1631 (Kupferstich von Matthäus Merian).

M 4

„Reiter überfallen ein Dorf" und „Soldaten bedrängen Frauen" (zeitgenössische Radierungen von Hans Ulrich Franck aus Augsburg).

1. Welche Wirkung haben die Darstellungen (Bilder und Quellentext) auf euch?

2. Welche Rolle spielt in den Szenen die Konfession?

3. Welche Bevölkerungsgruppen haben besonders zu leiden?

M 7 Soldaten plündern einen Bauernhof

Im folgenden Textauszug aus dem Roman „Der abenteuerliche Simplicissimus" schildert Hans Jakob Christoffel von Grimmelshausen (um 1621–1676), wie er als Kind mit ansehen muss, wie der heimatliche Hof im Spessart von Soldaten geplündert wird.

Das Erste, das diese Reiter taten, war, dass sie ihre Pferd einstellten; hernach hatte jeglicher seine sonderbare Arbeit zu verrichten, deren jede lauter
5 Untergang und Verderben anzeigte, denn obzwar etliche anfingen zu metzgen, zu sieden und zu braten, dass es aussah, als sollte ein lustig Bankett gehalten werden, so waren hingegen andere, die durchstürmten das Haus un-
10 ten und oben, ja das heimlich Gemach war nicht sicher.

Andere machten von Tuch, Kleidungen und allerlei Hausrat große Päck
15 zusammen, als ob sie irgendwo ein Krempelmarkt anrichten wollten; was sie aber nicht mitzunehmen gedachten, wurde zerschlagen; etliche durchstachen Heu und Stroh mit ihren De-
20 gen, als ob sie nicht Schaf und Schwein genug zu stechen gehabt hätten; etliche schütteten die Federn aus den Betten und füllten hingegen Speck, andere dürr Fleisch und sonst Gerät hinein,
25 als ob alsdann besser darauf zu schlafen gewesen wäre. Andere schlugen Ofen und Fenster ein, gleichsam als hätten sie ein ewigen Sommer zu verkündigen; Kupfer und Zinnengeschirr
30 schlugen sie zusammen und packten die gebogenen und verderbten Stück ein; Bettladen, Tisch, Stühl und Bänk verbrannten sie, da doch viel Klafter dürr Holz im Hof lag; Hafen und
35 Schüsseln musste endlich alles entzwei, entweder weil sie lieber Gebratenes aßen oder weil sie bedacht waren, nur ein einzige Mahlzeit allda zu halten; unsere Magd ward im Stall der-
40 maßen traktiert, dass sie nicht mehr daraus gehen konnte, welches zwar eine Schand ist zu melden! Den Knecht legten sie gebunden auf die Erd, steckten ihm ein Sperrholz ins Maul und
45 schütteten ihm einen Melkkübel voll garstig Mistlachenwasser in den Leib; das nannten sie einen Schwedischen Trunk, wodurch sie ihn zwangen, eine Partei anderwärts zu führen, allda sie
50 Menschen und Vieh hinwegnahmen und in unsern Hof brachten […].

(H. J. Chr. v. Grimmelshausen, Der abenteuerliche Simplicissimus, München 1956, S. 16f.)

Das Ergebnis des Dreißigjährigen Krieges

Auch mit Blick auf den Dreißigjährigen Krieg stellt sich die Frage: Wer sind die Verlierer? Wer sind die Gewinner? – Die Katholiken? Die Anhänger Luthers? Die Anhänger Calvins? – Der Kaiser? Die Fürsten? – Das Deutsche Reich? Frankreich? Schweden? Dänemark? Die Niederlande? Die Schweiz? Brandenburg? Bayern? – Die Menschen im Deutschen Reich?

Wenn ihr die beiden Karten und den Darstellungstext auswertet, findet ihr auf all diese Fragen eine Antwort.

M 8 Bevölkerungsverluste in Deutschland 1618–48

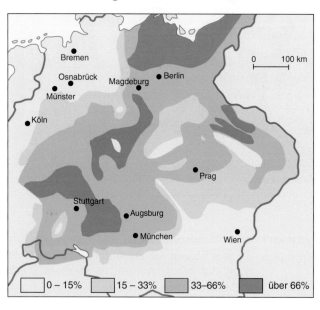

0 – 15%	15 – 33%	33–66%	über 66%

M 9 Das Reich nach dem Dreißigjährigen Krieg

Der Westfälische Friede von 1648

Die Friedensverhandlungen in Münster und Osnabrück führten 1648 zu einem Ergebnis. Der Kaiser und seine Verbündeten einerseits sowie Frankreich, Schweden und die Reichsstände andererseits einigten sich auf den Westfälischen Frieden. Dieser Vertrag sah Folgendes vor:

1. *Konfessionelle Bestimmungen*: Der Besitzstand der Konfessionen entspricht dem „Normaljahr" 1624, davon ausgenommen die inzwischen bayerisch gewordene Oberpfalz. Der Calvinismus wird zur dritten im Reich anerkannten Konfession.

2. *Bestimmungen zur Reichsverfassung*: Die kaiserliche Gewalt im Reich wird auf ein Minimum beschränkt. Die Fürsten erhalten alle ihre Freiheiten und Privilegien bestätigt und haben das Recht, Bündnisse untereinander und mit dem Ausland zu schließen, sofern diese nicht gegen Kaiser und Reich gerichtet sind. Bayern behält die Kurwürde; der Pfalz wird sie neu zugesprochen, sodass es jetzt acht Kurfürsten gibt.

3. *Territoriale Bestimmungen*: Schweden erhält Vorpommern mit der Odermündung und der Insel Rügen, ferner mit dem Erzbistum Bremen und dem Bistum Verden auch die Weser- und Elbemündung. Dazu erhält Schweden noch fünf Millionen Taler zur Abfindung seiner Soldaten. Frankreich erhält die habsburgischen Besitzungen im Elsass sowie die lothringischen Bistümer Metz, Toul und Verdun. Brandenburg erhält die Bistümer Halberstadt, Minden, Kammin. Sachsen erhält die Ober- und Niederlausitz. Die Schweiz und die Niederlande erhalten die volle Souveränität und scheiden endgültig aus dem Reichsverband aus.

Stopp
Ein Blick zurück

Diese Begriffe kann ich jetzt erklären:

* Erfindung des Buchdrucks
* Heliozentrisches Weltbild
* Frühkapitalismus
* Kolonialismus
* Fugger
* Neuzeit

* Renaissance
* Florenz und die Medici
* Neues Bild der Erde
* Entdeckungen/Eroberungen
* Thesen Luthers
* Bauernkrieg

* Augsburger Religionsfriede
* Westfälischer Friede
* Ablass
* Reformation
* Glaubensspaltung

A	Die Zeit um 1500	**a**	die zu weltweiten Entdeckungsfahrten aufbrachen.
B	Das neue Weltbild stellte	**b**	gegen den Missbrauch des Ablasses.
C	Die Renaissance ist das Zeitalter der	**c**	und stürmten Burgen und Klöster.
D	Michelangelo	**d**	wurden zur Behebung der Missstände in der katholischen Kirche Reformen beschlossen.
E	Portugiesen und Spanier waren die Ersten,	**e**	litten unter dem Wüten der Soldaten.
F	Die Spanier vernichteten in Amerika die Hochkulturen	**f**	vor Kaiser und Reichsfürsten in Worms und verweigerte den Widerruf.
G	Die Konquistadoren wie z.B. Pizarro	**g**	vor allem die Reichsfürsten.
H	Die Indios mussten in den Kolonien	**h**	der Buchdruck.
I	Er galt als der reichste Mann seiner Zeit und hieß	**i**	die Sonne in den Mittelpunkt, nicht mehr die Erde.
J	Eine der wichtigsten Erfindungen der Neuzeit war	**j**	Zwangsarbeit für die Kolonialherren leisten.
K	1517 verfasste Luther 95 Thesen	**k**	wurde zum europäischen Machtkrieg.
L	1521 stand Luther	**l**	die Abschaffung von Herrenrechten und eine gerechtere Behandlung.
M	Der Jesuitenorden sah es als seine Aufgabe an,	**m**	Angehörige des katholischen, lutherischen und reformierten Bekenntnisses gleichberechtigt.
N	Auf dem Konzil von Trient	**n**	suchten vor allem Gold in den neu entdeckten Gebieten.
O	1525 erhoben sich die Bauern	**o**	der indianischen Ureinwohner, z.B. der Inkas.
P	In zwölf Artikeln forderten die Bauern	**p**	entwickelte mit seiner Kunst auch ein neues Bild des Menschen.
Q	Nach dem Bauernkrieg nahmen die Herren Rache und	**q**	war die Europäisierung der Welt.
R	Der Dreißigjährige Krieg (1618–48) begann als Religionskrieg und	**r**	ist der Beginn der Neuzeit.
S	Besonders die Menschen auf dem Lande	**s**	„Wiedergeburt" der Antike.
T	Durch den Westfälischen Frieden wurden	**t**	den katholischen Glauben zu verteidigen und auszubreiten.
U	Vom Dreißigjährigen Krieg profitierten im Deutschen Reich	**u**	Jakob Fugger.
V	Eine bedeutsame Folge der Entdeckungsreisen	**v**	ließen viele Bauern streng bestrafen oder sogar hinrichten.

Memory
Je zwei Aussagen (große und kleine Buchstaben) gehören zusammen.

Der Absolutismus: die letzte Blüte der alten Ordnung

Das Schloss von Versailles aus der Vogelperspektive (Gemälde von P. Patel, 1668)

Was erzählt dieses Schloss über seinen Besitzer?

Das Schloss von Versailles

Das Schloss von Versailles mit seinen Parkanlagen gehört zu den schönsten, berühmtesten und geschichtsträchtigsten Sehenswürdigkeiten Europas. Tausende von Touristen aus aller Welt besichtigen heute das berühmte Bauwerk in der Nähe von Paris.

Der Bau des Schlosses begann im Jahre 1661 auf Befehl des französischen Königs Ludwig XIV. in einem bis dahin ganz unerschlossenen Sumpfgebiet. Fast 40 000 Soldaten, Handwerker und Künstler schufen innerhalb von 28 Jahren eine Schlossanlage von bis dahin unbekannten Ausmaßen: insgesamt mehr als 2000 Räume, eine Gartenfront von 580 Metern Länge mit 375 Fenstern, eine 73 Meter lange Spiegelgalerie.

Um die Hauptanlage des Schlosses herum erstreckte sich ein ausgedehnter Park, der 15 000 Hektar trockengelegtes Sumpfland umfasste, mit über 75 000 kunstvoll zurechtgestutzten Bäumen. Schlossanlage und Park waren streng geometrisch angeordnet.

Am Hof von Versailles lebten unter Ludwig XIV. etwa 20 000 Personen, davon mehrere tausend Leibwächter; in 1000 Zimmern waren mehr als 4000 Diener untergebracht, darunter z.B. 340 Köche, Bratenwender, Spicker, Suppenkocher, Spüler, Speisenträger, Schrankaufseher, 24 Kammerherren mit Pagen, 16 Türhüter und Melder, 32 gewöhnliche Kammerdiener, 12 Mantelträger, 2 Flintenträger, 8 Rasierer, 2 Nachtstuhlträger, 125 Sänger, 1 Zahnarzt, 1 Chirurg für Steinleiden, 48 weitere Ärzte, 74 Kapläne, 68 Quartiermeister, 62 Herolde.

Das Symbol des Königs: eine Sonne. „Roi Soleil" – Sonnenkönig – so nannte sich Ludwig XIV. Die Inschrift bedeutet sinngemäß: Nichts kommt ihm gleich.

Diese Diener versorgten die mächtigsten Adeligen aus ganz Frankreich, die sich praktisch ununterbrochen in Versailles in der Nähe des Königs aufhielten. Auf seine Anweisung hin veranstalteten sie reihum Konzerte, Bälle und andere Feste, die Unsummen von Geld verschlangen. In vielen täglichen Ritualen huldigten sie dem König.

Der Absolutismus

Der Schlossherr, Ludwig XIV., war der mächtigste Mann seiner Zeit. Er hatte den Einfluss des Adels in Frankreich begrenzt und erfolgreich alle staatliche Macht in seinen Händen konzentriert. Nach seinem Verständnis herrschte er – losgelöst von allen Gesetzen und Einschränkungen – über Mensch und Natur. Der Bau der gewaltigen Schlossanlage von Versailles in einem Sumpf-

gebiet, die streng symmetrische Anordnung des Parks, die zurechtgestutzten Bäume – all das sollte die grenzenlose Herrschaft des königlichen Willens über Mensch und Natur symbolisieren.

Nach dem Vorbild Ludwigs XIV. setzte sich der Absolutismus in vielen Ländern Europas, allerdings in unterschiedlichen Spielarten, als Herrschaftsform durch.

Der Absolutismus prägte die europäische Welt im 17./18. Jahrhundert, bis er seit der Wende vom 18. zum 19. Jahrhundert durch die bürgerlich-demokratischen Ordnungen abgelöst wurde.

> Warum der Absolutismus entstand, wie er Staat und Gesellschaft veränderte, wie Herrscher und Volk über ihn dachten – davon handelt dieses Kapitel.

Der Schlossherr stellt sich vor

Was erzählt uns sein Bild?

Das Jahr 1701: In der Werkstatt des königlichen Hofmalers Hyacinthe Rigaud wird ein großes Gemälde angefertigt. Es ist 2,77 m hoch und 1,94 m breit. Der Auftraggeber: Ludwig XIV., König von Frankreich (1643–1715). Das Gemälde ist für das Schloss von Versailles bestimmt.

Vor der Erfindung von Radio und Fernsehen waren Gemälde die wichtigste Möglichkeit von Königen und anderen Herrschern, sich selbst vor ihrem Volk zu präsentieren. Kein Detail eines Bildes war deshalb dem Zufall überlassen; die Maler mussten genau nach Anweisung malen.

Methodenbox

Herrscherbilder erzählen

Jede Untersuchung beginnt mit einer **Frage:**
Was erzählt uns das Herrscherbild über den Schlossherrn?

Prägt euch die vier Schritte ein. Ihr könnt sie auf jedes weitere Herrscherbild übertragen!

4. Zusammenfassende Antwort

Jetzt könnt ihr eure Ergebnisse aus den ersten drei Schritten zusammenfassen und eine Antwort auf die Leitfrage geben!

1. Betrachten

Lasst das Herrscherbild auf euch wirken.

Notiert eure ersten Eindrücke.

Schreibt auch Fragen auf.

3. Deuten

Was sollen die Details aussagen? Einige *Details* sind besondere Herrschaftszeichen („Insignien").

An wen richtet sich die Darstellung?

2. Beschreiben

Beschreibt, was ihr sehen könnt. Beginnt mit den auffälligen Dingen und beschreibt dann die Details.

Wer ist dargestellt?

Was ist dargestellt?

Wie ist der Herrscher dargestellt?

Welchen Eindruck will der Herrscher von sich vermitteln?

Bild-element	steht für …
Lilien	Zeichen des Herrschergeschlechts der Bourbonen
Perücke	Reichtum und Pracht
Krone	…
Zepter	…
Schwert	Oberster Kriegsherr
…	…

Überlegt, wer sich das Herrscherbild angesehen hat. Immer waren es Untertanen des Herrschers! Welchen Platz hat ihnen der Maler zugewiesen? Schauen sie den Herrscher von unten oder von oben an? Wie schaut der Herrscher sie an?

Ludwig XIV. soll diesen Satz gesagt haben. Er sollte bedeuten, dass der König, also er selbst, unbegrenzte und absolute Macht im Staat hatte, dass der Staat ohne ihn gar nicht existieren würde. Diese unbegrenzte Machtfülle rechtfertigte Ludwig XIV. mit der Behauptung, er habe sie von Gott übertragen bekommen (Gottesgnadentum). Nur Gott gegenüber müsse er sich und sein Handeln rechtfertigen. Von seinen Untertanen verlangte er unbedingten, notfalls durch harte Strafen erzwungenen Gehorsam.

Welche Elemente kennzeichneten den Absolutismus Ludwigs XIV.?

„Absolutismus" – so nennen Historiker die unbeschränkte Herrschaft eines Königs über sein Volk. Diese Herrschaftsform hatte sich im 17. und 18. Jahrhundert in vielen europäischen Ländern durchgesetzt. Ludwig XIV. verkörperte ihn aber – schon nach Ansicht seiner Zeitgenossen – in besonders perfekter und reiner Form. Er wurde zu einer Art Vorbild für viele andere europäische Könige.

Seine Macht gründete er vor allem auf drei Säulen:

Säule 1:
Der Hofstaat von Versailles

Vielen Zeitgenossen erschien damals das Schloss von Versailles als der Mittelpunkt der Welt. Sie bewunderten die ungeheure Pracht und den Reichtum des Lebens am Hofe des französischen Königs. In Wirklichkeit verbarg sich hinter dem für die Zeitgenossen unvorstellbaren Prunk ein genau durchdachter Plan des Königs:
In Versailles hatte Ludwig XIV. alle mächtigen Adeligen des Landes um sich versammelt. Er verlangte von ihnen, sich praktisch ununterbrochen in seinem Hofstaat im Schloss aufzuhalten. In ihre Heimat und zu ihren Ländereien konnten sich die Adeligen kaum

noch begeben. So verloren sie mit der Zeit ihre Selbstständigkeit – auch in wirtschaftlicher Hinsicht. Im Hofstaat von Versailles wurden sie weitgehend zu Statisten im Hofzeremoniell des Königs. Selbst bei den kleinsten Verrichtungen, wie z. B. der Perücken- oder Taschentuchwahl, verteilte der König Gunst- oder Gnadenbeweise und besiegelte den Aufstieg oder Fall der Höflinge. Auf seinen Wunsch waren sie gezwungen, kostspielige Feste zu veranstalten. Wenn sie nicht prunkvoll genug gerieten, riskierten sie in der Rangfolge des Hofstaates abzusteigen.
So schwächte Ludwig XIV. die Adeligen wirtschaftlich und konzentrierte alle politische Macht in seinen Händen.

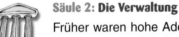

Säule 2: Die Verwaltung

Früher waren hohe Adelige geborene Mitglieder der Regierung, denn alle wichtigen Regierungsämter wurden innerhalb der mächtigen französischen Adelsfamilien weitervererbt. Ludwig XIV. enthob sie ihrer Ämter und ersetzte sie durch ihm ergebene und von ihm abhängige Minister und Beamte, die zum Teil sogar aus dem Dritten Stand stammten. So entstand eine neue Führungsschicht im Staat, die sich aus persönlichen Vertrauten des Königs

und Verwaltungsspezialisten zusammensetzte.
Damit die Entscheidungen der königlichen Regierung im ganzen Land auch ausgeführt wurden, ernannte Ludwig XIV. „Intendanten" für seine Provinzen. Dort sollten sie – mit weit reichenden Vollmachten ausgestattet – adelige Gouverneure und örtliche Behörden kontrollieren und dem Willen des Königs Geltung verschaffen.

Säule 3: Das Heer

Früher befehligte der König im Falle eines Krieges ein „Lehensaufgebot": Adelige Oberste zwangen abhängige Bauern zum Kriegsdienst und stellten ihre Truppen dem König von Fall zu Fall zur Verfügung. Ludwig XIV. ersetzte dieses Lehensaufgebot durch ein stehendes Heer aus von ihm selbst bezahlten Söldnern. 100 000 bis 160 000 Mann standen jetzt ständig unter Waffen – und gehorchten nur dem König. Die Armee diente dem König in vielen Eroberungskriegen nicht nur zur Vergrößerung seiner Macht nach außen, sondern auch zur Sicherung seiner Macht nach innen. Sie wurde eingesetzt, um königliche Beschlüsse durchzusetzen und möglichen Widerstand zu brechen.

Wie veränderte der Absolutismus die Ständegesellschaft?

Im Mittelalter hatte die Ständegesellschaft einem großen, unregelmäßigen Spinnennetz geglichen. Alle Menschen aus den drei Ständen (Klerus, Adel und „Dritter Stand") hatten darin ihren Platz und waren miteinander verbunden. Tausende von persönlichen Übereinkünften und Überlieferungen hatten im Laufe der Jahrhunderte ein kompliziertes Geflecht aus Über- und Unterordnungen sowie unterschiedlichen Rechten und Pflichten gebildet. Es gab keine allgemeinen Regeln, die für alle galten. Heute würden wir sagen: Es gab keine Gesetze.

Zur Zeit des Absolutismus war aus diesem unübersichtlichen Geflecht ein systematisch geordnetes Spinnennetz mit einem deutlich erkennbaren Zentrum geworden. Dort regierte der König, zwang seinem Land seinen unumschränkten Willen auf und ordnete die Fäden neu. Mithilfe seiner Armee und seiner Verwaltung regierte er im ganzen Land. Deshalb galten jetzt überall dieselben Regeln: die des Königs.

Wie entstand der Absolutismus?

Seit dem Mittelalter hatten sich in ganz Europa kriegerische Auseinandersetzungen verschärft. Adelige Familien konnten ihnen oft nicht mehr alleine standhalten. Sie waren dazu gezwungen, ihren König um Hilfe und Schutz zu bitten. Als Gegenleistung mussten sie sich ihm unterordnen. Aus diesen Anfängen entstanden in ganz Europa absolutistische Monarchien. Die Konzentration

der politischen Macht in den Händen der Könige dauerte viele Generationen und war von langwierigen Auseinandersetzungen begleitet. Immer wieder versuchten mächtige Adelige, ihre traditionellen Rechte gegen den Herrschaftsanspruch des Königs zu verteidigen.

Wie urteilen Historiker heute über den Absolutismus?

Wenn Historiker heute über den Absolutismus urteilen, heben sie eine „historische Leistung" besonders hervor: Der Absolutismus habe den modernen Staat geschaffen. Heute verstehen wir unter einem Staat eine Organisation mit einheitlichen Regeln (Gesetzen) und einer gemeinsamen Regierung für alle Menschen in einem Land. Der Absolutismus – so urteilen die Historiker – sei die geschichtliche Keimzelle für diesen modernen Staat, denn im Absolutismus gab es zum ersten Mal seit dem Mittelalter eine einheitliche, das ganze Land erfassende Regierung und Verwaltung. Aber die Historiker urteilen unterschiedlich. Manche halten die „historische Leistung" des Absolutismus für sehr bedeutend. Sie sind der Ansicht, der Absolutismus habe zuerst den modernen Staat eingeführt.

In neuerer Zeit aber urteilen viele Historiker anders. Sie meinen, dass der absolutistische Staat nur teilweise schon ein moderner Staat gewesen sei. Er habe zwar die alte Ständegesellschaft verändert, aber noch nicht ganz abgeschafft. Noch immer habe es sehr unterschiedliche Regeln und Lebensverhältnisse gegeben. Der König und seine Regierung hätten ihren Willen noch nicht im ganzen Land durchsetzen können. Sie nennen vor allem drei Einschränkungen: Erstens gab es nur sehr wenige Beamte (insgesamt etwa 1000 bei einer Bevölkerung von 20,5 Mio. Menschen) und die Beamtenstellen waren zu einem großen Teil käuflich. Zweitens gab es immer noch mächtige Teilgewalten, die sich dem Zugriff des Staates entzogen. So besaß etwa der Klerus noch eine eigene Gerichtsbarkeit und die Adelsfamilien hatten die Gerichtsbarkeit über „ihre" Bauern behalten. Drittens wurden die Steuern nicht – wie heute – durch eine staatliche Verwaltung eingezogen, sondern durch adelige „Steuerpächter". Sie zahlten dem König eine festgelegte Summe und erhielten dafür das Recht, von den Angehörigen des Dritten Standes Steuern einzuziehen. Weil sie dabei sehr willkürlich vorgingen, wurden sie zu den meistgehassten Menschen im Land.

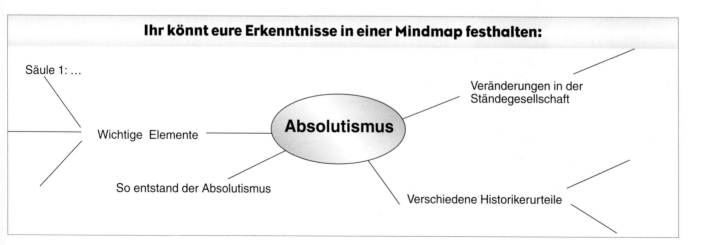

Ihr könnt eure Erkenntnisse in einer Mindmap festhalten:

Säule 1: …

Wichtige Elemente

So entstand der Absolutismus

Absolutismus

Veränderungen in der Ständegesellschaft

Verschiedene Historikerurteile

Forschungsstation

„Das einzige Mittel, Größe und Macht des Staates zu vermehren"

Wir erforschen den Plan von Jean Baptiste Colbert

König Ludwig XIV. hatte ein Problem: Er brauchte dringend Geld!

Die Armee und die prunkvolle Hofhaltung kosteten Unsummen. Jedes Jahr gab er mehr aus, als er an Steuern einnahm. Aus den armen Bauern seines Landes konnte er nicht noch mehr Steuern herauspressen; Adel und Klerus waren von alters her von Steuern befreit.

Sparen wollte er nicht, denn eine Einschränkung der Hofhaltung oder eine Verkleinerung des Heeres hätte seine Macht gefährdet.

Wie gelang es dem König, seine Einnahmen zu vergrößern? Das ist die Frage, auf die ihr nach Antworten suchen sollt.

Der Plan von Jean Baptiste Colbert wird dabei eine große Rolle spielen!

Jean Baptiste Colbert (1619–1683)

Die Grundfrage lautet:

Wie gelang es dem König, seine Einnahmen zu vergrößern?

Euer Forschungsauftrag im Einzelnen:

1. Welche Grundidee lag dem Plan zugrunde?
2. Aus welchen Elementen bestand der Plan?
3. Auf welche Weise sollten die Steuereinnahmen des Königs steigen?

Als Forschungsgrundlage stehen euch auf dieser Doppelseite ein Quellentext, ein zeitgenössisches Gemälde, eine erläuternde Grafik und Autorentexte zur Verfügung.

Denkt während eurer Forschung an die richtigen Methoden für die verschiedenen Materialien!

Colberts Grundgedanke

Auf der Suche nach einer Lösung hörte der König von Jean Baptiste Colbert, einem Wirtschaftsfachmann, der aus einer reichen Tuchmacherfamilie aus Reims stammte. Im Jahr 1665 ernannte er ihn zum „Generalkontrolleur der Finanzen".

Seine Aufgabe: die Einnahmen des Staates zu erhöhen.

Jean Baptiste Colbert war vorbereitet. Er hatte einen Grundgedanken: Anstatt – wie seine Vorgänger – einfach nur die Steuern für den Dritten Stand immer weiter zu erhöhen, wollte Colbert neue Geldquellen für den Staat schaffen.

Diesem Ziel sollten die beiden wichtigsten Elemente seines Plans dienen:

➤ erstens eine neue Produktionsmethode,
➤ zweitens eine neue Handelspolitik.

Eine Quelle gibt Auskunft über den Plan und die Ziele Colberts:

M 1 Jean Baptiste Colbert in einer Denkschrift an den König (3. August 1664)

Die Holländer führen Industrieprodukte bei uns ein, um im Austausch dafür von uns die für ihren Konsum und Handel nötigen Materialien zu beziehen.

Würden stattdessen Manufakturen bei uns eingerichtet, so hätten wir nicht nur deren Erzeugnisse für unseren Bedarf, sondern wir hätten auch noch Überschüs-
5 se für die Ausfuhr, die uns wiederum einen Rückfluss an Geld einbrächten. Dies aber ist das einzige Ziel des Handels und das einzige Mittel, Größe und Macht des Staates zu vermehren. […]

Außer den Vorteilen, die die Einfuhr einer größeren Menge Bargeld in das Königreich mit sich bringt, wird sicherlich durch die Manufakturen eine Million zurzeit
10 arbeitsloser Menschen ihren Lebensunterhalt gewinnen. Eine ebenso beträchtliche Zahl wird in der Schifffahrt und in den Seehäfen Verdienst finden.

Deshalb schlage ich vor: Es soll jährlich eine bedeutende Summe für die Manufakturen und die Förderung des Handels ausgegeben werden.

(W. Lautemann/M. Schlenke (Hg.), Geschichte in Quellen, Bd. 3, München (BSV) 1966, S. 447f.)

Ein Gemälde gibt Auskunft über eine neue Produktionsmethode: die „Manufaktur"

M 2 Eine Spielkartenmanufaktur
(zeitgenössisches Gemälde, um 1680)

Der Maler hat sieben verschiedene Arbeitsgänge dargestellt: (1) Druckvorlagen ausschneiden – (2) mit Farbe bestreichen – (3) auf Papier pressen – (4) trocknen – (5) schneiden – (6) walzen – (7) zusammenlegen und verpacken.

Wie in einem Handwerksbetrieb wurden in einer Manufaktur Waren in Handarbeit hergestellt – aber mit einer neuen Methode. Verglichen mit einem Handwerksmeister konnte ein Manufakturbesitzer mehr Waren zu niedrigeren Preisen herstellen. Deshalb konnte er einen höheren Gewinn erzielen – und mehr Steuern zahlen.

Wenn ihr das Bild untersucht, könnt ihr die neue Methode und ihre Vorteile herausfinden.

Eine neue Handelspolitik: Was heißt „Merkantilismus"?

Colbert wollte, dass viele französische Güter in das Ausland verkauft würden (Exporte). Dadurch würde viel Geld aus dem Ausland nach Frankreich fließen. Von den Einnahmen der Exporteure würde auch der König profitieren – durch höhere Steuereinnahmen. Um viele Waren für den Export herstellen zu können, förderte er die Errichtung von Manufakturen. Ausländische Facharbeiter lockte er mit hohen Löhnen nach Frankreich. Ungelernte Arbeiter bekamen jedoch nur einen sehr geringen Lohn; ebenso Landarbeiter, denn Erzeugerpreise und damit die Einkommen der Lohnabhängigen sollten niedrig blei-

ben. Gleichzeitig wollte Colbert die Einfuhr von Gütern aus dem Ausland (Importe) verhindern, denn dadurch würde Geld aus Frankreich in das Ausland fließen. Deshalb erhob er hohe Schutzzölle für Importe. Dadurch wurden ausländische Waren in Frankreich so teuer, dass lieber inländische Waren gekauft wurden. Um billig an Rohstoffe für die Manufakturen zu kommen, gründete Frankreich Kolonien in Amerika und Afrika.

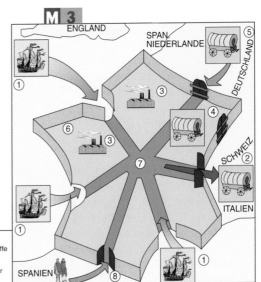

M 3

① Einfuhr von Rohstoffen aus den Kolonien
② Ausfuhr von Fertigwaren
③ Aufbau neuer Industrien (Manufakturen)
④ Ausfuhrverbot für Rohstoffe
⑤ Einfuhrverbot für Fertigwaren
⑥ Zollmauer
⑦ Ausbau der Verkehrswege
⑧ Anwerbung ausländischer Arbeitskräfte

Eine fest gefügte Rangordnung?

Die Lebensbedingungen in Frankreich zur Zeit des Absolutismus waren geprägt durch die Gliederung der Gesellschaft in „Stände". Die aus dem Mittelalter stammende „Ständegesellschaft" war aber nur auf den ersten Blick die alte geblieben. Der Absolutismus hatte sie in Bewegung gebracht.

1. Arbeitet den Text durch. Ein Schaubild kann euch dabei helfen.

2. Versucht abschließend, eine Antwort auf die Frage in der Überschrift zu formulieren.

Der Erste Stand

Zum Klerus gehörten etwa 130 000 Personen oder 0,5 % der Bevölkerung. Zum *höheren Klerus* (1) zählten die Bischöfe sowie Äbte und Äbtissinnen, zum *niederen Klerus* (2) die Nonnen, Mönche und Priester. In die Ämter des höheren Klerus gelangten nur Adelige; der niedere Klerus stammte meist aus dem Dritten Stand.

Die Kirchenämter waren grundsätzlich Männern vorbehalten. Allerdings wurden manche der in den Frauenklöstern lebenden Nonnen bedeutende Äbtissinnen.

Durch den Absolutismus hatte sich für den Klerus wenig verändert. Er hatte seine eigene Gerichtsbarkeit behalten und zahlte weiterhin keine Steuern an den Staat. Manche hohen Kleriker profitierten von der Gunst des Königs, weil sie ein Staatsamt erhielten oder zum Hofstaat in Versailles gehörten. Die meisten Mitglieder des niederen Klerus lebten weiterhin in einfachen, zum Teil sogar ärmlichen Verhältnissen. In ihren Dörfern hatten sie aber oft eine hervorgehobene Position, weil sie lesen und schreiben konnten.

Der Zweite Stand

Zum Adel zählten etwa 350 000 Personen oder 1,5 % der Bevölkerung. Innerhalb des Adels lassen sich zwei Gruppen unterscheiden: Der *Grundadel* (3) gründete seinen Reichtum auf seinen Grundbesitz, auf dem abhängige Bauern arbeiteten. Zum *Amtsadel* (4) gehörten Familien, die ein wichtiges Amt im Staat erhalten hatten. Grundbesitz und Ämter waren erblich.

Die Adeligen hatten „Privilegien", also besondere Vorrechte. Zum Beispiel durften sie als Einzige jagen und fischen. Ihr wichtigstes Privileg war ihre Steuerfreiheit: Sie zahlten keine Steuern an den König.

Adelige Frauen hatten meist einen recht hohen Lebensstandard. Manche erlangten gesellschaftlichen und politischen Einfluss. Sie waren allerdings in jeder Hinsicht von ihren Ehemännern abhängig.

Die Adeligen hielten „bürgerliche" Beschäftigungen, wie den Handel oder den Betrieb von Manufakturen, für nicht standesgemäß. Deshalb profitierten sie auch kaum von dem Aufschwung des Handels und der Manufakturen durch den Merkantilismus. Wenn sie ihren Reichtum sichern oder vermehren wollten, forderten sie einfach mehr Abgaben von den abhängigen Bauern. Hohe Amtsadelige waren zwar vom König abhängig, wurden aber als Intendanten in den Provinzen oder am Hofstaat von Versailles sehr reich und mächtig.

Je nach der Größe des Grundbesitzes und der Anzahl der abhängigen Bauern gab es innerhalb des Grundadels große Unterschiede. Neben sehr vermögenden Adeligen gab es auch solche, die nur über sehr kleinen Grundbesitz verfügten und die selbst auf ihrem Land arbeiten mussten.

Der Dritte Stand

Zum Dritten Stand gehörte die übrige Bevölkerung, etwa 20 Millionen Menschen oder 98 % der Bevölkerung.

Die *Bauern* (5) (82 % der Bevölkerung) lebten auf dem Land. Die Mehrzahl von ihnen als *abhängige Bauern*. Diese mussten *Abgaben* (9) an ihre adeligen Grundherren zahlen und *Frondienste* (10) für sie leisten.

Die *Bürger* (16 % der Bevölkerung) lebten in der Stadt. Nur wenige von ihnen waren so genannte *Großbürger* (6), also reiche Kaufleute, Handwerksmeister oder Rechtsanwälte. Die Großbürger profitierten von der Politik des Merkantilismus – manche von ihnen machten als Fernhändler oder Manufakturbesitzer ein Vermögen. Die Großbürger bildeten zusammen mit den Adeligen – besonders in der Hauptstadt Paris – eine neue Oberschicht. Im Unterschied zu den Adeligen hatten sie aber keine Privilegien und kaum politischen Einfluss – eine Ungerechtigkeit, über die sie sich zunehmend empörten.

Die große Mehrzahl der Bürger lebte in bescheidenen oder sogar ärmlichen Verhältnissen als Kleinhändler oder Kleinhandwerker, als Tagelöhner, Bedienstete oder als Gesellen in den Handwerksbetrieben. Sie werden zusammenfassend als *Kleinbürger* (7) bezeichnet.

Alle Bauern und Bürger mussten – im Unterschied zu den beiden ersten Ständen – *Steuern* (8) bezahlen. Dazu gehörten die „Taille" (eine direkte Steuer, die vom Einkommen abgezogen wurde) und die „Aide" (eine indirekte Steuer, die auf die Preise von Verbrauchsgütern, wie Salz oder Wein, aufgeschlagen wurde). Kleinbürger und Bauern bezahlten etwa 90 % der Steuereinnahmen des Staates.

Die Frauen des Dritten Standes waren gegenüber den Männern in doppelter Hinsicht benachteiligt. Zum einen verdienten sie in denselben Berufen höchstens die Hälfte des Einkommens eines Mannes. Zum anderen waren sie rechtlich von ihren Ehemännern abhängig: Eine Ehefrau durfte kein Geschäft ohne ausdrückliche Zustimmung ihres Mannes abschließen. Verließ eine Ehemann seine Ehefrau, so hatte diese kein Recht auf das Familieneigentum.

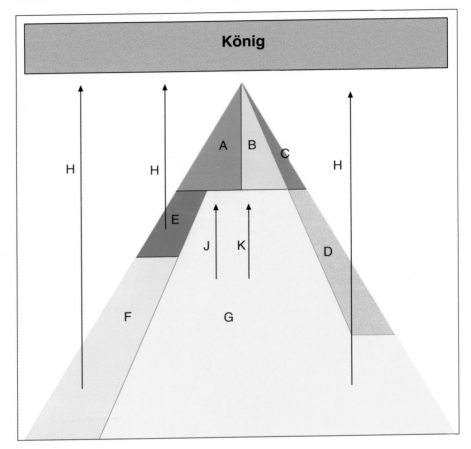

a) Übertragt das Schaubild auf ein großes Wandposter oder auf die Tafel.

b) Bildet drei Arbeitsgruppen und informiert euch über jeweils einen der drei Stände.
– Welche Gruppen innerhalb der Stände könnt ihr unterscheiden?
– Welche Rechte und Pflichten haben sie jeweils?
– Haben sich ihre Lebensbedingungen verbessert, verschlechtert oder sind sie unverändert geblieben?

c) Notiert eure Ergebnisse auf „eurer" Fläche im Schaubild.
Tipp! Eine richtige Zuordnung der Buchstaben im Schaubild und der Zahlen im Text kann euch helfen!

d) Präsentiert eure Ergebnisse vor der gesamten Klasse.

Übrigens...

Die Darstellung von Gesellschaftsordnungen im Schaubild ...

... soll die soziale Gliederung einer Gesellschaft anschaulich darstellen.
Solche Schaubilder – manchmal auch „Gesellschaftspyramiden" genannt – werden euch im Geschichtsunterricht, aber auch in anderen Fächern, häufiger begegnen.
Sie sind immer nach diesen Grundregeln aufgebaut:
☞ Die verschiedenen Flächen stellen bestimmte soziale Gruppen mit gemeinsamen Merkmalen dar.
☞ Die Größe der Flächen im Schaubild drückt die Größe der jeweils gemeinten sozialen Gruppe (bzw. ihren relativen Anteil an der Gesamtbevölkerung) aus.
☞ Die vertikale Anordnung der Flächen im Schaubild drückt das gesellschaftliche Ansehen („Prestige"), die Höhe des Einkommens und Vermögens („Reichtum") und den politischen Einfluss („Macht") der jeweils gemeinten Gruppe aus. D.h.: Je weiter oben eine Gruppe in dem Schaubild eingeordnet ist, desto angesehener, reicher und mächtiger sind – im Durchschnitt – ihre Mitglieder.

Wie die Spinne im Netz …

Ein Zeitgenosse urteilt über die Ständegesellschaft

M „Die Spinne und die Fliege"

Der Zeitgenosse und Kupferstecher J. Lagniet-Guerard steht im Mittelpunkt dieser Doppelseite. Mit seinem Spottbild wollte er seine Meinung über die Ständegesellschaft ausdrücken.

Wir untersuchen sein Spottbild, um seine Meinung zu erforschen – stellvertretend für viele andere, die ähnlich wie er dachten.
Schaut es euch in Ruhe an.

Der Text rechts oben lautet übersetzt:

„Je mehr man hat, desto mehr möchte man davon. Dieser arme Teufel bringt alles, Getreide, Frucht, Geld, Salat. Der dicke Herr sitzt da, bereit alles anzunehmen. Er will ihn nicht einmal eines Blickes würdigen."

(J. Lagniet-Guérard, Recueil de Proverbes, Paris 1657–63)

Methodenbox

Spottbilder und Karikaturen

„Spottbilder" sind die Vorläufer der heutigen Karikaturen. Im 17. und 18. Jahrhundert waren sie weit verbreitet.

Spottbilder und Karikaturen sehen ganz unterschiedlich aus, aber sie haben alle eines gemeinsam: Die Zeichner wollen ihre *Meinung* zu einem bestimmten Thema darstellen. Um ihre Meinung besonders deutlich auszudrücken, arbeiten sie mit Übertreibungen und Symbolen.

Wenn ihr ein Spottbild oder eine Karikatur seht und die Meinung des Zeichners herausfinden wollt, könnt ihr in diesen Schritten vorgehen:

Jede Untersuchung beginnt mit einer **Frage:**
Wie urteilt der Zeitgenosse J. Lagniet-Guerard über die Ständegesellschaft?

---

1. Betrachten

Lasst die Karikatur auf euch wirken.
Versucht möglichst viele Einzelheiten zu erkennen.
Schreibt auch Fragen auf.

2. Beschreiben

Beschreibt die Karikatur möglichst genau.
Beginnt bei den auffälligen Inhalten und beschreibt dann die Details.

3. Den historischen Hintergrund klären

Um das Spottbild richtig zu verstehen, benötigt ihr Informationen über sein Thema. Auf Seite 198/199 habt ihr sie euch erarbeitet.

4. Symbole deuten

Symbole sind Zeichen, die etwas Bestimmtes darstellen sollen.

Beispiele:	
Symbol	*Bedeutung*
Taube	→ „Frieden"
Rose	→ „Liebe"
Hut	→ …
Frisur	→ …

Um ein Spottbild oder eine Karikatur zu verstehen, muss man die Symbole deuten. Man muss also herausfinden, was sie darstellen sollen.

5. Zusammenfassend antworten

Erklärt, welche Meinung der Zeichner zum Ausdruck bringen wollte. (Denkt dabei an die Symbole!)

Selber denken?
Der Keim einer neuen Welt: die „Aufklärung"

Die Herrschaft der absolutistischen Könige blieb nicht unwidersprochen. Inmitten ihrer scheinbar so stabilen Ordnung entstand ein völlig neues Bild vom Menschen und von der Welt – zunächst nur in den Köpfen von Philosophen und interessierten Zeitgenossen.

Dieses Denken, die „Aufklärung", entwickelte einen derart weit reichenden Einfluss, dass es später tatsächlich die Welt für Jahrhunderte verändern würde.

1. Welche Ziele hatten die Aufklärer?
2. Mit welchen Mitteln wollten sie ihre Ziele erreichen?
3. Wie reagierten die Zeitgenossen?

Lesung im Salon der Madame Geoffrin (Gemälde von Gabriel Lemonnier, 1743 – 1824)

Ein „Salon"

Das Gemälde von G. Lemonnier zeigt die erste Lesung einer Tragödie des Dichters und Philosophen Voltaire im Salon der Madame Geoffrin in Paris im Jahre 1775.

In der zweiten Hälfte des 18. Jahrhunderts entstanden in der französischen Hauptstadt Paris viele derartige „Salons", in denen sich gebildete Bürger trafen und über Literatur und Philosophie diskutierten.

Lesegesellschaften

Neben den berühmten Pariser Salons bildeten sich Lesegesellschaften in ganz Europa, die eigene Leihbibliotheken unterhielten.

In den Salons und Lesegesellschaften wurden neue Bücher und die zahlreichen, neu entstandenen Zeitschriften gelesen und besprochen. So verbreiteten sich in ganz Europa neue Gedanken und Ideen, die schon bald die Grundlage wichtiger Veränderungen in Europa werden sollten. Schon die Zeitgenossen haben diesen Gedanken und Ideen den zusammenfassenden Namen „Aufklärung" gegeben.

Die „Aufklärung"

Die Schriftsteller der Aufklärung glaubten vor allem an die Vernunft in jedem Menschen. Der Gebrauch des eigenen Verstandes könne alle Menschen von den alten Abhängigkeiten von der Kirche und dem Königtum befreien. Mithilfe von Wissenschaft und Bildung könne die Menschheit eine bessere und glücklichere Welt erschaffen.

Die Bürger in den Salons und Lesegesellschaften waren von diesem Grundgedanken fasziniert. Sie wollten zu Pionieren dieser neuen Welt werden und begannen, die neuesten Erkenntnisse der Naturwissenschaften und der Philosophie zu sammeln.

„Aufklärung"

Mit diesem Namen wollten die Zeitgenossen ausdrücken, dass sie versuchten etwas Dunkles, Undurchsichtiges aufzuhellen – so wie die Sonne die dunkle Nacht vertreibt. Die „dunkle Nacht" – das war für sie vor allem der Aberglauben des Mittelalters. Blitz und Donner, plötzliche Krankheiten und Seuchen, aber auch die Ungleichheit zwischen den Menschen oder die Erfüllung eines lang gehegten Wunsches wurden schon seit Jahrhunderten als Ausdruck von Gottes Willen oder der übernatürlichen Kraft von Hexen oder Heiligen gedeutet.

Die Aufklärer aber suchten nach Erklärungen für alles, was bisher unerklärlich war. Durch eigenes Nachdenken, Beobachten und Experimentieren wollten sie zu neuem Wissen kommen, die Welt richtig verstehen und die Menschen von ihrem Aberglauben befreien. Die Erfolge der Naturwissenschaften gaben ihnen Recht. Die Astronomen zum Beispiel hatten beweisen können, dass die Erde nicht – wie man früher geglaubt hatte – der Mittelpunkt der Welt war, sondern sich um die Sonne drehte. Auch in anderen Wissenschaften wie der Chemie, der Physik, der Anatomie, der Medizin und der Mathematik hatte das Wissen stark zugenommen.

Die Aufklärer glaubten fest an die Vernunft des Menschen. Mit ihrer Hilfe sollte alles, was bis dahin als Wahrheit galt, überprüft werden. Nur das, was durch genaue Beobachtung, wiederholte Experimente und sorgfältiges Denken bewiesen werden konnte, sollte noch Gültigkeit besitzen. Auf diese Weise wollten die Aufklärer den Problemen der Menschheit, wie Hunger, Krankheit, Gewalt und Tod, auf die Spur kommen – und sie lösen. Von den mittelalterlichen – in ihren Augen abergläubischen – Erklärungen und Rechtfertigungen hielten sie nicht mehr viel.

Sie hatten sich zu oft schon als falsch und irreführend erwiesen. Und die Aufklärer wollten nicht auf eine bessere Welt im Jenseits warten, sondern das Leben im Diesseits verbessern.

Die Aufklärer gingen davon aus, dass jeder Mensch vernünftig denken und handeln könne. Deshalb forderten die Aufklärer für alle Menschen das Recht Kritik zu üben, ihre Meinung frei zu sagen und ihre Überzeugungen frei zu wählen.

Diese Ideen forderten den Widerstand der Kirche und der Herrscher heraus. Sie wollten weiterhin allein bestimmen, was richtig und falsch, erlaubt und verboten war. Aber auch viele einfache Menschen waren verunsichert und ängstlich: Wem sollte man noch glauben?

Ein „Planetarium" (Ölgemälde von Joseph Wright of Derby, um 1765). Das „Licht" ist das wichtigste Symbol der Aufklärung. Wofür steht es?

Die Aufklärer stellen provozierende Fragen

Viele Zeitgenossen waren von den Erkenntnissen und Ideen der Aufklärung begeistert. Viele aber lehnten sie ab.
Auf dieser Doppelseite untersuchen wir zwei wichtige Streitfragen.

Die erste Streitfrage: Wie wichtig ist Freiheit?

M 1 Der Schriftsteller und Philosoph Jean-Jacques Rousseau, 1762

Q Der Mensch wird frei geboren und überall liegt er in Ketten.
Solange ein Volk gezwungen wird zu gehorchen und gehorcht, so tut es
5 wohl; sobald es aber das Joch abwerfen kann und es abwirft, so tut es besser.
Auf seine Freiheit verzichten, heißt auf seine [...] Menschenrechte verzichten.
Eine solche Entsagung ist mit der Na-
10 tur des Menschen unvereinbar.
Wenn man untersucht, worin das höchste Wohl aller – dieser Zweck eines jeden Systems der Gesetzgebung – bestehe, so findet man, dass es auf
15 zwei Hauptpunkte hinauskommt: die Freiheit und die Gleichheit.

(J.J. Rousseau, Der Gesellschaftsvertrag, Stuttgart 1963, S. 30ff.)

M 2 Ein Brief der Kaiserin Maria-Theresia an ihren Sohn Maximilian Franz, 1774

Q Schämt Euch nicht ein guter Christ zu sein, in Euren Worten wie in Euren Taten. Das verlangt die größte Wachsamkeit und Strenge, heute noch mehr
5 als früher, [...] seit man den Gottesglauben aus den Herzen vertreiben will und gar den Gottesdienst einschränkt, aus Furcht man könne sich lächerlich machen. Dieser Geist ist jetzt
10 allenthalben obenan und umso gefährlicher, weil er auch in führenden Gesellschaftskreisen und bei den Gelehrten Eingang gefunden hat. [...]

Nichts ist bequemer [...] als Freiheit
15 von allem Zwang. Das ist das Zauberwort, das man im Jahrhundert der Aufklärung an die Stelle der Religion setzen will – jeder soll selbst zur Erkenntnis kommen und nach eigener Über-
20 zeugung handeln. Diese Irrlehre hat viel Bestechendes, weil sie unseren hochmütigen und gierigen Leidenschaften Vorschub leistet. Daher kommt es jetzt so häufig vor, dass Leu-
25 te Selbstmord verüben, verrückt werden oder sich so aufführen und krank werden, dass sie nicht mehr zu gebrauchen sind. Sie haben keinen Boden unter den Füßen [...].

(Zit. nach: Materialien für den Geschichtsunterricht, IV, S.178f.)

Die zweite Streitfrage: Wann darf ein König herrschen?

M 3 Der Hofprediger Ludwigs XIV., Bischof Bossuet

Q Alle Welt beginnt mit der monarchischen Staatsform. Die Menschen werden allesamt als Untertanen geboren.
5 Die väterliche Autorität gewöhnt die Menschen an den Gehorsam und zugleich daran, nur ein Oberhaupt zu kennen.
Die Fürsten handeln als Gottes Diener
10 und Statthalter auf Erden. Daraus ergibt sich, dass die Person der Könige geheiligt ist. Die Macht der Könige kommt von Gott, aber sie dürfen nicht nach Belieben davon Gebrauch ma-
15 chen. Vielmehr sollten sie sich ihrer mit Scheu bedienen als einer von Gott an-

vertrauten Sache, über die Gott von ihnen Rechenschaft fordern wird.
Derjenige, der dem Fürsten den Gehor-
20 sam verweigert, wird ohne Gnade zum Tode verurteilt.

(Zit. nach: Geschichte in Quellen, Bd. 3, a.a.O., S.450f.)

M 4 Der Schriftsteller Denis Diderot

Q Kein Mensch hat von der Natur das Recht erhalten, über andere zu herrschen.
Wenn die Natur irgendeine Autorität
5 geschaffen hat, so ist es die väterliche Macht. Aber diese hört auf, sobald die Kinder in der Lage sind, sich selbst zu leiten.
Jede andere Macht kann man auf eine
10 der beiden folgenden Quellen zurückführen: entweder auf die Stärke und die Gewalt desjenigen, der sie an sich gerissen hat, oder auf die Zustimmung derjenigen, die sich ihr unterworfen
15 haben.

(Denis Diderot, „Autorität"; zit. nach: Grundriss der Geschichte, Dokumente, Bd. 2, S. 11)

1. Vergleicht die zeitgenössischen Meinungen zu beiden Streitfragen jeweils miteinander. Nutzt dazu die Methodenbox „Quellen vergleichen".

2. Wie denkt ihr heute über diese Streitfragen? Ihr könnt einen Aufsatz schreiben, ein Streitgespräch mit verteilten Rollen durchführen oder euch gegenseitig interviewen.

Tipp! Auch die Ergebnisse der ersten Aufgabe könnt ihr in spielerischer Form präsentieren, etwa indem ihr ein – fiktives – Interview oder eine Pro-und-Contra-Debatte mit den Zeitgenossen durchführt.

Methodenbox

Quellen vergleichen

Ihr könnt Quellen immer dann miteinander vergleichen, wenn ihr sie auf eine gemeinsame Leitfrage beziehen könnt.

1. Schritt:
Eine Leitfrage formulieren

Unsere Leitfrage lautet:

Wann darf ein König herrschen?

2. Schritt:
Beide Quellen verstehen

Wie man eine einzelne Quelle analysiert, wisst ihr schon.

3. Schritt:
Für beide Quellen eine Antwort auf die Leitfrage formulieren

Haltet eure Ergebnisse schriftlich fest.
Hier können auch Schaubilder weiterhelfen.

So lautet die Antwort von Bischof Bossuet:

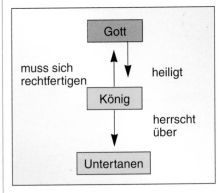

So lautet die Antwort von Dennis Diderot:

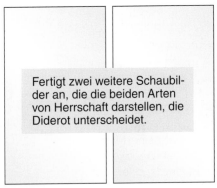

Fertigt zwei weitere Schaubilder an, die die beiden Arten von Herrschaft darstellen, die Diderot unterscheidet.

4. Schritt:
Vergleichen

Vergleicht die beiden Antworten auf die Leitfrage miteinander:
a) Welche Gemeinsamkeiten und welche Unterschiede könnt ihr feststellen?
b) Wie könnte man die Unterschiede vielleicht erklären?

Tipp! Denkt daran, wer die Texte geschrieben hat!

5. Schritt:
Bewerten

● aus zeitgenössischer Sicht:
a) Könnt ihr verstehen, warum damals jemand die eine oder die andere Meinung vertreten hat?
b) Welche Meinung war damals eher üblich?
c) Erforderte es Mut, die eine oder die andere Meinung zu äußern?

● aus heutiger Sicht:
a) Welcher der beiden Meinungen könnt ihr heute eher zustimmen?
b) Gibt es noch heute ähnlichen Streit?
c) Versucht zu erklären, warum wir heute anders urteilen als die Zeitgenossen.

Stopp
Ein Blick zurück

Ein Kartenspiel

Auf dieser Doppelseite könnt ihr eure Kenntnisse über den Absolutismus und die Aufklärung überprüfen.

1. Manchen Karten fehlt die Überschrift, anderen die Erläuterung – ergänzt sie richtig.

2. Ordnet die verstreuten Karten dem richtigen Feld im Überblick auf der rechten Seite zu.

3. Eine Karte enthält eine Kritik der Aufklärer am Absolutismus. Ordnet sie dem dazugehörigen Feld zu.

Diese Begriffe kann ich jetzt erklären:

* Absolutismus
* Privilegien
* Aufklärung

---

❶ .... Umfasst sowohl Bischöfe, Äbtissinnen und Äbte wie auch Gemeindepriester. Hat eine eigene Gerichtsbarkeit und andere Privilegien.

❹ Drei Säulen
1. ....
2. ....
3. Das stehende Heer

❷ ....
Gründet seine Macht auf umfangreichen Landbesitz oder auf erbliche Staatsämter. Hat Privilegien, muss vor allem keine Steuern bezahlen.

❺ Glaube und Gehorsam
Der Glaube ist der wichtigste Halt der Menschen. Er gewöhnt sie von Geburt an an Unterordnung und Gehorsam – gegenüber der Kirche und gegenüber dem König. Alle Menschen sind daher ....

❼ Gottesgnadentum
....
....
....

❽ ....
Diese Fähigkeit ermöglicht allen Menschen, die Welt zu verstehen, mit Irrtümern aufzuräumen und selbstständig zu handeln.

❸ ....
Die Herstellung eines Produktes wird in verschiedene Arbeitsschritte unterteilt. Viele ungelernte Arbeiter verrichten immer nur einen einfachen Handgriff. So kann der Besitzer mehr Produkte in kürzerer Zeit herstellen.

❻ ....
Möglichst viele Exporte von Fertigprodukten und möglichst wenige Importe sollten die Produktion in Frankreich erhöhen und damit höhere Steuereinnahmen ermöglichen.

❾ Der Dritte Stand
....
....
....

206

Die Rechtfertigung

Das Bild vom Menschen

Die Ständegesellschaft

Die Kritik der Aufklärung

Der Aufbau des Staates

Die Wirtschaftspolitik

Begriffe zum Nachschlagen

Absolutismus. Monarchische Regierungsform in den europäischen Staaten des 17. und 18. Jahrhunderts, in der ein Herrscher „von Gottes Gnaden" ohne Mitwirkung ständischer oder parlamentarischer Einrichtungen die ungeteilte und durch keine Gesetze eingeschränkte Macht ausübt.

Der Absolutismus hat die politische Macht des Adels gebrochen ohne seine gesellschaftliche Stellung und seine Privilegien anzutasten. Mit der Zentralisierung der Macht, der Schaffung eines einheitlichen Staatsgebietes und einer einheitlichen Verwaltung sowie einer staatlichen Wirtschaftspolitik (Merkantilismus) legte der A. die Grundlagen des modernen Staates.

Im aufgeklärten Absolutismus, wie in Preußen zur Zeit Friedrichs des Großen, übernahm der Herrscher Gedanken der Aufklärung und betrieb als „erster Diener des Staates" eine Reformpolitik, deren Ziel die Schaffung wirtschaftlicher und militärischer Voraussetzungen für eine staatliche Machtsteigerung war.

Adel. Bezeichnung für die Gruppe der Herrschenden, die sich durch Geburt (Geburtsadel) oder Ernennung für Dienste im Auftrag des Königs (Dienst- oder Amtsadel) vom übrigen Volk abhebt. Grundbesitz, kriegerische Leistungen und Herrschaft über Menschen waren die Kennzeichen des Adeligen im Mittelalter. Die Angehörigen des Adels beanspruchten durch ihre Abstammung und den Grundbesitz, über den sie verfügten, besondere Rechte gegenüber der übrigen Bevölkerung. Neben ihren Aufgaben als Grundherr bekleideten die Adeligen auch Verwaltungsämter für die Kaiser und Könige und sprachen in ihrem Namen Recht. Als bevorrechtigter Stand entwickelten die Adeligen besondere Lebensformen und sie waren von der Zahlung von Steuern befreit. Seit dem Hochmittelalter (12. Jahrhundert) unterschied man zwischen dem Hochadel (z. B. Kurfürsten, Herzöge, Grafen) und dem niederen Adel (z. B. Ritter und Ministeriale). Letztere sind Leute, die ehemals unfrei waren und durch Übertragung von Verwaltungsaufgaben für ihren Herrn in den Adelsstand erhoben wurden.

Allmende. Bezeichnung für das von der Dorfgemeinschaft oder Gemeinde gemeinschaftlich genutzte Land, also die Dorfweide, der Gemeindewald und Ödland, manchmal auch Gewässer. Die Organisation der gemeinschaftlichen Nutzung der Allmende war eine wichtige Aufgabe der Dorfgemeinschaft.

Aufklärung. Seit dem Ende des 17. Jahrhunderts von England und Frankreich ausgehende Denkrichtung, deren oberster Wert die menschliche Vernunft darstellt. Im Lichte der Vernunft sollten alle traditionellen Autoritäten und Wahrheiten in Wissenschaft und Religion, in Staat und Gesellschaft überprüft werden.

Aufgrund seiner vernünftigen Natur sollte jeder Mensch geachtet und respektiert werden. Jedem Menschen stünden deshalb in gleichem Maße Menschenrechte zu.

Die Aufklärung richtete sich an alle Menschen mit der Aufforderung sich ihres Verstandes zu bedienen und sich von Bevormundung zu befreien. Sie richtete sich aber auch an die Herrschenden in Staat und Gesellschaft mit der Forderung, die Freiheit und Gleichheit der Menschen zu respektieren und die gesellschaftlichen Ungleichheiten der Ständegesellschaft und die politische Unterdrückung im Absolutismus zu verändern.

Bauer/Bäuerin. Als Bauer wurde eine Person bezeichnet, die eine Hofstätte bewirtschaftete. Als Oberhaupt einer Hofgemeinschaft vertrat der Bauer die Hofstätte nach außen, also z. B. gegenüber Gerichten oder dem Grundherrn (Grundherrschaft). Die Bäuerin beaufsichtigte die Personen und Tätigkeiten im inneren Hofraum, also vor allem die Mägde und einen Großteil des Viehs. Sie organisierte die Versorgung der Hofgemeinschaft. Die soziale und rechtliche Stellung der Bauern war regional sehr unterschiedlich und wandelte sich im Verlauf des Mittelalters. Im frühen Mittelalter gab es noch eine große Zahl freier Bauern. Viele haben sich in die Abhängigkeit eines Herrn begeben oder wurden dazu gezwungen. Als Hörige verloren sie das Obereigentum an Grund und Boden an den Grundherrn sowie ihre Waffenfähigkeit.

Burg. Zentrum der adeligen Grundherrschaft. Hier wohnten die Adeligen, hier gingen sie ihren militärischen, politischen und wirtschaftlichen Aufgaben nach. Für die Bauweise gab es kein festes Schema, aber alle Burgen waren so gebaut, dass sie sich gut verteidigen ließen (festes Mauerwerk, Türme, gesicherte Zugänge usw., oft auf einem Berg gelegen). Der Adelige, der immer auch ein Ritter war, verwaltete von der Burg aus seine Grundherrschaft und organisierte die Arbeiten auf dem zugehörigen Landgut. Hier lagerten auch die Urkunden, die den Rechtsanspruch gegenüber den Bauern dokumentierten. Auf der Burg sprach der Grundherr in Streitfragen Recht; hier hatten sich die Bauern einzufinden, wenn sie ihren Pflichten nicht nachgekommen waren. Die Burg war auch Schauplatz des höfischen, ritterlichen Lebens (Feste, Turniere usw.). Mit dem Vordringen der Feuerwaffen nahm die Bedeutung der Burgen als Schutz- und Herrschaftszentrum ab.

Bürger/Bürgertum. Im Mittelalter Bewohner einer befestigten Stadt. Aus dem Charakter der befestigten Stadt als Großburg leitet sich sprachlich der Ausdruck Burgbewohner = burgaere ab. Die Bürger besaßen im Unterschied zur Landbevölkerung eine besondere Rechtsstellung, die Stadtfreiheit. Wer eine bestimmte Zeit in der Stadt gelebt hatte, bekam das Bürgerrecht. Allerdings war das volle Bürgerrecht häufig an Besitz oder Grund und Boden gekoppelt. Auch in der Stadt gab es eine Vielzahl von Bewohnern ohne volles Bürgerrecht. In der Neuzeit wird der Begriff Bürgertum erweitert auf alle Bevölkerungsschichten, die nicht zum Adel oder zum Bauerntum gerechnet wurden, später auch zur Unterscheidung von der Industriearbeiterschaft. Als Bourgeoisie wird dabei das Bürgertum bezeichnet, das die Mittel (Boden, Gebäude, Geld, Geräte, Maschinen) besitzt, um Waren zu produzieren und zu vertreiben.

Christianisierung. Die Bekehrung der Germanen zum Christentum ist eines der Grundelemente des Mittelalters. Sie vollzog sich in der Regel stammesweise, und zwar – beim König beginnend – von oben nach unten. Meist dauerte es mehrere Generationen, bis ein Stamm christianisiert war. Da das Christentum für alle Stämme offen war, konnte es bei der Einbeziehung neuer Völker und Stämme in das werdende Abendland eine Schlüsselrolle spielen. Des Weiteren haben die Germanen durch die Christianisierung Anschluss an Teile der antiken Kultur bekommen (Schriftsprache, Bücher).

Dorf. Eine bäuerliche Siedlungsform, die ihren Bewohnern, gegenüber den ebenso verbreiteten Einzelhöfen, die Vorteile gemeinschaftlichen Wirtschaftens, Sicherheit und soziale Vielfalt bot. Als Wirtschaftsgemeinschaft organisierte die Dorfgemeinschaft die Nutzung der Allmende sowie die Dreifelderwirtschaft. Hieraus gingen manchmal genossenschaftliche Formen der Selbstverwaltung hervor. Das Dorf konnte einen eigenen Rechtsbezirk zum Schutz der Bewohner und damit ein eigenes Dorfgericht begründen. Es war der Ort, an dem Religion und Brauchtum gemeinschaftlich gepflegt werden konnten. Unter den Dorfbewohnern waren große soziale Unterschiede zu beobachten.

Emanzipation. Der aus dem römischen Recht stammende Begriff bezeichnet ursprünglich den Rechtsakt, durch den ein erwachsener Sohn aus der väterlichen Verfügungsgewalt in die Selbstständigkeit entlassen wurde. Mit Beginn des 19. Jahrhunderts wird der Begriff erweitert und zu einem politischen Schlagwort. Er bezeichnet die Befreiung eines Menschen oder einer Gruppe aus einem Zustand der rechtlichen oder gesellschaftlichen Abhängigkeit oder Unterdrückung. Er wird zum Sammelbegriff für alle Bestrebungen, die auf die Abschaffung sozialer, rechtlicher, politischer oder wirtschaftlicher Abhängigkeit abzielen. Diese Bestrebungen stützten sich auf die Grundgedanken der Aufklärung und setzten sich seitdem in immer mehr Bereichen fort (Emanzipation der Juden, Sklavenemanzipation, Emanzipation der Frauen).

Encomienda-System. System, das die spanischen Grundbesitzer in Anlehnung an die Grundherrschaft in Mittel- und Südamerika einführten. Der Grundbesitzer (Encomendero) übernahm den Schutz eines oder mehrerer Dörfer; als Gegenleistung mussten die Dorfbewohner für ihn arbeiten.

Entdeckungen. Im Zuge der neuen Erforschung der Erde (siehe Humanismus) entdeckten europäische Seefahrer, Eroberer, Schatzsucher und Handelsleute im 15. und 16. Jahrhundert weite Küstenstriche und Länder in Afrika, Amerika, Asien und Australien, die die Europäer bis dahin noch nicht gekannt hatten. Als bekannteste Entdeckernamen blieben Christoph Kolumbus (1492 Amerika), Vasco da Gama (1498 Indien) und Fernando Magellan (1519–21 erste Weltumsegelung) im Gedächtnis. (Siehe auch Kolonialismus.)

Europäisierung. Der Begriff bezeichnet den sich ausdehnenden Einfluss Europas auf die Welt im Zuge der Entdeckungen. Die europäische Lebensweise wird vorherrschend und verdrängt die ursprünglichen Lebensformen der einheimischen Bevölkerung.

Feudalismus. lat. feudum = Lehen. Die Herrschafts- und Gesellschaftsordnung des Mittelalters. Da die Haupterwerbsquelle der Bevölkerung die Landwirtschaft war, entschied der Besitz an Grund und Boden über Macht, Ansehen und Reichtum. Land wurde von Eigentümern, meist Adligen, üblicherweise verliehen, um es durch Pachtbauern oder andere Untertanen (Vasallen) bewirtschaften zu lassen. Welchen Anteil der Ernte und sonstige Einkünfte der Eigentümer für sich behielt, war selten festgelegt. Das System von Abgaben und Diensten machte die Untertanen von den Herren abhängig (hörig).

Frondienst. Dienst eines abhängigen Bauern für seinen Grundherrn (Grundherrschaft), der überwiegend aus landwirtschaftlichen Arbeiten auf dem Hof des Grundherrn bestand: Fronarbeit bei der Feldbestellung, bei Aussaat und Ernte. Daneben mussten manchmal auch Botengänge und Transportdienste geleistet werden.

Getto. Ursprünglich Name eines Stadtviertels in Venedig, in dem 1516 die Juden abgesondert wurden, später allgemein in den Städten abgeschlossenes Judenviertel oder Judengasse, in dem alle Juden der Stadt leben mussten. Zwar konnten die Juden in den Gettos sich häufig selbst organisieren, aufgrund der Enge kam es aber auch zu fürchterlichen Wohnbedingungen. Bei Judenverfolgungen im Mittelalter kam es in den Gettos zu schrecklichen Szenen. Erst im 18./19. Jahrhundert wurden die Gettos in Mitteleuropa aufgelöst und jüdische Familien durften auch in anderen Teilen der Stadt wohnen. Im 2. Weltkrieg richteten die Nationalsozialisten insbesondere in Osteuropa erneut Gettos ein, in denen die jüdische Bevölkerung vor der Verschickung in die Vernichtungslager konzentriert waren. Viele starben bereits in den Gettos aufgrund der fürchterlichen Lebensbedingungen.

Gilde. Urspr. Bezeichnung für Schutz- und Rechtshilfegenossenschaften. Im Mittelalter dann vor allen Dingen eine Bezeichnung für die Zusammenschlüsse von Kaufleuten in der Stadt. Die Kaufmannsgilden hatten erheblichen Einfluss auf die Herrschaft in der Stadt und regelten den Handel in der Stadt. Dabei kam es wegen der manchmal unterschiedlichen Interessen auch zu Konflikten mit den Handwerkergenossenschaften, den Zünften.

Gotik. Siehe Romanik.

Graf. Im frühen Mittelalter Bezeichnung für einen Amtsträger, der in einem bestimmten Gebiet (Grafschaft) im Auftrag des Königs Verwaltungs- und Rechtsprechungsaufgaben wahrnahm. Wichtige Aufgaben des Grafen waren neben der Rechtsprechung der Aufruf zur Heeresfolge und die Sicherung des Friedens in seiner Grafschaft. Im 9. Jahrhundert wurde das Amt erblich in der jeweiligen Adelsfamilie. Ab dem 12. Jahrhundert bauten mächtige Grafen ihre Herrschaft aus und errichteten im Laufe der Zeit eigene Herrschaftsgebiete, als deren Landesherren sie sich betrachteten.

Grundherrschaft. Bezeichnung für ein Abhängigkeitssystem zwischen den Nutzern einer Hofstätte (Höriger) und einem Herrn, der das Obereigentum über die Hofstätte besaß. Als Herren konnten Personen des Adels, also der König, Fürsten oder andere Adlige auftreten oder Personen aus dem Klerus wie Bischöfe, Äbte oder auch Pfarrer. Der Herr übergab die Hofstätte zur Bewirtschaftung an einen abhängigen Bauern, verlangte dafür aber Dienste (Frondienst) und Abgaben, deren Umfang regional sehr unterschiedlich war und sich im Verlauf des Mittelalters veränderte. Die Dienste wurden mehr und mehr durch Abgaben ersetzt. Die Höhe der Abgaben war beständige Quelle für Auseinandersetzungen und Streit. Der Hörige war vom Kriegsdienst befreit, den der Grundherr übernahm. Der Grundherr verpflichtete sich, seine Bauern vor Übergriffen zu schützen.

Handwerk/Handwerker. Die Entstehung des städtischen Marktes führte in zunehmender Weise zu einer Spezialisierung im Handwerk. War der Dorfschmied noch Universalhandwerker, führten die steigenden Bedürfnisse und technischer Fortschritt schnell dazu, dass sich die gewerbliche Produktion zunehmend in Spezialgebiete ausweitete. Die Handwerker organisierten sich in der Stadt in Zünften, genau vorgeschrieben waren die Tätigkeiten und Ausbildungsgänge von Meistern, Gesellen und Lehrlingen. Dabei gab es keine Trennung von Arbeit und Wohnen, die Mitglieder des Handwerksbetriebes gehörten zur Familie des Meisters. Im Spätmittelalter war es für Fremde kaum noch möglich, in das Handwerk einer Stadt aufgenommen zu werden. Erst die Gewerbefreiheit im 19. Jahrhundert ließ neue Produktionsverfahren im Handwerk zu. Heute sind die Handwerker in Handwerkskammern und Innungen organisiert, die die Ausbildung und die Qualität der handwerklichen Arbeit überwachen.

Hanse. Im 11. Jahrhundert schlossen sich norddeutsche Kaufleute zur Sicherung ihrer Handelsinteressen zusammen. Diese Genossenschaften hießen Hanse (= „Schar"). 1358 vereinigten sich die einzelnen Genossenschaften zur Deutschen Hanse. Die Deutsche Hanse zählte im 14. Jahrhundert etwa 200 Mitgliedsstädte, die führende Stadt war Lübeck. Der Hansehandel vollzog sich hauptsächlich im Bereich von Nord- und Ostsee. Auf Hansetagen wurden gemeinsam wichtige Entscheidungen getroffen. Im 16. Jahrhundert verlor die Hanse an Bedeutung.

Höriger. Bezeichnung für abhängige Bauern, die die Hofstätte eines Grundherrn bewirtschafteten (Grundherrschaft).

Humanismus (von lat. humanus = menschlich). Anstatt ihr Denken vor allem auf das christliche Heil nach dem Tode auszurichten, wie es die Kirche den Menschen im Mittelalter nahe gebracht hatte, suchten ab dem 14. Jahrhundert immer mehr Gelehrte danach, wie der Mensch seine Fähigkeiten in und für diese Welt möglichst weit entwickeln könne und wie er ein erfolgreiches und glückliches Erdenleben führen könne. Diese geistige Bewegung erstrebte einen vollkommen gebildeten Menschen und suchte dafür Anregungen bei antiken Autoren und Gelehrten und in einer neuen Erforschung der Welt. (Siehe auch Kolonialismus und Renaissance.)

Investiturstreit. Nachdem in der Spätantike und im frühen Mittelalter der Kaiser unumstritten als Schutzherr an der Spitze der Kirche gestanden hatte, führten im 11. Jahrhundert die Cluniazenser-Reform und der gewachsene Einfluss des Papstes zu einem Streit zwischen Kaiser und Papst um den ersten Platz in der abendländischen Christenheit. Auslöser und wichtiger Streitpunkt war die Frage der Einsetzung von Bischöfen in ihr Amt (= Investitur).

Juden. Jüdische Gemeinden gab es seit der Antike verstreut in ganz Europa, besonders stark in Spanien und Südfrankreich. Da sie an ihrer Eigenart festhielten, wurden sie in Krisenzeiten leicht zu verfolgten Minderheiten. Im 13. und 14. Jahrhundert wurden viele Gemeinden ausgelöscht, es begann die Übersiedlung vieler Juden nach Polen und Russland.

Kaiser/Kaisertum. Bezeichnung für ein monarchisches Herrschaftssystem mit einem Kaiser an der Spitze. Dieser höchste weltliche Herrschertitel, der den deutschen Königen des Mittelalters seit 962 verliehen wurde, leitet sich von dem römischen Begriff Caesar ab. Die antike römische Kaiseridee lebte mit der Krönung Karls des Großen am Weihnachtstag des Jahres 800 wieder auf. Das Krönungsrecht lag beim Papst. Auf diesem Wege nahmen die Päpste Einfluss auf den weltlichen Bereich. Die mittelalterlichen deutschen Kaiser verbanden mit ihrer Ernennung zum Kaiser Herrschaftsansprüche über Teile Italiens und nahmen so auch Einfluss auf die Kirche.

Kloster (von claustrum = verschlossener Raum). Bezeichnet die meist mit einer Mauer umschlossene Gesamtanlage, die Ordensleuten, also Mönchen oder Nonnen, als gemeinsame Wohn-, Arbeits- und Gebetsstätte dient. Im übertragenen Sinne meint man mit Kloster die religiöse Gemeinschaft selbst. Im christlichen Mittelalter waren die Klöster als geistliche, wirtschaftliche und kulturelle Zentren von tragender Bedeutung. Ihren Aufgaben entsprechend besaßen sie eine Kirche (meist im Zentrum der Anlage) mit anschließendem Kreuzgang, einen Schlaf-, einen Speise-, einen Ver-

sammlungssaal, einen Schreib- und Leseraum mit Bibliothek, einen Kranken-, einen Wärme-, einen Gästeraum, eine Küche und einen Garten. Da in den meisten Ordensregeln des Mittelalters, nach denen die klösterlichen Gemeinschaften lebten, die Klausur, also der Abschluss von der Außenwelt, vorgeschrieben war, umfasste der Klosterbezirk auch die für die Selbstversorgung notwendigen Wirtschaftsbetriebe wie Mühle, Werkstätten und Ställe.

Kolonialismus. Bezeichnung für das Vorgehen der Europäer, Länder in den entdeckten Erdteilen zu erobern und ihrer Herrschaft zu unterwerfen. Das war zumeist mit Ausplünderung und Zerstörung der bestehenden Kulturen und – in den Augen der Europäer – mit Zivilisierung und Missionierung verbunden. Zeitlich erstreckte sich der Kolonialismus von ca. 1500 bis in unser Jahrhundert.

Konfession. Nachdem aus den Ansätzen Luthers und Calvins zur Reform der alten Kirche neue Kirchen entstanden waren, fassten diese ihre Prinzipien in Bekenntnisschriften (z. B. confessio augustana = Augsburger Konfession) zusammen. Daraus entstand die Bezeichnung Konfession für die katholische, lutherische und reformierte Version des Christentums. Gefördert wurde der Gegensatz der Konfessionen durch die Verbindung von Konfession und Territorium.

Konquista/Konquistadoren. Als Konquista bezeichnet man die Eroberung Mittel- und Südamerikas durch spanische Feldherren und Abenteurer (Konquisadoren) im 16. Jahrhundert.

Landesherr/Landesherrschaft. Der Landesherr versteht sich als Herr über ein größeres Gebiet (auch Territorium genannt) innerhalb des kaiserlichen Gesamtreiches. Seit dem 12. Jahrhundert waren mächtige Adelsfamilien bestrebt, ihre zum Teil verstreut liegenden Besitztümer und Herrschaftsrechte zusammenzufassen und ein geschlossenes Territorium aufzubauen, indem sie konkurrierende Familien gewaltsam verdrängten oder zur Unterwerfung zwangen. Alle Bewohner in diesem geschlossenen Territorium unterstanden nun allein der Herrschaft des Herzogs oder Grafen, der als Landesherr über das Territorium herrschte. Wichtige Herrschaftsrechte (z. B. Gerichts- und Verwaltungshoheit, Steuererhebung) hatten sich die neuen Landesherren seit dem 13. Jahrhundert schrittweise vom König bzw. Kaiser übertragen lassen oder aber an sich gebracht. Die Bildung dieser Landesherrschaften führte naturgemäß zur spürbaren Schwächung des Königtums.

Lehnswesen. Auf dem Lehen (s. Feudalismus) gründete das für die mittelalterliche Herrschaft typische persönliche Herrschaftsverhältnis zwischen Lehensgeber und -nehmer (Vasall). Unter einem Lehen verstand man Herrschafts- und Besitzrechte, die der Lehensgeber an untergeordnete Lehensnehmer verleihen oder vererben konnte. Es diente der besseren Ausübung der Herrschaft oder war eine Belohnung für erbrachte Dienste. Als Gegenleistung wurde Treue zum Lehensherrn erwartet. Die Lehensübergabe war eine feierliche Zeremonie.

Manufaktur. Der aus dem Lateinischen stammende Begriff (Manus = Hand, facere = machen) bezeichnet eine für den Merkantilismus typische Produktionsstätte. Die Manufaktur ist eine Übergangsform zwischen Handwerk und Fabrik: Die Waren werden in Handarbeit, aber schon in einzelne Produktionsschritte gegliedert und arbeitsteilig hergestellt.

Markt. Der Markt ist der Ursprung und das Zentrum der mittelalterlichen Stadt. Häufig entwickelten sich Städte in verkehrsgünstiger Lage (Straßenkreuzungen oder Flussüberquerungen) aus einem bereits vorhandenen Markt, oder Landesherrn gründeten Städte ausdrücklich mit dem Ziel und dem Recht, einen Markt abzuhalten. Zum Markt gehörten strenge Vorschriften (Marktrecht), die Marktpolizei und der Marktfriede. Heute sind wir gewohnt, dass der Markt nach dem Gesetz von Angebot und Nachfrage sich regeln soll, im Mittelalter griffen die Städte sowohl bei der Qualität als auch beim Preis teilweise energisch ein.

Merkantilismus. Bezeichnung für das Wirtschaftssystem der europäischen Staaten im Zeitalter des Absolutismus. Die Förderung der Wirtschaft und die Steigerung von Steuereinnahmen wurde von den absolutistischen Herrschern als entscheidendes Mittel zur Stärkung staatlicher Macht angesehen. Mittel dazu war eine Wirtschaftspolitik, die eine Vermehrung der Exporte, eine Verringerung der Einfuhr von Fertigwaren, die Förderung rationeller Produktion in Manufakturen, die Anwerbung von Fachkräften und den Ausbau von Verkehrswegen in den Mittelpunkt stellte.

Mission. Nach ihrem Übertritt zum Christentum waren die fränkischen Könige daran interessiert, nicht nur ihre fränkischen Untertanen, sondern auch die übrigen germanischen Stämme für den neuen Glauben zu gewinnen. Sie förderten Missionsklöster oder einzelne Missionare. Mit Gregor I. schaltete sich auch ein Papst in diese Bemühungen ein. Im Laufe des Mittelalters wurden sowohl alle Germanen wie auch Slawen und Ungarn durch die Mission zu Christen.

Papsttum. Das Wort bedeutet eigentlich Priestertum, doch wurde es im Mittelalter vor allem für das Papsttum verwendet, und zwar zur Betonung der geistlichen Gewalt im Gegensatz zur weltlichen des Kaisers (Imperium). Den Hintergrund für die Entstehung dieses Modells mit zwei Gewalten an der Spitze des Abendlandes bildet die Zwei-Schwerter-Theorie; diese ist aus einer schwer verständlichen Stelle des Neuen Testaments (Lk 22,38) entwickelt worden, nachdem das Papsttum bereits eine mächtige Position errungen hatte.

Patrizier/Patriziat. Oberschicht in der mittelalterlichen Stadt, die sich aus Groß- und Fernhandelskaufleuten und Adeligen in der Stadt zusammensetzte. Das Patriziat übernahm zunächst das Stadtregiment und blieb eine geschlossene Gruppe.
Nach heftigen Kämpfen mit den Handwerkern kam es häufig zu einer Beteiligung der Zünfte an der Herrschaft der Stadt, zudem wurden immer mehr Fälle bekannt, dass reiche Handwerker oder Händler ins Patriziat aufstiegen. Im späten Mittelalter ziehen sich viele Patrizierfamilien aus dem Handel zurück und beginnen nach dem Ankauf von Landgütern, adeliges Leben zu imitieren, teilweise gelingt es den Patriziern auch, in den Adelsstand aufgenommen zu werden.

Privileg. lat. privilegium = Vorrecht. Entsprechend der ständischen Gesellschaftsordnung hatte jeder Stand sein eigenes Zivilrecht. Die herrschenden Stände verfügten über mehr Rechte als die Untertanen, was man Vorrecht/Privileg nannte. Seit dem 12. Jahrhundert wurden auch anderen Gruppen besondere Vorrechte eingeräumt (z. B. Städten, Zünften).

Protestantismus. Das Wort geht auf den Protest zurück, den die Anhänger der von Luther ausgelösten Reformation gegen den Versuch des Kaisers erhoben, die bereits erfolgten Schritte zur Errichtung von Landeskirchen wieder zurückzunehmen (Reichstag zu Speyer 1529). Es meint also zunächst ein politisches Bündnis, ist dann aber bald zur Sammelbezeichnung der aus der Reformation hervorgegangenen Kirche geworden.

Reformation. Aus einer im Spätmittelalter verbreiteten Forderung nach Reform der Kirche entstand im 16. Jahrhundert eine mächtige Bewegung, an deren Spitze zunächst Martin Luther stand, später folgten H. Zwingli und J. Calvin. Sowohl innerhalb der Kirche wie im politischen Umfeld gab es heftige Auseinandersetzungen, an deren Ende sich neue, sog. reformierte Kirchen gebildet hatten.

Reichsinsignien. Mittelalterliche Herrschaftsabzeichen: einzelne, bedeutsame Gegenstände, die den mittelalterlichen deutschen Königen und Kaisern bei der Krönung übergeben wurden. Sie zeigten den Menschen die Herrschaftswürde und standen symbolisch für bestimmte Aufgaben des neuen Königs oder Kaisers: Mit dem Schwert sollte er den Frieden der Christen schützen und ihre Feinde vertreiben; der Krönungsmantel und die Spangen, die ihn auf der Brust zusammenhielten, sollten ihn zu Glaubenseifer anstacheln. Das Zepter mit Stab stand für die Königspflicht, das Reich in Ordnung und Frieden

zu halten sowie die Schwachen zu schützen. Die Heilige Lanze symbolisierte die Aufgabe, das Heer anzuführen. Krone und Reichsapfel sind die bekanntesten Herrschaftsabzeichen und verweisen ganz besonders augenfällig auf den königlichen/kaiserlichen Herrschaftsrang.

Renaissance. Bezeichnung für die Übergangszeit zwischen Mittelalter und Neuzeit, also vor allem die Zeit um 1500. Renaissancekünstler und -gelehrte suchten ihre Vorbilder in der Antike, von daher auch der Name: frz. renaissance = Wiedergeburt, nämlich der Antike. (Siehe auch Humanismus.)

Romanik und Gotik. Mit Romanik und Gotik werden die beiden wichtigsten Baustile und Kunstrichtungen des Mittelalters bezeichnet. Die ältere Romanik (10.–12. Jahrhundert) übernahm römische Bauformen (z. B. Rundbögen) und beeindruckt heutige Betrachter durch die schlichten und Ruhe ausstrahlenden Konstruktionen. Das dicke Mauerwerk und die relativ kleinen Fenster erinnern an Burgen. Die jüngere Gotik (seit Mitte des 12. Jahrhunderts) wirkt graziler. Strebepfeiler und -bögen sowie schlanke Säulen erlaubten insgesamt größere Bauten, die deutlich mehr Licht in das Innere ließen. Gotische Kathedralen, oft mit bunten Glasfenstern ausgestattet, wurden als Abbild des himmlischen Jerusalem verstanden.

Stadt. Eine durch Mauern eingeschlossene Siedlung, die durch bestimmte Rechte ausgezeichnet ist. Die Bewohner der Stadt sind im Mittelalter frei und verwalten sich durch einen Rat selbst, übernehmen selbst die Verteidigung und haben eigenständige Rechte, insbesondere im Marktbereich. Bürger der Stadt war in der Regel nur der, der Grundbesitz in der

Stadt oder vor der Stadt hatte. Innerhalb der Stadt gab es im Mittelalter durchaus eine feste Trennung zwischen dem führenden Patriziat, den Handwerkern und den städtischen Unterklassen. Hinzu kamen noch verschiedene soziale Randgruppen. Die meisten Städte im Mittelalter waren sehr klein, Köln mit etwa 40 000 Einwohnern galt als größte Stadt in Deutschland. Manche Städte wuchsen im 19. Jahrhundert in der Industrialisierung schnell zu Großstädten, andere blieben auf dem Bevölkerungsstand des Spätmittelalters stehen. Heute sind Städte keine selbstständigen Einheiten, sondern über die Regierungsbezirke in die Landespolitik einbezogen. Aber auch heute gibt es noch Bereiche, in denen die Städte im Rahmen ihrer Befugnisse selbstständig entscheiden können.

Ständegesellschaft. Eine Gesellschaft, deren Rangordnung durch Geburt oder Amt bestimmt wurde. Im Mittelalter gab es den Stand der Herrschenden (Adel), der Kirche (hohe Geistlichkeit) und der freien Untertanen (Bürger und freie Bauern). Der größte Teil der Bevölkerung war unfrei und wurde daher nicht den drei Ständen zugeordnet. Die unterschiedlichen Machtbefugnisse, Rechte und Sitten nannte man die Ehre (Standesehre). Die Abgrenzung zwischen den Ständen wurde durch Verordnungen betont, weil sie ein Ausdruck für die jeweilige Teilhabe der Stände an der Macht war. Heiratsverbote und Privilegien machten den Wechsel von einem Stand zum anderen fast unmöglich.

Zunft. Zusammenschluss von Handwerkern eines Gewerbes samt ihren Familien zur genossenschaftlichen Sicherung der Existenz. Zunächst zur gemeinsamen Formulierung von

Qualitätsnormen auf dem Markt ge- gründet, entwickelt die Zunft später einen Monopolcharakter in der Stadt, indem nicht nur Qualitätsnor- men, sondern auch Preise, Produk- tionszahlen und Löhne fixiert waren und abweichende Handwerker aus- geschlossen oder boykottiert wur- den. Die Aufnahme in die Zunft wur- de streng begrenzt durch Herkunft und Ausbildungsvorschriften. Auf- grund dieser strengen Regelungen kam es häufig zu Gesellenaufstän- den, in denen eine Öffnung der Zunft gefordert wurde. Die Zunft übernahm in der mittelalterlichen Stadt auch öffentliche Aufgaben, wie z. B. die Verteidigung eines Mau- erabschnittes oder Sozialfürsorge für Beteiligte des Gewerbes. Die Zünfte errichteten eigene Zunfthäu- ser, in denen auch das Brauchtum des Gewerbes gepflegt wurde oder in gemeinsamen Sitzungen Beteili- gungen an der Stadtherrschaft be- sprochen wurden.

Methodenbox

Die Methodenboxen in diesem Buch

Register

Bildquellenverzeichnis

Online-Schlüssel
06AA-ADK4-AB8H